日経文庫
NIKKEI BUNKO

日本のものづくり哲学（増補版）

藤本隆宏

日本経済新聞出版

日経文庫版まえがき

拙著『日本のものづくり哲学』が日経文庫としてよみがえることになった。原著の発刊は二〇〇四年なので、二十年の時を越えての再刊である。原著、日経文庫化、それぞれに御支援いただいた多くの皆様に、あらためて深く感謝したい。本当にありがとうございます。

そこで、私の研究活動（ほぼ一九八〇年代〜二〇二〇年代）を緯糸、その期間における諸産業の変遷・進化を経糸として、本書発刊後の約二十年を振り返ってみよう。

この本は、私の研究遍歴の中で、企業の開発・生産組織能力の進化、および産業レベルの製品アーキテクチャに関する一連の研究書（『製品開発力』〔藤本・クラーク 2009：原著 Clank & Fujimoto 1991〕、『生産システムの進化論』〔藤本 1997〕、『ビジネス・アーキテクチャ』〔藤本・武石・青島編 2001〕、他）を英文・和文の単著・編著で出版した後、これらを一般読者向けの解説書としてまとめたものである。

本書発刊の前の年の二〇〇三年に出版した『能力構築競争』（藤本 2003）は、日本の自動車産業が持つ「設計の比較優位」、および一産業の競争・協調・紛争の相互作用を論じた「特定産業論」であった。これに対して、二〇〇四年の『日本のものづくり哲学』は、複数の産業にまたがる「設計の比較優位」や、企業がこれらの産業に関与する際の「アーキテクチャの位置取り戦略」などを論じた「一般産業論」という位置づけになる。

私の学問的な立ち位置は、長年にわたって「産業の経営学・産業の経済学」である。その基本的な発想は、一産業を「同種の設計に依拠する付加価値の流れ」すなわち「設計情報の流れ」の総体と見ることである。付加価値（富）の流れを重視する点においては、アダム・スミス以来の古典経済学・生産経済学に通じる領域と考える（Fujimoto 2023）。

このような産業経営学、例えば企業・産業レベルの生産管理論は、組織論や戦略論を主流とする現代経営学のなかでは、いわば「村外れ」に位置する。また「付加価値の流れ」を重視するタイプの産業経済学、例えば産業の進化経済学も、現代の標準的経済学においては「村外れ」に近いだろう。しかし、こうした辺境の学の多くは、それなりに、多彩な学際的交流ができて面白い面もある。ちなみに、私は前者については日本組織学会長、後者については進化経済学会長を拝命したが、あくまでも「村はずれの住人」としての請負仕事であった。

産業の「現場」、例えば工場やサービス拠点は、一言で言えば「顧客へ向かって付加価値が流れる場所」である。そうした意味での現場を分析単位として実証研究を行うためには、理論研究や統計的実証研究に加えて、実際に現地に行って「付加価値の流れ」に関する因果関係を確認する必要がある。例えば私の場合、そうした工場訪問は、民間企業（株式会社三菱総合研究所）に在籍した一九八〇年代を含めれば約四十年間になり、年間数十カ所のペースとすれば、国内外で累計千カ所を優に超える。

本書は『日本のものづくり哲学』という表題だが、いつから「ものづくり」という言葉を研究上のキーワードとして使うようになったか、実は記憶が定かでない。確かに本書の発刊当時、「ものづくり」という言葉は、ある程度は世間で流行っていた。そこには、二十世紀末〜二十一世紀初頭の「新世紀には時代が変わる」という昂揚感と、「日本経済は金融業では停滞に陥ったが、製造業の『ものづくり』は依然として強いんじゃないか」という期待感があったかもしれない。

また、ちょうどそのころ、文部科学省の大型研究プロジェクト「21世紀COE」が動き始め、当時私が在籍した、東京大学経済学研究科の経営学グループがこれに応募し、「東京大学ものづくり経営研究センター（MMRC）」としてかなり大きな予算を獲得した。このMMRCが始動したのも二〇〇四年前後である。

しかしその後、「日本の製造業はやっぱりだめじゃないか」という日本製造業衰退論や全面的空洞化論が、マスコミをはじめ、世の中の日本産業論議の中では再び強くなってきた。しかし、これらの悲観論の多くは、理論的・統計的・実態観察的な根拠の乏しい、やや気分任せの製造業悲観論であると私には見えたので、本書が出てからの約二十年間、私は、そうした「根拠の怪しい極端な製造業悲観論」を実証的・理論的に批判し続けてきた。結局、こうした過度な製造業悲観論は、その前の一九八〇年代における、これまた過剰な「日本製造業最強論」のまさに裏返しの極論として、冷戦終結後・バブル崩壊後の約三十年間、現れては消えていくことを繰り返していたのである。

次に、産業史の方を概観しておこう。世紀をまたいで一九九〇年代からほぼ二〇一〇年代までの約三十年間は、日本の諸産業にとっては、一つの際立った特徴を持つ時代区分であり、私はこれを「ポスト冷戦期」と呼んでいる。今から考えれば、そのほぼ折り返し点である二〇〇四年に書かれたのが本書であった。

その意味で本書は、私が一九八〇年代から二十一世紀初頭まで、実証分析の道具として積み上げてきた「組織能力論（Capability 論）」「設計思想論（Architecture 論）」「産業競争力論（Performance 論）」のトリオ、つまり産業進化分析の「CAPアプローチ」を、「ポスト冷戦期」（今から考えればその前半期）の様々な産業現象に当てはめてみよう、という試みであった。

既に述べたように、私の主たる学問的関心は、一九七〇年代の大学時代の農村調査に始まり、八〇年代前半の三菱総合研究所・産業経済研究室時代、八〇年代後半のハーバード大学博士課程での自動車製品開発国際調査、そして一九九〇～二〇一〇年代の東京大学時代、そして早稲田大学に移った二〇二〇年代前半を通じて、一貫して、実証的・実践的な「産業の社会科学」であった。したがって本書も、一般読者向けとはいえ、ターゲットとしては、日々の産業競争に立ち向かうプロの産業人・企業人を意識していた。つまり、この本自体を、ある種の産業財と位置づけていた。

本書の担当編集者である堀口祐介氏が、「ものづくり哲学」というこの本の命名をした。原著の本文に「哲学」という言葉自体は出てこないが、確かに、私が広義のものづくり産業を俯瞰し、かつ細部を見るための産業思想的な枠組み、いわば哲学を模索していた時期であり、この命名は絶妙であった。

前述のように、本書発刊の二〇〇四年ごろ、東京大学の経営学グループの高橋伸夫教授、新宅純二郎教授、私の三人が起動させる形で、「東京大学ものづくり経営研究センター（MMRC）」が、国の「21世紀COE」「グローバルCOE」の大きな予算をもらってスタートした。東京大学の大学法人化の時期とも重なり、私の関心も大学キャンパスから徐々に大学の塀の外へと移り始めていた。言ってみれば「書を持って街に出よう」と考えた時代である。日本の大学法人が向かう方向とは少し別の方向に、小さいながらも、産業人や研究者が自由闊達に議論を交わす梁山泊のような場所を作りたいな、と考えたわけである。

以上のように、この本では、私の産業経営学・経済学の基本的な分析枠組み（CAPアプローチ）が提示されていると同時に、この枠組を二十一世紀初頭の産業現象に応用してみんとする「時論」の側面もあった。この「時論」の部分については、発刊後、二十年も経っているので、その後の展開も含めて、当時の時代背景や現時点での批判的検討を、各章末に「解題」として追加説明していくことにする。

いずれにせよ、この本が、二〇〇四年という「ポスト冷戦期」の中間地点で書かれたということを、歴史的背景として、読者諸兄に、多少なりとも意識していただければありがたい。

そして、この日経文庫版が出る二〇二四年は、「ポスト冷戦期」の出口のあたりとも言える二〇二〇年代前半である。三十年近く続いた「冷戦」終結後のすさまじいグローバルコスト競争の中で、日本の価格・賃金が三十年近く据え置きとなった、強烈な「賃金・価格据え置きのプレッシャー」の時代の「出口」に、今は立っているのではないか、というのが、二〇二四年現在の日本経済・日本産業の状況である。

その帰趨についてはまだ分からないが、戦後約四十年間の「冷戦期」という東西分断の時代と、その後約三十年間の「ポスト冷戦期」が終わり、冷戦期に蓄積された異常な日中賃金差などが約三十年をかけてほぼ解消し、生産性と賃金が比較優位による国際分業構造の骨格を規定するというような、貿易財製造業の世界にとっては「正常」な貿易構造（米中摩擦などの逆風を差し引いても）が戻ってくる時代に、この文庫版が発刊されるのだと言えるかもしれない。

この「ポスト冷戦期」のいわば産業戦史が、どのようなものであったかについては、また別に論じたい（藤本編2024他）。とりあえず、二〇〇四年当時と二〇二四年時点において、変化した部分、変化しつつある部分、そして変化しない基底部分を意識して、これらの時代の産業の理論と現象を論じたい。

言うまでもなく、サステナブル（S）・デジタル（D）・グローバル（G）な現象が密接に相互依存する「大きなSDG」の時代、産業現象は常に変化をしていく。しかし、使われている理論的なツールの多くは（オープン・アーキテクチャ領域においてプラットフォーム競争論などの大発展があったものの）、この二十年間、基本的にはそれほど変わっていないと私はみる。いずれ、この日経文庫版自体も時を経ていくが、未来の読者には、二〇二〇年代という、三十年続いた「ポスト冷戦期」の終わりという時代に、出版されたのだとご理解いただきたい。

日経文庫版『日本のものづくり哲学』が出版された時点での時代背景は以上の通りである。本書の「CAP分析フレームワーク」が、二〇二〇年代以降の読者の皆様にとって、理論的・実証的・実践的な参考になるかどうか、要するに本書が産業進化分析にとって「使いもの」になるのかどうか。それは、後続の読者の皆様のご判断にお任せしたい。

二〇二四年、自宅書斎にて

藤本　隆宏

まえがき

本書は、「ものづくり現場」から発想する戦略論とは何か、なぜ今の日本に必要なのか、どうしたら展開できるか、といったことについて私なりの考えをまとめたものです。ものづくりの現場ならばどこにでも存在する「設計」という概念にこだわり、「組織能力」と「アーキテクチャ」という二つのキーワードを柱に企業の実力を分析する、あくまでも現場発の戦略論です。

それは、歴史を大事にする戦略論でもあります。戦後日本の多くの「ものづくり企業」は営々と現場を鍛え上げてきたが、その割に儲からないことが多かった。それでも愚直に鍛えつづけた。そういう歴史の成り行きを受け入れ、逆らわず、その延長線上に「強い工場・強い本社」という将来のあるべき姿を構想する戦略論を、本書では心掛けました。

これまで私が書いたりまとめたりした本には、一社に焦点を絞った「トヨタもの」（例えば『生産システムの進化論』〔藤本 1997〕）、一産業を通観した「自動車もの」（例えば『能力構築競争』〔藤本 2003〕）、そして産業を超えて分析した「産業一般もの」（例えば『ビジネス・アーキテクチャ』〔藤本・武石・青島編 2001〕）があります。本書は、第三のジャンルにあたります。また、「歴史もの」か「現状分析もの」か「未来予測もの」かと言えば、「現状もの」と言ってよいでしょう。さらに、細かい「現場管理論もの」（例えば『マネジメント・テキスト 生産マネジメント入門』〔藤本2001〕）か「戦略論・産業論」かと言えば、後者です。つまり、本書は「業種横断的な戦略論の現状分析」という位置づけになります。

私は元来、技術管理論や生産管理論など、現場に近いところの経営学を専門にしてきた学者です。大学を出て民間企業で調査マンをやり、それからアメリカの大学で技術・生産管理論を学び、それから日本の大学の文科系の学部で「ものづくり系」の経営学を教えるようになったのですが、その間、企業の開発部門や工場を実地調査する活動をずっと続けてきました。民間にいたころはクライアントからの依頼でテーマが決まりますから勝手な調査はできませんが、結果的には、日本やアメリカや中東の自動車工場、韓国の製鉄所、浜松一帯の中小企業、日本全国の漁船造船所など、現場の実地調査を随分やることになりました。

アメリカの大学にいた数年間は、世界中の自動車メーカーの製品開発組織に出入りし、工場調査はしばらくお休みでした。その後日本の大学に帰ってからは工場の実地調査を再開し、主に内外の自動車工場・部品工場を研究しましたが、途中からは、指導する学生のテーマが広がっていくのに応じて、いろいろな産業の工場に出入りするようになりました。製品開発調査のほうも同様に、エレクトロニクス、繊維、プロセス産業などへと対象を広げていきました。対象となる現場も、自動車に関しては欧州、東アジア、アセアン、南米などへと広がっています。

いずれにしても、ほぼ四半世紀、ものづくり現場を見る、という基本動作を続けてきたわけです。最近は、平均して週一回ぐらいのペースでどこかの現場を見ています。ざっと勘定すれば、訪問したものづくり現場の数は、おそらく千は超えると思います。現地調査で私がお会いするのも技術者や工場の現場管理者の皆さんが中心で、会社のトップ層とお会いする機会が増えたのは、ようやくここ数年のことです。

こういう経歴ですから、本社のトップが考えるべき経営戦略論などは専門外で、それはもう少し視野の広い研究者に任せておけばよいと考えてきました。仮に、日本経済が一九九〇年代も勢いを保ち、工場も技術者も元気な状況が続いていたら、おそらく私は現場分析の細かいところにどんどん入り込んでいって、実地調査オタク的な研究者となっていたでしょう。実際、今もその気はあります。

ところが、私がアメリカから戻った九〇年ごろから日本経済はだんだんおかしくなってきました。製造業に対する一般の論調もどんどん暗くなり、果ては「日本の製造業なんてもうおしまいだ」みたいな終末論まで出てきました。むろん、ものづくり企業の経営が資金面や受注面で概して厳しくなったのはそのとおりですが、「それと現場の実力の話は別だよ」というのが、その間もずっと生産や開発の現場を見ていた私の率直な印象でした。つまり、こと日本のものづくり産業論に関する限り、当時の主流の論調に対する私の違和感は、どんどん大きくなっていったのです。

その一方で、九〇年代になると、海外からいろいろなヨコ文字やアルファベット三文字の経営手法が入ってきて、毎年のようにブームを起こし、半年でブームが去る、というようなことが繰り返されました。ジャーナリストも、アナリストも、コンサルタントも、私達学者も、果ては産業人自身も、多くは右往左往の体でした。むろん新しい手法の伝来自体は歓迎なのですが、それらが確実に積み重なっていかず、むしろ、拾っては捨て拾っては捨ての「賽の河原の石積み」の感がありました。

こうして十年近くも積み重なり溜まっていった違和感は、「日本のものづくり企業にマッチした戦略論が不在だ」という、一塊の考えに合流していきました。実際、ここ数年は、あちこちでこれについて断片的に話をしたり書いたりするようになりました。それならばこの際、それについて一気にまとめて話してしまおう、というのが本書です。要するに、本書で主張したいのは、「ちょっとやそっとではぶれない、ものづくり現場発の戦略論」。これに尽きます。

ですから本書では、厳密な実証研究よりは、「この際どうしても聞いてほしいこと」を優先しました。もう少し測定や実証をきちんとやった本もそのうち書きたいと思っていますが、今回はとりあえず自己主張優先で、勢いと直観でどんどん書き進むことにしたのです。

そうした動機で書かれた本なので、読んでお気づきのように、本書はしゃべったようなスタイルで書いてあります。「分かりやすさ」と「勢い」を得るためです。実際、本書のおおもとになったのは、私が何カ所かで行った講義や講演の口述記録です。結果的にはほぼ全面的に書き直したので、もとの口述記録の原形はあまり留めていませんが、スピリットとしては、あくまでも、これまで話してきたことをベースに、話したように書いたわけです。

原則として手許になるべく資料をおかず、講演録などの口述記録のみを出発点として、私が平生あちこちの授業や講演や会合で話していることを、直接頭から絞り出す形で一気呵成に書き足しました。さすがにそれだけでは不正確なので、あとから資料を見たり人に聞き直したりして修正はしましたが、基本的には、普段アドリブ的に話していることを題材として書いたわけです。ですから、記憶違いや思い違いも多少あるかも知れませんが、あえて勢いとリズムを優先させましたので、その点ご了承ください。

私の知る限り、私の講義や講演などに対する評価は、「実例が多くてよい」「分かりやすい」「早口で聞き取りにくい」「繰り返しが多くてくどい」「時間が延びて困る」など様々です。良かれ悪しかれ本書にも、そうした私のしゃべりの癖が少なからず反映していると思われます。しかし、本書で言いたかった「現場発のものづくり戦略論」をできるだけストレートに読者の皆さんにお伝えするには、やはりこのスタイルでよかったのではないかと思います。

半面、その道の専門家から見ればおかしなことを言っているかもしれません。半導体、ソフト、プロセス産業、繊維産業など、その道のプロとお話ししたときの耳学問などもかなり入っています。どなたから聞いたか忘れてしまったけれども気に入った話として私の頭に定着し、人に話しているエピソードもあり、その意味では、引用が万全でない可能性もあります。この点、関係者にはご了承いただきたいと思います。

いずれにせよ今回は、現段階で言いたいことをできるだけ全部言い切ることを優先しましたので、専門の研究書であれば踏み込まないような他人の領域にも挑戦しています。ですから、領空侵犯もあり、慣れない分野の話で恥をかいているところもあるでしょう。その点もご了承ください。口述体にしたのは、言いたいことを言いきるための「勢いづけ」でもあったのです。

そもそも、こういう本をまとめようという話は、実はかなり前からありましたが、雑用や他の締切のため、下ごしらえの段階で止まっていました。しかし昨年夏、機も熟したということで、日本経済新聞社出版局編集部の堀口祐介氏と、当時は東京大学の助手をしていた近能善範君（現法政大学経営学部助教授）夫妻とで八ヶ岳山中で合宿し、基本方針をまとめました。当時、立場上、私のしゃべりを最も頻繁に聞かされ、その思考のクセなどを最もよくつかんでいたのはおそらく近能君でしたので、同君にも参加してもらい、私のあちこちの講演録を整理して出発点になる口述記録をまとめてもらいました。それをペースメーカーとして、私がどんどん書き足し、それを堀口氏が編集していったわけです。

何と言っても口述がベースですので重複なども多く、原稿としては厄介なものだったと思いますが、堀口氏は、内容や構成にまで踏み込んで積極介入し著者とやり合う、アメリカ式のエディターシップでやってくれました。最終的には、「読みやすさ」と「くどさ」のきわどいバランスが確保できたのではないかと思います。

本書はまた、21世紀COEプロジェクトに採択された東京大学大学院経済学研究科「ものづくり経営研究センター」の設立趣旨とも密接に関連しています。今年初めに本格的にスタートしたこのセンターは、大鹿隆特任教授、高橋伸夫教授、新宅純二郎助教授らを中心に、東大初のコンソーシアムなど苦労して立ち上げてきましたが、ようやく形ができつつあります。このセンターをつくった背後にある想いと本書のテーマとは、きわめて大きくオーバーラップしています。センターが軌道に乗りつつあるこの夏に本書を出版できたことは、その意味でも嬉しいことです。

最後に、書名について一言。本書を『日本のものづくり哲学』とするのには、やや躊躇がありました。題の決定は堀口氏との共同作業で、「哲学」という言葉は「ぶれない思考」という程度の軽い意味で使っているのですが、「おまえに哲学があるのか」と言われるとちょっと自信がありません。実際、本文には「哲学」という文字は一度も出てこないと思います。

しかし、あえて言うなら、中岡哲郎先生の名著『工場の哲学』（中岡1971）が念頭にあります。私が大学に入学したのは一九七〇年代半ばで、キャンパスで連続して内ゲバ事件が起こる暗い時代でしたが、そのころ生協の本屋には『工場の哲学』が平積みになっていました。私はこの本を読んで、現場を詳細に書くことの迫力をはじめて知った、と言ってもよいでしょう。

そのころから始まって、三菱総合研究所の調査現場で鍛えられた時期まで、具体的には一九七四年から八三年までの十年間に、本書で出てくる私の思考回路の原形はおおかた出来上がったと私は実感しています。八三年に書いたある論文に、すでに本書の発想の基本パターンが見られることからも、それは明らかなのです。進歩していないと言えば、進歩していません。とはいえ今回の本は、そうした私の思考回路のダイレクトな産物なのです。

したがって本書に関しては（取材でお世話になった企業の皆様や校正を手伝ってくれた妻こずえや秘書の岩崎智子さんへの御礼に加えて）、その時期、私の思考法の形成に多大な影響を与えた方々に対して、感謝と尊敬の意を表したいと思います。具体的には、土屋守章先生、公文俊平先生、故玉野井芳郎先生、高橋彰先生、三菱総合研究所入社当時の松井幹雄室長、吹田尚一部長、および同研究所産業経済研究室の皆さんです。これらの方々の洞察や行動様式に、私はおおいに影響されたのです。

二〇〇四年夏、改築中の自宅の机にて

藤本　隆宏

目　次

第2章 「強い工場・強い本社」への道

第4章 相性のよいアーキテクチャで勝負せよ

第6章　中国との戦略的つきあい方

第7章 ものづくりの力を利益に結びつけよ

第8章　ものづくり日本の進路

第1章　迷走した日本のものづくり論

1　九〇年代の日本製造業論議——過剰反応の繰り返し

一九九〇年の自信過剰、二〇〇〇年の自信喪失

この十数年、日本のマスコミでは、「製造業空洞化論」「グローバルスタンダード追随論」「中国脅威論」など、日本企業についての悲観的な診断や受け身の処方箋が唱えられてきました。もちろん産業人たるもの、常に危機感を持つことは大切ですが、単なる「雰囲気的な悲観論」は決して建設的な議論を生まなかった、というのが、過去十年の教訓でしょう。

九〇年代以降、日本の産業に関するマスコミの報道は、ともすれば雰囲気だけで物事を論じるため、必要以上に過剰反応になりがちでした。

とりわけ問題なのは、わが国の産業全体をいわば一枚岩と見立て、銀行業界とパソコン業

界、自動車業界の本質的な違いを軽視した、単純すぎる産業分析が多かったことです。製品や状況の違いを見切った、冷静な強み・弱み分析が欠如しているため、調子のよいときには強気一辺倒、調子が悪くなると弱気一辺倒という具合に、とにかく振幅が激しかったのです。

これは日本ばかりではありません。欧米のジャーナリズムも同様でした。九〇年代の日本に関しては、製品の違いを無視した、粗雑な議論が多く見られました。例えば、日本の銀行がメガマージャー（大型合併）をやっていると、アメリカの有名経済雑誌の東京支局から私の研究室に電話がかかってきて、「銀行がメガマージャーをやっているのに、なぜ自動車メーカーはやらないのか」などという質問をされることがありました。「産業の性格がまったく違うではないか」と私が言っても、その違いがなかなか分かってもらえません。

この種の十把ひとからげ的な議論が、つい最近まで続いていました。そして日本のマスコミも、多くはそうした流れに同調していたのです。しかも、マスコミの論調が右往左往するために、それにつられて政府の政策や企業の戦略までもが、軸足の定まらない状態でした。

私は、八〇年代の後半アメリカに住んでいました。そのころアメリカは非常に景気が悪く、ブラックマンデーなども私はアメリカで経験しました。一方、そのころ日本ではバブル経済というものがあったと聞きますが、アメリカにいた私は経験していません。したがって、私はこの二十年ほど不況しか経験していないという、きわめてめぐり合わせの悪い人間です。

その経済不振のアメリカから、私は一九九〇年に帰ってきました。当時日本はまだバブルの尻尾が残っていたころで、会う人の多くが「もはや欧米に学ぶものはない」とおっしゃるので、これはすごいことになっているな、と驚きました。

しかし、トヨタ、ホンダ、ソニー、キヤノンといったレベルの「ものづくりの達人企業」が強気なことを言うのはまだ分かるとしても、どう見てもそうでもないような業種や企業までが、同様の発言をしていたように記憶しています。要するに、「そうだ、そうだ。俺たちはみんなトヨタと同じだ。だから俺たちは強いのだ」という勘違い、つまり「皆がトヨタになった錯覚」が起こっていたのです。そもそも、トヨタやホンダのような企業ほど、そんな手放しの強気論は口にしないものです。

ところが、そうこうするうちに日本経済も次第に調子がおかしくなってきました。そうなってくると、今度は皆が揃って「もうだめだ」と言いはじめる。製造業も金融業も皆総崩れだ、という論調が強くなってきたのです。

もちろん個々には「そんなことはない。頑張っている企業もあるぞ」と思っている人もいたでしょうが、大勢が集まる場になると「やっぱり、みんなだめだね」という意見が大勢となってしまいます。

そういうときはたいてい、失礼ながら一番調子の悪かった、銀行であるとか建設業であるとか一部の小売大手などの、いわゆるバブル三業種のようなところが引き合いに出されていたようです。そして「そうだ、われわれはみんな弱くなったんだ。だってわれわれはみんな、銀行や建設と同じようなものだからね」と口を揃える。今度は悲観論一色です。

こうやって、経済がよいときには一番強い企業、悪いときには一番元気のない企業を指して、「これが今の日本の象徴だ」と言い立てる。しかしこれは一種の「サンプリングのトリック」であり、時の趨勢を実際以上に増幅して伝えているに過ぎないのです。

それを鵜呑みにすれば、「過剰反応」ということになります。英語で言うなら、「オーバーシンプリフィケーション」（十把ひとからげ）が「オーバーリアクション」（過剰反応）を生み、それがまた次の「オーバーシンプリフィケーション」を生む、という悪循環に陥るのです。

日本の産業論はこのように、強気一辺倒、弱気一辺倒というふうに振れ過ぎてしまうという傾向があります。その意味で、一九九〇年の自信過剰と、二〇〇〇年の自信喪失、これらはどちらも「過剰反応」だったといわざるを得ません。そしてその根っこは、実は同じなのです。つまり、銀行、建設、通信、エレクトロニクス、自動車、これら産業ごとの本質的な違いを無視した粗雑な議論が、かつての自信過剰の原因でもあり、その後の自信喪失の原因でもあったのです。

もちろん、ひところよりは多少よくなったとはいえ、産業人にとっては現在も能天気なことを言える状況ではありません。将来への不安から国内消費はなかなか伸びず、景気の外需・企業頼みが続き、回復には跛行性が見られます。金融システムも財政も依然として脆弱です。グローバル化する競争の中で、アメリカ製品の戦略力、欧州製品のブランド力、さらに新興国企業の価格競争力への対応に苦労するなど、日本の製造業はどこも問題山積であることは間違いありません。特に中小企業や特定の地域では、資金難や発注減で厳しいところが多いのが現状です。

しかし、日本の製造業全体を指して、「総崩れのお手上げ状態」にあるとしてきた近年の論調は、やはり的外れでした。それこそ「十把ひとからげ」の粗雑な議論だったのです。

いうまでもなく、同じ日本といっても産業ごと、製品ごと、企業ごとに、競争行動も競争力も収益力も顕著な違いがあります。例えば、かつては日本を引っ張る二大産業といわれたエレクトロニクスと自動車ですが、二十一世紀に入ってからの状況はまったく違います。

エレクトロニクスの大手企業は、大半が非常に不調でした。一方、自動車のほうは、トップ三社、業界全体では数社が二〇〇一年度以降史上最高益を出しつづけています。また、同じ産業の中でも、明暗を分ける企業が出ています。つまり業績ひとつとっても、分野によって相当な違いがあり、その背景には製品や産業の特性、あるいは企業の組織能力の違いがあるのです。

日本のエレクトロニクス企業でも、一般電子部品メーカーなどの中には非常に儲かっているところもありますし、自動車企業でも極端な低迷が続いているところがあります。中小企業にしても、その競争力や業績はきわめて多様で、「中小企業は不振に喘いでいる」というような決まり文句で十把ひとからげの議論をすることはできません。

ところが多くのマスコミ関係者やアナリスト、あるいはコンサルタントや一部の学者が牽引してきた議論の多くは、そうした区別をきちんとせず、日本全体をのっぺりした一枚岩と見る、あるいはアメリカや中国の諸産業も一枚岩と見る、単純化しすぎたものでした。特に製造業に関しては、後述のように「ものづくり」のダイナミックな動きを冷静に捉えるための分析枠組みや測定体系が欠如していたため、どうしても粗雑な議論になりがちだったのです。

彼を知り、己を知る

例えば、ＩＴバブルのころに盛んだった「日米逆転論」や「アメリカスタンダード追随論」などもそうです。

確かにアメリカ企業に逆転されていた分野、アメリカ企業が圧倒的に先行した分野が、デジタル財や情報ネットワーク財、あるいは金融業、軍需産業などを中心に、多くあったことは間違いありません。デジタル情報革命をきっかけに、アメリカ企業が得意な分野がどんどん増えてきたのが九〇年代であって、その結果としてアメリカ経済は非常に好調でした。これに対して、このような分野を不得手とした日本企業は、概して調子が悪かった。

しかし、よくよく見れば、アメリカにも強い産業とそうでもない産業、調子のいい企業と悪い企業があり、他方、日本にも地力の落ちていない産業・企業と、まさに逆転や先行を許した産業・企業があったのです。これらは、決して一概には論じられません。

ひところ経済論壇を席巻した「中国製造業脅威論」も、構図は基本的に同じです。中国の話は第六章で詳しく説明しますが、珠江デルタの電気・電子関連産業の躍進を、あたかも中国製造業全体の状況であるかのごとくみなす議論が主流となってきました。つまり、多くの場合、産業ごとの中国企業の労働力構成、組織能力、競争力などの違いに関するきめ細かい分析は、すっぽりと抜け落ちる傾向があったのです。

例えば、華南地方の深圳市や東莞市などの産業基盤を見ると、非常に優秀でやる気のある平均年齢十八歳ぐらいの女性が、内陸部からの出稼ぎ労働者としてやってくる。しかも月額五百元から七百元ぐらい、つまり約一万円の月給で働いていて、賃金は近年ほとんど上がっていない。平均年齢も上がらない。諸手当もほとんど要らない。そういった状況を目の当たりにして、「これが中国だ。人件費は日本の二十分の一以下だ。しかも優秀だ。これは参った。もうかなわん」と、競争する前から白旗を揚げるような論調が横行していました。

しかし、中国は多様性の国です。確かに、今述べた華南型の「優秀で安価な出稼ぎ単能工」

という労働モデルと相性がいい製品であれば、これはもう迷わず中国に行ってつくったほうがいいかもしれない。実際、素早く判断をして、相性のよい製品を中国でつくり、以前から成功している日本メーカーもあるのです。例えば、モーターのマブチモーターや家電の船井電機のように、普及タイプの技術や製品に集中することで勝負する一部の日本企業は、大規模な中国現地工場がとっくに行っており、明確な戦略としぶとい組織能力をもって中国事業を成功させています。

つまり、戦略、ビジネスモデル、あるいは組織能力と、取り扱っている製品のタイプ、さらに現地の労働供給モデルとの相性がピタリと合ったら、迷わず行くべきです。しかし、当たり前のことですが、決してすべての製品がその意味での相性がよいわけではありません。

これは昔からの貿易論の常識ですが、日本の製造業にも中国の製造業にも、おのずと得意な分野と不得意な分野があるのですから、そうした強み・弱みを見極めた、メリハリのきいた戦略を考える必要があります。

要するに、まず「彼を知り、己を知れば、百戦殆うからず」という、孫子の兵法の基本から冷静に考えていけばよいのです。ところが、近年の日本産業論、とりわけ製造業論の場合、そういう戦略論の基本が抜けていることが、意外に多かったと言わざるを得ません。

むろん、冷静な競争力分析と合理的な戦略選択の結果として、日中で補完的な生産分業体制が出来上がるのは、ある意味で必然でしょう。しかし、一部で見られた、「なにがなんでも中国に行って低賃金を活用するしかない」というような、経営者自らが生み出した幻想によってつくりあげられた「雰囲気的悲観論」は、まさに自己実現予言的に、無用な空洞化を招く恐れがあったのです。

つまり、確固たる戦略構築やものづくり能力の構築を怠りながら、「ライバル企業が進出したからうちも」とばかり、低賃金だけを頼りにワーッと中国に出ていった企業が最も危うかったわけで、実際、すでに失敗例も数多く出ています。一方、日本国内でものづくりの切磋琢磨を怠らず、またしっかりしたビジネスモデルを確立した上で、迷わず中国に工場を出している会社は概して成功しています。

こうして見ると中国事業に関しては、「日本の拠点も中国の拠点も両方とも活かしている企業」と「両方だめにしている企業」の二種類しかないようにさえ見えます。とすれば、事の本質は「中国に行くか行かないか」という問題ではなく、まさに「行き方」の問題ということになります。健全な日中生産分業体制を構築するためにも、今こそ日中双方の得意・不得意を冷静に分析して、「お互いの勝ちパターンをうまく組み合わせたグローバルなビジネスモデル」を構想していくことが必要とされているのです。

下から見上げる戦略論

ここまでの話をまとめてみましょう。九〇年代、日本経済全体が低迷する中で、日本の産業競争力、とりわけ製造業の国際競争力に関するマスコミその他の診断と処方箋は、過剰な楽観論と過剰な悲観論の間を右往左往する傾向がありました。それはまさに日本産業論の混乱期であった、とさえ言えるでしょう。その理由を私なりに考えてみると、地に足の着いた現場発の「ものづくり論」が確立していなかった、という結論になります。

私は、生産管理や技術管理、つまり「ものづくり現場の経営学」を専門としていますから、ほぼ週一回ぐらいのペースで内外企業の生産や開発の現場を見ています。そのような直接観察と客観的なデータ収集を通じて、ありのままの工場や製品開発部門を見る限り、日本のものづくり現場でも強いところは強かった、ということはほとんど自明です。しかも九〇年代を通じ、一貫して、強いところは強かったのです。

ところが一般の論調は、景気全般や企業業績の数字に引きずられ、それらの数値がいいときにはすべての工場が強いように錯覚するが、悪いときには逆にすべての工場が弱体化し、日本の製造業は終わったかのような議論さえされてきました。それは明らかに、ものづくり現場のデータや観察結果を、筋道を立てて国際競争力、企業業績、さらにはマクロ経済の議論にまで結びつける、現場発の「ものづくり戦略論」の分析枠組みが確立していなかったからです。だから、そのときどきの雰囲気で視点がぶれてしまうのです。

そうなると、建設的な処方箋さえ出てこなくなります。時代の雰囲気やレトリックに過剰反応することのない、現場観察と客観的なものづくりデータに基づく、冷静な産業論・戦略論の必要性を私は長い間痛感してきました。

この本で試みるのは、まさにその「現場発のものづくり戦略論」です。私自身それを極めたわけでもなく、データやロジックにはいまだ曖昧なところもあります。しかし、今の段階で、大まかな筋書きを素描することはできるのではないかと考えています。

先に述べたように、私の専門は生産管理や技術管理、すなわち「ものづくり現場」の経営学です。それはいわば、高度十メートルの高さからものを見る学問です。つまり、工場の天井裏から現場を覗く、というぐらいの高さが私の学問の基本なのです。

その高さからは、工場の全体の流れが見渡せます。ものはスムーズに流れているか、在庫はどこにいくつたまっているか、というようなことは見えますし、さらには、働いている人たちが楽しそうに働いているか、そうではないか、というぐらいのことは分かる。

私はあくまでも外部から来て現場を見る学者ですから、完全に現場目線そのもの（＝高度一・五メートル）だというのはおこがましいでしょう。それよりもう少し高いところの目線というものを、工場の実地調査の際には意識するようにしています。

いずれにせよ、私が本来専門にしているのは、高度数万メートルから日本列島を眺める日本経済論や、高度数百メートルから企業全体を俯瞰する経営戦略論ではありません。むしろ、細部にこだわるが、時として木を見て森を見ない傾向のある学問領域であります。しかし、その高さから見ているからこそ、見えてくるものもあるのです。

例えば、オーソドックスな経済学者の方々は高いところから経済体系を見ていますから、企業ごとの個性というものはあまり重視しない傾向があります。「ソニーも松下もトヨタも日産も、所詮は同じ企業であり、本質的には変わらん」となりがちです。

これに対して、工場現場のオペレーションの世界では、会社によって生産性が二倍から三倍違うという話はザラにあります。また同じ会社の同じ工場であっても、一年で生産性が二倍や三倍になるという話もザラにあるのです。

この本では、工場の天井裏から現場を覗く「高度十メートルの世界」を出発点とし、その高さから企業がつくりだす製品や工場を虚心坦懐に見る視点を大事にしようと思います。そこから始めて徐々に高度を上げ、その先の戦略論や産業論につなぐための、「現場発の戦略論」の枠組みを、できればこの本で素描したいと思います。いわば「下から見上げる戦略論」を、この本の特色として心がけたいのです。

むろん、高度数万メートルの高さから降りてくるタイプの「経済学発」の戦略論も時には大いに役に立ちますし、海外から数万キロを超えて飛んでくる「欧米発」の舶来戦略論も、本家本元だけあって周到であり、それも頭に入れておく必要があります。私も当然、それらを前提にして話をしています。

しかし同時に、「現場発」の戦略論でそれらを補完してもよいのではないか。特に今の日本には、そういう日本らしい戦略論があってもいいのではないか。これが、この本の背後にある、私の動機なのです。

2　既存の産業分類を一旦忘れよう

すでに述べたように、製品や産業の特性を見極め、得意分野と不得意分野を峻別し、「攻めるべきを攻め、守るべきを守る」のが戦略構築の基本です。しかし私は、得意・不得意の分野を判別する上で、既存の産業分類だけでは、もはや説明できない現象が増えていると感じています。

むろん、既存の産業分類は、それ自体、確立したひとつの「制度」であり、その区分けに沿って統計、業界団体、会社の事業部、監督官庁の部署なども分かれています。つまり、われわれは日々、既成の産業分類、つまり「業界」という括りで日常業務をこなしているので、これを全面否定することは、必要もないし、望ましくもありません。

しかし同時に、既存の分類だけでは、もはやメリハリのきいた競争戦略や産業ビジョンができなくなっているのではないか、というのが本書の立場です。つまり、「業界」という既成概念を補完する、新しい産業観が必要だと私は思うのです。

さらにいうなら、現場発想を重視する本書の立場からすれば、それは「現場発の産業分類」であることが望ましい。以上を踏まえて、本書では「アーキテクチャに基づく産業観」を提案しますが、それについてはまた後段で説明することにします。

既存の産業分類だけに頼る分析には限界があるということを、例えば化学産業について考えてみましょう。化学の分野で日本は強いか弱いかといえば、「日本の化学産業は弱い」というのが従来の通説でしょう。

実際、エチレンプラントのように、設備の規模や操業度や新しさでかなりの部分、勝負が決まってしまうような製品については、日本企業の国際競争力は決して強いとはいえません。むしろ、生産能力の調整など一般には守りの姿勢が目立ちます。そのような石油化学の汎用品のイメージが強いので、「日本の化学産業は弱い」という一般的な理解になるのです。

ところが、石油化学の大手名門企業から少し離れて、信越化学、鐘淵化学、住友ベークライト、日立化成、JSR、日東工業といった、半導体材料や液晶材料を含む「機能性化学品」を扱う企業に目を転じると、実は非常に好調です。石油化学系もそれなりに浮沈がありますが、日本企業が近年安定的に強かったのは明らかに機能性化学品のほうです。特に半導体の五大材料などは、日本が圧倒的な国際競争力を誇っており、この十年間輸出がどんどん伸びています。

一方、これらの機能性化学品を買うユーザー産業の側を見ると、八〇年代に隆盛を極めた日本の半導体（特にＤＲＡＭ）産業は、九〇年代には韓国の三星電子などに圧倒されてしまいました。ところが、半導体の主要材料では依然として、日本企業が世界の実に七割以上のシェアを押さえているので、海外の半導体メーカーが強くなるほど日本からの半導体材料の輸出が増える、という皮肉な構図になっています。

またこのほか、花王のような消費財系の化成品メーカーにも元気のよいところがあり、これらに銀塩写真フィルムやタイヤも含めた広義の化学品の統計を見ると、経済産業省の調べでは、二〇〇二年現在で驚くことに、輸出がおよそ五・六兆円、輸入が三・八兆円で、二兆円近い輸出超過でした。つまり、日本の貿易黒字の十数％は、もはや「化学」部門が担っている計算になります。

確かに九〇年代初めには、輸入も輸出も三兆円前後で、あまり国際競争力のある産業とはいえませんでした。しかし日本人が「失われた十年」などといっている間に、化学は堂々たる輸出産業に育っていたのです。しかもこのことは、一般には意外に知られていません。

このように、「化学」という括りで見ていたら実態もつかめず、メリハリのきいた産業ビジョンや競争戦略もつくれないのです。なぜなら、石油化学汎用品に代表される、競争力のあまり強くない守りの分野と、機能性化学品に代表される、強くて攻めの戦略を立てられる分野とが一括りにされていたからです。これらは、戦略上は分けて考えなければならないでしょう。

つまり私がここで申し上げたいのは、守りと攻めを峻別するという戦略論の基本を貫こうというのであれば、われわれが日常的に見ている政府統計の産業分類に沿って事業戦略や産業政策を立ててしまうのは、まずいのではないかということです。

3　アーキテクチャのメガネで見る

アーキテクチャに基づく戦略論

以上のように、日本の産業競争力も様々であり、製品によって大きな差があります。しかも今や、既存の産業分類だけでは、切れのよい戦略もビジョンも立てられないことは確かなようです。とすれば、得意・不得意の分野を判別するには、一体どうすればよいのでしょうか。

冒頭で指摘したように、ものづくり現場の発想に返って、虚心坦懐に自社の製品や生産工程を見直すことから、戦略を組み立て直してみるべきではないかと私は考えています。そして、現場をそのように見る場合、当たり前ですが重要な事実があります。それは、製品や工程など、現代の企業が扱う人工物は基本的にはすべて、「あらかじめ設計されたものだ」ということです。

この「設計」という単純な事実から出発して戦略論を再構築すること、それが、現場発の産業論であり戦略論だと私は考えます。それは、設計という理系的・技術屋的な発想を、あえて経済学・経営学という文系的・事務屋的な学問に注入してみようという、私なりの「文理融合のものづくり論」の試みでもあるのです。

一般に、ものづくりの現場で人々が何か新しい製品や工程を設計するとき、どのようなものの考え方で設計するかは、製品によって違いがあります。そうした製品・工程の基本的な「設計思想」のことを、「アーキテクチャ」といいます。

私は、現場発の戦略論はまずもって、「アーキテクチャに基づく戦略論」、すなわち設計の基本思想の違いに着目する戦略論であるべきだと考えています。「アーキテクチャ」という概念については、後の第4章で詳しく展開しますが、この本の最も重要なポイントのひとつになるので、ここで少し説明をしておきます。

「アーキテクチャ」という言葉を見て、読者の皆さんは「また経営学者の横文字か」とうんざりされたかもしれませんが、きっちりと定義をしたうえで使いますので、ここはあえて横文字で通させてください。

この言葉を日本語に訳そうとすると、辞書にはまず「建築」という言葉が出てきます。私は二〇〇一年に、一橋大学の武石彰氏、青島矢一氏と共編著で『ビジネス・アーキテクチャ』(有斐閣)という本を出しました。ある程度は売れる自信があったのですが、蓋を開けてみると、当初はそれほどでもありませんでした。

そこである大きな書店で調べてみると、この本が建築コーナーに置いてあったのです。それで慌てて、経営書のコーナーに移してもらったという笑い話があります。ですから私は、アーキテクチャという言葉が、経営戦略論や産業経済学の用語として定着するまでは、この横文字にこだわりつづけようと決意したのです。

さて、その「アーキテクチャ」ですが、強いて日本語に意訳すれば「製品の設計思想」ということになります。詳しくは第4章で述べますが、アーキテクチャの基本タイプとして最も重要な二分法は、「擦り合わせ型」(インテグラル)か「組み合わせ型」(モジュラー)か、という区別です。

これはもともと、アメリカのMIT(マサチューセッツ工科大学)やハーバード大学やペンシルベニア大学あたりの経営学者(例えばK・ウルリッヒ教授)が、九〇年代に唱えはじめた区分です。しかし私は、これを日本の産業競争力を分析する上で非常に便利な概念だと考え、数年前から「擦り合わせ」などといった訳語をつくって、日本産業論や日本企業の戦略論に応用してきました。

実際には白か黒かの二分法ではないのですが、説明を簡単にするために、まずは白か黒かで説明します。また、アーキテクチャは、製品設計にも工程設計についてもいえることですが、ここでは手始めに、製品設計の話に集中しましょう。

まず「擦り合わせ型」（インテグラル）アーキテクチャの製品というのは、ある製品のために特別に最適設計された部品を微妙に相互調整しないとトータルなシステムとしての性能が発揮されない、というような製品のことを指しています。

例えば、このタイプの典型である自動車の場合、千点を超える機能部品、さらに細かく分ければ二万から三万点の単体部品によってできていますが、これらの部品の九〇％以上は、自動車メーカーが百を超える部品メーカーに、そのメーカーの専用設計の部品として発注するものです。部品メーカーに詳細設計や試作を任せることはありますが、その部品に対する要求性能、取り付け部分（インターフェース）の設計、あるいは外観形状といった、いわゆる「基本設計」の部分は、たいてい自動車メーカーが自ら行います。

つまり、部品メーカーがあらかじめ独自に設計した部品をカタログの中から選んで買ってくるような「寄せ集め設計」では、まともな自動車（少なくとも先進国の小型乗用車）は開発できないのです。なぜなら、基本的に複雑なメカ製品である自動車は、ボディとエンジンの配置や性能のバランス、例えばエンジンの重心がボディのどの辺に来るか、エンジンの性能特性とボディの重量や剛性がどのようにつりあっているかなどの、部品設計の相互関係が微妙に違っただけで、その製品のトータル・パフォーマンスはガラッと変わってしまうからです。ここでいう「擦り合わせ型」の製品というのは、部品設計の間の非常に微妙なバランスが、製品全体の機能に大きく影響する製品のことだとイメージしてください。

このタイプの製品の典型例は自動車（特に小型乗用車）や先進国のオートバイですが、小型化・薄型化・複合化をどんどん進めているタイプの家電製品なども、部品間で設計の擦り合わせを行わないと極限まで小さくしたり軽くしたりできませんので、こちらに該当するでしょう。多くの精密機械や、一品生産の一般機械、それらを構成する中核部品（例えばベアリング）、そして見方によっては、ゲームソフトや多くの組み込みソフトなどもこの範疇に含まれるかもしれません。

一方、「組み合わせ型」（モジュラー型）アーキテクチャの製品というのは、すでに設計された「ありもの」の部品を巧みに寄せ集めると、まさに「組み合わせの妙」を発揮していろいろな最終製品ができる、というタイプの製品のことを指しています。

このタイプの製品の場合、インターフェースの形状や通信手順が標準化されており、部品自体も機能完結的で「身離れ」がいいという特徴があります。だから、そうした既設計の標準部品・共通部品・流用部品の類いの「寄せ集め」でも、まともな性能の製品をつくることが可能になります。したがって、「寄せ集め型のアーキテクチャ」と呼ぶこともできるでしょう。

さらに分けると、「組み合わせ」（モジュラー）型には、いろいろな会社がそれぞれに独自設計した部品やユニットをあとから寄せ集めても動く「オープン・モジュラー型」（略称すれば単に「オープン型」）と、それぞれの完成品メーカーごとに基本設計が閉じていて、その会社の中でしか使い回しのできない「社内共通部品」を寄せ集めることで完成品をつくる「クローズド・モジュラー」型とに分かれます。

「オープン型」に該当する製品といえば、パソコン・システム、パソコン単体（ハード・ソフトの組み合わせ）、自転車などがそうですし、ソフト系ではインターネット商品などもそうでしょう。それから、パソコンの基本ソフト（OS）であるリナックスなども、やはりオープン型に該当すると思います。

衝撃的だったシステム・コンポーネント・ステレオ

少し古い話ですが、私が出会った最初のオープン・モジュラー型製品として印象に残っているものといえば、なんといっても、一九七〇年代に登場したシステム・コンポーネント・ステレオです。

六〇年代のステレオは、まるで仏壇のようにビクターならビクターのステレオセットとして、応接間に家具調の大きな箱がドーンと置いてあるものでした。そしてその中身は、アンプもチューナーもターンテーブルもスピーカーもすべて一体組み込み式で、配線が真空管の周りをゴチャゴチャとはい回っており、素人がいじることができるような代物ではありませんでした。つまり、六〇年代のステレオは、典型的な一塊の「擦り合わせ型」製品だったわけです。

ところが、七〇年代に入ってシステム・コンポが出てくると、私などは驚きました。要するに、アンプやチューナーやターンテーブルが別々の箱として売られ、それぞれの箱の後ろにあるジャック（端子）の穴がどれもメーカーを超えて業界共通になっており、素人でも簡単にトリオとサンスイとビクターの機器をつなぐことができるようになったのです。

そして、「どこどこのメーカーは、アンプには強いがスピーカーには弱い。音をよくしたいんだったら、〇〇のアンプと△△のレコードプレーヤーと□□のスピーカーを組み合わせるといいんだ」というようなウンチクを披露する友人が出てきました。今でも私はこのときの驚きと、自分でユニットごとに選べる楽しさを鮮明に憶えています。

今にして思えば、これはまさに私の「オープン・アーキテクチャとの遭遇」でした。そのとき目撃したのは、「ステレオのアーキテクチャが擦り合わせ型から組み合わせ（オープン）型へとシフトした」という事件だったのです。

このように「アーキテクチャ」（設計思想）というメガネで産業を見直してみると、例えば自転車とオートバイは格好は似ているけれど、アーキテクチャとしては前者がオープン型、後者が擦り合わせ型で全然違うということが分かります。あるいは、同じコンピュータでもクローズド型であるメインフレームと、オープン型であるパソコンは、アーキテクチャがまったく違います。だからこそ、メインフレームのチャンピオンであったＩＢＭが、アーキテクチャが違うパソコンでは失敗したのです。

こうやって、既存の産業分類ごとに主だった製品のアーキテクチャを調べていくと、およそどの分野でも、相対的に擦り合わせ（インテグラル）寄りの製品群と、組み合わせ（モジュラー）寄りの製品群とを見つけることができます。つまり、われわれが政府の統計などで普段見ている「既成の産業分類」とはまったく違う括りで、むしろそれらを横断する形で、アーキテクチャによる、従来とまったく異なる製品分類が可能になるのです。

このように、アーキテクチャという観点から産業を見ていったほうが、日本企業は何が強くて何が弱いのか、という競争戦略の根本がよく見えてくるはずだ、というのが、本書の基本的な考え方です。

私は最近、経済産業省の幹部や若手とお話しする機会が多くありますが、例えば経済産業省の製造産業局は、「自動車課」「化学課」などといった従来の部署を再編して、アーキテクチャ軸に沿って「擦り合わせ課」と「組み合わせ課」の二つに分けたほうが、強み・弱み、あるいは攻めと守りが鮮明になって、すっきりするのではないですかと申し上げることがあります。

それは半分冗談ですが、少なくとも各産業課の中で「擦り合わせ班」と「組み合わせ班」という括りを意識することは、案外間違っていないのではないかと思っています。二〇〇一年ごろ、経済産業省の化学課から派生する形で「機能性化学品室」を新設し、その単位でビジョン作りを行ったのは、私の見方からすれば、「組み合わせ化学」と「擦り合わせ化学」を分けて、攻めと守りを明確にする、実にセンスのよい動きだったと思います。こういうことは、他の分野でも可能ではないでしょうか。

4　アーキテクチャと組織能力の相性

もうすでに読者はお気づきかと思いますが、先に説明した「擦り合わせ型」と「組み合わせ型」の製品群をあらためて見てみますと、精密にアーキテクチャを測定したわけではありませんが、直感的には、「擦り合わせ型」の製品に日本企業の得意とするものが多いという印象があります。そして、その背後にある説明のロジックは、「ある国の企業が持っている組織能力」と、「ある製品が持っているアーキテクチャ」の間の、いわば「相性」ではないかと、私は考えています。

そもそもそれぞれの企業は、初期条件、その後の歴史、環境、創業者、企業風土その他様々な要因によって、その企業独特の「組織能力」を蓄積しています。そうした組織能力と「相性」のよいアーキテクチャを持った製品を事業として選んだ場合、その組織能力を持っていない企業に比べ、競争優位に立てると考えるのが自然でしょう。また、企業の組織能力は厳密に言えばまさに企業ごとに異なるはずですが、同時に、同じ国で、同じ時代に、似たような経験を積んできた企業群は、互いの組織能力に共通点があってもおかしくありません。

例えば人間の場合も、ある時期、特に青春期にある共通の体験、例えば戦争、焼け跡、安保闘争、学生運動、バブル経済、等々を共通に経験してきた「世代」は、共通した「ものの考え方の癖」を持つといわれます。「焼け跡世代」「安保世代」「全共闘世代」などという言い方がまさにそれです。これと同様に、ある国のある時代を共有した企業群の間にも、特徴的な共通点というものがありそうです。

日本の統合型ものづくりシステム

それでは、戦後の日本で高度成長期を経験し、それなりの規模に育った「優良ものづくり企業」は、どのような特徴を持っているのでしょうか。こうした企業は、一九五〇年代、六〇年代、七〇年代という日本経済の急速な成長期に、ヒトもモノもカネも相対的に不足する中で、目前の市場機会をつかまえ、多少無理をしながらも一企業として成長してきたといえます。

そういう状況であれば、「一旦雇った従業員は大事に使いましょう」「一旦据え付けた機械も大事に使いましょう」「一旦確保した下請けさんも大事にしましょう」となるのは、ごく自然な判断です。つまり、戦後日本で成長してきたものづくり企業は、常識的な経済合理性を追求した結果、「長期雇用・長期取引」という道を選んだわけです。その結果、ごく自然に、「ツーカーの関係」「あうんの呼吸」、あるいは「濃密なコミュニケーション」「緊密なコーディネーション」「チームワークのよさ」「幅広い情報共有」といったものに関して、強い組織能力を共有するようになったわけです。

この話はあとで詳しく説明しますが、こうした「チームワーク重視」の組織能力を持つ現場システムを、本書では「統合型ものづくりシステム」と呼ぶことにします。例えば、有名な「トヨタ生産方式」などは、まさに「統合型のものづくりシステム」の極致だと言えます。

そして、企業が「統合型ものづくりの組織能力」を最大限に活かして競争優位に結びつけることができるのは、まさに、開発・生産現場での相互調整を必要とする製品、つまり「擦り合わせ型アーキテクチャ」の製品なのです。そう考えれば、日本企業が自動車という擦り合わせ型製品を得意としてきたことは、決して偶然ではないといえます。

ただし、単なる「長期雇用・長期取引」なら、ひとつ間違えれば馴れ合い、もたれ合いの温床になりかねません。実際に日本には、ぬるま湯的な「系列」や「年功序列」も存在しましたが、それらはもはや歴史的な役割を終えたといわれています。

しかしこの種の議論で気になるのは、性急に「長期主義＝ぬるま湯」という図式に持ち込む傾向があることです。私は、これは「長期能力主義」と「長期関係主義」を混同した議論だと思います。確かに、規制や談合などで競争が機能していない日本の多くの産業や企業では、「昔から知っているから」「出資しているから」「役員を派遣しているから」「長く在籍しているから」「先代から取引していたから」などといった「関係主義」的な理由で、誰に発注するか、誰を採用するか、誰を昇進させるか、などを決めてしまう傾向がありました。それは競争力に対して明らかにマイナスですから、真剣に国際競争をしている業界ではやめるべきでしょう。

しかし、長期で付き合いながら、相手の働きぶりを見極め、その能力を多面的に評価し、その評価に基づき長期にわたって互いに能力を切磋琢磨してもらう、というタイプの、いわば「長期能力主義」は、まったく話が別です。「統合型ものづくりシステム」の基礎となる「長期能力主義」は、少なくとも自動車などのように、複雑な擦り合わせ製品をつくるためにじっくりと能力を蓄積する必要のある分野では、日本企業の競争力の源泉だったといえますし、現在もそれは変わっていません。

「長期関係主義」と「長期能力主義」を混同し、それらをまとめて否定する論調は、トヨタやキヤノンを含む、戦後日本の優良ものづくり企業の強みを否定してしまう点で、誤った分析だと私は考えています。

モジュラー型のアメリカ社会

それではアメリカ企業に共通に見られがちな組織能力とは、どんなものでしょうか。これも一概には言えませんが、強いて言えば、アメリカは移民の国であったという歴史的事実が議論の出発点になると私は考えます。

やや乱暴な言い方になりますが、アメリカは、二百年間世界中から集まる有能な移民を即戦力として使うことによって、世界一の国力を獲得した国です。つまり、社会の成り立ちからして、基本的には「有能な人、完成度の高い人を組み合わせてスピーディにパワーを出す」という、いわばモジュラー的なものだったといえます。

ものづくりの世界でもこの二百年間、擦り合わせや相互調整をしなくしてもすむような生産システムや製品を考案することが、アメリカ製造業のいわば基本精神だったといっても過言ではないでしょう。その成果の一つが、二十世紀初頭、製造工程から初めて「寸法の擦り合わせ」を排除したフォード生産システムだったのです。

そして、二十世紀も残り十年となったところで、今度は設計活動における部品間の擦り合わせが少なくてすむデジタルネットワーク情報財という、まさにアメリカの伝統的な組織能力と相性がぴったりのビジネスが急速に拡大したのです。九〇年代のアメリカ経済の活況は、こうした「組織能力とアーキテクチャの相性」という視点から説明できるように思います。

彼らの得意とする「新しいシステムを構築する能力」「うまいビジネスモデルをつくる能力」「巧みに業界標準をとってくる能力」、そのような「頭を使って儲けましょう」というタイプの「構想力」が、アメリカの優良企業の持つ共通の強みだとすれば、そうした構想がストレートに実現するような製品、つまり、現場での擦り合わせに煩わされないですむ製品が、アメリカの企業の得意技になりやすいわけです。つまり、アメリカの企業は、もともと「オープン・モジュラーもの」に強い傾向があったと言えるでしょう。

他の国のケースは第5章で改めて取り上げるので、ここでは割愛しますが、一般に国によって組織能力の傾向が違うことが、相性のよい「得意なアーキテクチャ」の違いを生み出してきた、というのが私が考えているひとつの仮説です。まだ厳密に検証できたわけではありませんが、議論の出発点としては検討に値するアイデアではないでしょうか。

少し話が先走りすぎましたが、こうした「組織能力とアーキテクチャ」というフレームワークを、これまで展開されてきた伝統的な産業分析を補う形で考慮に入れれば、日本企業の戦略や日本の産業の分析を、もう少しきめ細かくできるようになるのではないか。それが、本書において私の考えるところです。

ここから先は、この章で粗筋を素描したストーリーの細部に立ち入り、「競争力とは何か」「組織能力とは何か」という戦略論の基本のところから始めて、先ほど述べたアーキテクチャ的な発想、つまり製品の設計思想や、エンジニアの方々のものの考え方にまで入り込み、その地点からもう一度、「ものづくり現場発の戦略論・産業論」を説明することにします。全体の流れについては図1を御覧ください。

第2章では、ものづくり企業の実力を多層的に評価する枠組みを提案します。具体的には、組織能力から、裏の競争力、表の競争力・収益力へと至る流れです。ここから、「強い工場・弱い本社」という問題が導き出されます。第3章では、ものづくりの組織能力を「設計情報の流れ」という視点から把え直し、トヨタのようなものづくりの達人企業から学ぶことの意味を考えます。

第4章では製品や工程の「アーキテクチャ」とは何か、その基本タイプはどういうものかを論じ、これを応用した「アーキテクチャの産業論」の事例を示します。第5章では、組織能力と

図1　ものづくり戦略論の見取り図

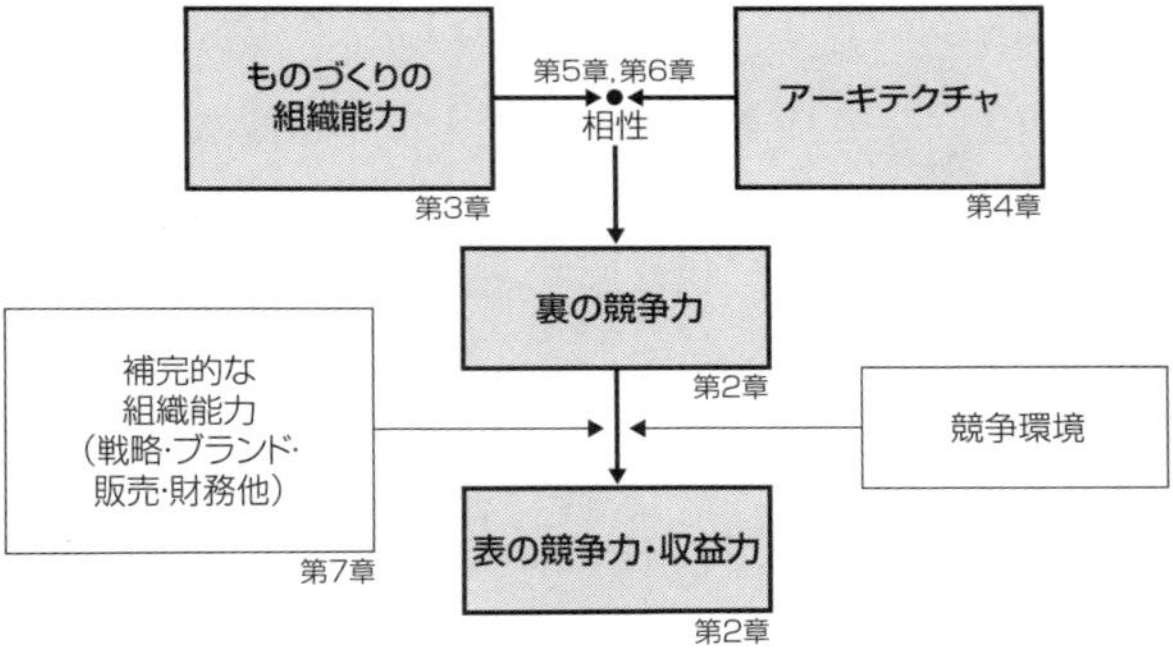

アーキテクチャの相性を考えます。国によって組織能力が偏在し、それが「得意技」の違いを生む、という「アーキテクチャの比較優位」の発想から、各地域の得意技を予想します。第6章は、その考え方を中国の製造業に応用したものので、「疑似オープン・アーキテクチャ」と「技術的ロックイン」を論じます。

第7章では、せっかく組織能力が強く、製品の相性もよく、裏の競争力も強いのに、収益力が弱い企業がなぜ日本に多いのかを考え、ものづくり能力を補完するブランドや戦略構想に関する組織能力が重要であると論じます。具体的には、アーキテクチャの両面戦略、位置取り戦略といった、本社の戦略面の強化が必須であることを、具体例をまじえながら示していきます。

最後に、第8章では、全体をまとめ、「ものづくり現場発の戦略論」を応用して、今やっておくべきと私が考えることがらについて提言をして、本書を終わることにしたいと思います。

【第1章解題】

原著「まえがき」にも書いたように、私の産業競争力論の骨格は、ある産業における「ものづくりのケイパビリティ（組織能力）」と「製品・工程アーキテクチャ（設計思想）」のバランスが、その産業の「国際競争力（設計の比較優位）」を生むというもので、近年の私の英語文献では「Capability-Architecture-Performance」、略して「産業競争力分析のCAPアプローチ」と呼んでいる（Fujimoto 2023, 2007; Fujimoto & Ikuine ed. 2018、他）。

このCAP産業分析フレームワーク（本文の図1参照）の骨格がちょうどできてきたのは、この原著の発刊の少し前であり、その後の約二十年間、基本的にはこの分析枠組は変わっていない。簡単に言えば、以下のような論理である。

①歴史的な理由で「調整型の組織能力」の強いものづくり現場が多く存在する国、例えば戦後の日本は、調整集約的な製品（擦り合わせ型アーキテクチャ寄りの複雑な製品）で「設計の比較優位（design-based comparative advantage）」を持ちやすい。②他方、歴史的な理由で「分業型の組織能力」が強い現場を多く持つ国、例えばアメリカは、調整節約的な製品（モジュラー型アーキテクチャ寄りの製品）で「設計の比較優位」を持ちやすい。

歴史的な理由により、前者①は戦後日本やヨーロッパの一部、後者②はアメリカや中国が該当すると推定される。これが、原著発刊当時も現在も変わらない、私の考える「産業地政学」である。

その後、約二十年間、私は、その時々の様々な産業現象にこのCAPアプローチを適用してみたが、その説明力は概ね高かったと考える。

例えば、「なぜ日本の自動車産業は二〇二〇年代初頭まで高い国際競争力（国内外生産台数で世界の三〇％前後を四十年間キープ）を保つことができたか」「なぜアナログテレビであんなに強かった日本の家電産業が、デジタルテレビ化で壊滅的に衰退したのか」「なぜオープン・アーキテクチャのBtoC（消費財系）プラットフォームビジネスで日本勢が全く振るわなかったのか」「日本の製造業が、それでも一九九〇年代から二〇一〇年代にかけて、低成長ながら一〇〇兆円前後の付加価値規模を保つことができたのはなぜか」、等々の問いに対して、概ね矛盾のない説明を用意することができたのではないかと思う。

つまり、この本で端緒的に示した産業分析のCAPアプローチは、戦後日本の産業、とりわけ貿易財系製造業の長期的産業現象を説明するうえで、かなり有効なアプローチだったのではないかと、少し自負する。

また、まえがきと第1章では、一九〇〇年代の日本の製造産業論が、明確な理論や統計的分析に基づかぬ「雰囲気的な悲観論」になりがちであったことを批判的に検討している。残念ながら、その後の二十年間も、こうした根拠の薄い雰囲気的な悲観論は浮かんでは消えていくことを繰り返し、その間、私はそれを批判し続けていたように思う。

一言で言えば、日本の産業に関する言説の多くに欠けていたのは、「比較優位」という、デイビッド・リカード以来、経済学二百年の伝統的な経済原理である。

要するに、各国が相対的に見て得意な製品を輸出し、苦手な製品を輸入すれば、各国が貿易の利益を得るというシンプルなロジックが、「ポスト冷戦期」において、中国という圧倒的な低賃金人口大国の世界市場参入により、その隣の経済先進国であった日本において約三十年にわたる強烈な価格・賃金据え置き圧力（いわゆる、デフレプレッシャー）が続いた、ということが「ポスト冷戦期」の一大特徴である。その間、日本の貿易財産業は、「国内工場の物的生産性を大幅に上げても、厳しいグローバルコスト競争を考えれば賃金はほとんど上げられない」という異常な時代を、三十年近く経験したのである。

またこの間、調整型の組織能力を有する設計・生産現場が多く、その結果、物理法則に支配され高い機能要求と制約条件を課される「インテグラル型（擦り合わせ型）アーキテクチャ」の製品、例えば低燃費自動車や高性能産業機械、機能性化学品等において「設計の比較優位」を保ってきた日本製造業であるが、一九九〇年代以後のデジタル情報革命のなかで、産業・企業ともに圧倒的に高い成長率を誇ったのは、質量がなく、ゆえに物理法則から解放されたデジタル製品やソフトウェアであった。

こうした調整節約型の「モジュラー型」(組み合せ型)アーキテクチャ」の製品においてはあまり「設計の比較優位」を持たぬ日本製造業は、周知のように、この分野で三十年間苦戦したが、その一方で、物理的なサステナビリティ要求が強い製品では概して国際競争力を保った。この時代における日本の製品輸出は、こうした「設計の比較優位」が支えたと言えよう。

例えば、一九九〇年から二〇〇二年までの、日本の工業製品の貿易黒字は二十兆－三十兆円の規模を維持し続け、二〇二二年、二三年の日本の工業製品の輸出額は九十兆円超で、この時点での史上最高となった。バブル末期の一九九〇年前後のそれは約四十兆円であったのだから、いわゆる「失われた三十年」の間に、日本の工業製品輸出は、実に二倍以上に拡大していたのである(工業製品輸入も急増したのであるが)。

ところが、こうした基本的な統計的事実に注意を払わず、しかも理論的にも比較優位論の基本を理解しないかに見える、日本製造業の「一方的衰退論」あるいは「全面的空洞化論」が、一九九〇年代から二〇一〇年代を通じて何度も浮上した。当然ながら、それらが日本の産業現象を長期的かつ有効に説明できるということはなかった。

この間、国の政策や言論界の産業談義においては、停滞産業からリソースを引き抜いて、

「成長産業」に投入せよ、という処方箋が繰り返し語られ、流行語的に「次は〇〇産業の時代である」という言説が繰り返された感がある。しかし、結果的に、そうした「次の成長産業」が、日本経済全体のめざましい成長を生まなかったことは、周知のとおりである。

仮に、「アメリカが比較優位を持つデジタル産業などの高成長産業に日本もリソースを集中すべきである」という考え方を採った場合、そこに欠落しているのは「比較優位」のロジックである。アメリカの高成長デジタル産業がうらやましいのはわかるが、単純にそこにリソースを集中すれば、そこに「分業社会・アメリカはオープン・モジュラー型製品が得意である」という「設計の比較優位」の論理が作用する限り、この日本の「成長産業」が国際競争で劣後する可能性は高い。日本の勝ち筋が見えない「海外の成長産業」だけにリソースを集中しても、結果は期待できない。

半世紀前、一九七〇年代の日本の産業政策（例えば通産省の「産業構造ビジョン」）は、高い生産性（比較優位）と高い市場成長性の両方をバランスよく見るものであり、これに基づくリソース集中戦略は概ね妥当なものであったと思われる。

しかし、近年の成長戦略や産業政策は、「成長産業へのリソース移転」を強調するところまでは正しいとしても、そこに比較優位論の観点があまり入っていなかったため、海外で喧伝される「成長産業」への流行追随的なリソース投入と、結果的な国際競争での敗退・停滞を繰り返した。この間、日本の国家レベルの「成長戦略」が成功したという評価は、残念ながらほぼ存在しない。

これが、『日本のものづくり哲学』の原著発刊（二〇〇四年）から日経文庫版発刊（二〇二四年）までの、二十年間の日本製造業の、私なりの総括である。残念ながら、二〇〇四年の段階で指摘した「我が国産業論、とくに製造業論における比較優位意識の欠落」という問題は、その後の二十年間も根強く残ったようである。日本の「ものづくり論」「産業競争力論」の迷走は、多くの領域で、二〇二〇年代に至るまで続いていたと言わざるを得ない。

第2章 「強い工場・強い本社」への道

1 日産復活の意味

ルノーと日産

この章では、まず手始めに、ものづくり企業の実力の測りかたについて説明し、「オペレーション（ものづくり）の能力」と「ストラテジー（戦略構想）能力」のバランスをとらなければならない、つまり現場の組織能力と本社の組織能力の間のアンバランスを解消しなければいけないというお話をしたいと思います。

二十一世紀のわが国製造企業の目指すべき道は、現場の「ものづくり能力」の強みをしっかり維持・発展し、従来弱かった本社の「戦略構想能力」を強化することによって、強い工場と強い本社を両立させるというものだと本書では考えます。

この点で参考になるのが日産のケースです。この数年日産で起こったことは、必ずしも日産だけの話ではありません。それは、「強い工場・弱い本社」から脱却し、「強い工場・強い本社」を目指す道だったのです。そしてそのことは、日本のものづくり企業全般に当てはまる、ある意味で「縮図」と言えます。そこでまず、日産の業績回復に関する私なりの考えを述べましょう。

私と日産との付き合いは、二十数年になります。またゴーン社長にも定期的にサプライヤー関連の会議で会う機会がありますが、ここ三年ほどは、業績だけでなく、組織風土や組織能力も着実によくなってきたという印象です。

私が「カルロス・ゴーン」という名前を初めて聞いたのは、たしか一九九九年の三月、パリで現地調査をしていたときです。ルノーと日産との資本提携が決まった直後でしたが、フランスの研究仲間や業界関係者から、「ルノーはカルロス・ゴーンを日産に送り込むが、ゴーンを出してしまってルノー本体は大丈夫なのか、と本気で心配している人がパリには多い」という話を聞いていました。そんなにすごい人が来るのか、と驚いたのが第一印象です。

それも含めて現地で情報を収集し、パリ大学のバンジャマン・コリア教授など、ルノーに詳しい識者とも意見を交換しました。その結果私は、ルノー・日産はうまくいくだろう、という結論を得ました。これはちょっとした自慢話ですが、私は恐らく日本経済新聞や朝日新聞といったマスコミで、ルノー・日産提携はうまくいくと最初に予想した日本人だと思います。学者の空論も、たまには当たるものです。

さて、自慢話はこれくらいにして、話を日産リバイバルプランに戻します。ゴーン氏が最初に取り組んだことのひとつは、「クロスファンクション・チーム」をつくってアイデアを下から吸い上げることでした。クロスファンクション・チーム、つまり部門横断的なプロジェクト組織をつくって、そこで企画立案をやる。これに対して日産の、特に本社の人たちの多くは、「うちの会社は縦割りなのでそういうことをやったことはなかった。びっくりした」と言ったそうです。

でも、それを聞いて私などは「あれ、ちょっと待てよ」と思いました。東銀座の本社ではそうかもしれないが、そこから五十キロ離れた厚木のテクニカルセンターでは、トヨタやホンダほどではないかもしれませんが、世界全体で見ればかなり高いレベルのプロジェクトマネジメント、つまり部門横断的なクロスファンクション・チームによる新製品開発体制が、ずいぶん前からできていたのです。

私は八〇年代の後半、ハーバード大学で現学長のキム・クラーク教授と共に、世界中の自動車メーカーの開発組織やリードタイム、開発生産性などのパフォーマンスの比較調査をやっていました。そのころ世界中の主な自動車メーカーの開発部門はほとんど回りましたが、日産はその時点で、クロスファンクション・チームの形が一応できていたのです。

一方、今では日産のパートナーとなっているルノーという会社は、八〇年代半ばごろには、のちの日産と同様、財務業績が非常に悪い状態でした。プラットフォーム（基本車種）はやたらと多く、少量生産のモデルをたくさん抱えて、商品企画にもまとまりがない。製品にも魅力がない。リードタイムは長く、開発の生産性も悪い。散々な状態でした。

つまりルノーは、そこからはい上がってきた会社だったのです。ですから、私は両社が提携交渉をしていた当時から、ルノーと日産の相性はいいと踏んでいました。恐らく、ダイムラー・ベンツ社（当時）よりは、ルノー社のほうが提携相手としてはいいだろう。確かにルノーはダイムラー・ベンツほど強い会社ではないが、どん底からはい上がった経験があるし、他から学ぶ態度において優れた会社だ。相互学習のパートナーとしてはベターだ。私は、そんなことを新聞などで発言していました。

最近でこそヒット製品が少し途切れ、やや調子が落ちてきていますが、ルノーという会社は、八〇年代半ばのどん底状態から再スタートして、九〇年代半ばには当時の世界で、営業利益率が最も高い自動車メーカーのひとつにまで登り詰めていたのです。この点、当時の日本ではルノーは過小評価されていたといえるでしょう。

私の予想は、おおむね当たりました。ダイムラーがクライスラーとの合併後、強引な進駐軍方式で混乱を招き、クライスラー復活の立役者が次々と会社を去っていくのを見て、帝国建設の道具に合併を使う古いタイプのM&Aはそろそろ限界かな、と思ったものです。

合併にせよ提携にせよ、二社が相互に学び合うことによって、互いに能力構築を加速する。同時に、教え合うことによって、自らの実力に対するプライドと士気を維持する。しかし、サボっていれば教え子に追い抜かれますから、常に緊張感を持って自らの組織能力を切磋琢磨する。こうした相互学習の好循環が回る。それが私の考える、二十一世紀の戦略提携です。

合併や提携にあたって、事前に周到な金勘定をすることはもちろん重要ですが、企業組織は生き物ですから、事後の能力構築や組織学習、組織進化の展望を欠いた、目先の損得だけの合併や提携は、結局うまくいきません。少なくとも世界の自動車産業で、過去数十年の間に行われた合併のうち、十年後に株主価値の純増を生んだものはほとんどなかった、と私の知人でコンサルタントのグレン・マーサー氏は指摘しています。組織能力のダイナミクスへの洞察を欠いたM&Aは、失敗を繰り返しているのです。

その意味でルノー・日産提携は、「相互学習」を基本とする新しいタイプの戦略提携として、後世に記憶されるべき事件だと思います。言い換えれば、企業規模の拡大や経営者の支配欲や財務的操作など、短期的な動機を軸とする、古いタイプの合併や提携とは明らかに一線を画した、新しいタイプの企業連携といえるでしょう。まさに世紀の変わり目に、ルノーと日産は新世紀における企業協調のあり方を世界に示したのです。

開発のクロスファンクション制を本社に導入したゴーン体制

ルノーは、八〇年代のどん底時代からはい上がっていく過程で、世界中の企業のベンチマーキング（競争力の比較分析）をたくさん行いました。その結果、製品開発においては「今までのようなルノー式の縦割り組織ではだめだ。これからは開発担当のプロダクトマネジャーを強化してクロスファンクションに製品開発をやらなければいけない。そして、そのやり方のお手本は日本にある」ということになりました。

確かに、ハーバード大学でクラーク教授や私が研究したように、あるいは一橋大学の今井賢一先生や野中郁次郎先生、竹内弘高先生が見出したように、部門横断型（クロスファンクション）のプロジェクトチームや強力な重量級プロダクトマネージャーによる製品開発体制は、まさに日本の自動車メーカーの「十八番」であり、この面でのグローバルスタンダードは日本にあったのです。

そのやり方を、ルノーなど欧米企業は一生懸命に勉強して取り入れたわけです。一九八六年に、私がクラーク教授と初めてルノー本社を訪問したときも、日本のクロスファンクショナルな製品開発体制を学習しているところだ、という話を聞きました。

つまり日産では、厚木のテクニカルセンターには製品開発に限ったクロスファンクション・チームは昔から存在していたのです。にもかかわらず本社レベルにはそれが存在していなかった。つまり、銀座（本社）と厚木（開発部門）と追浜（研究部門・生産部門）は分断されていた。そこを抜本的に変えたのが、カルロス・ゴーン体制だったのです。

ゴーン社長が、いつどこでクロスファンクション組織に関する思想と手法を確立したかについて、本人ははっきり語っていませんが、これはルノーとは別に、いわゆる「ゴーン流経営」の一環として、日産に導入されたものと理解してよいでしょう。

トヨタには、本社のトップレベルに部門横断式の経営組織（トヨタでは機能会議と呼ぶ）がかなり以前から存在しますが、ゴーン社長は、全社レベルのクロスファンクション・チームを、それも会社の復興という最も重要な課題に対して用いたのです。

その後私は、約十あったクロスファンクション・チームのリーダーたちに会い、彼らの話を聞いていますが、このやり方の素晴らしさは、クロスファンクション・チームという組織構造にあるのではなく、むしろそれをどうマネージするかにあった、というのが私の印象です。

とりわけ私は、ボトムアップのアイデア出しとトップダウンの実行とのバランスが素晴らしいと感じました。どんな道具を使うかではなく、どのように道具を使うか、どのようにマネージするかにゴーン経営の神髄があると私は思っています。だから、クロスファンクション・チームという形を表面的に真似しただけでは、恐らく同じ結果は得られないでしょう。

ここで、私のカルロス・ゴーン観を簡単に述べておきましょう。私は、カルロス・ゴーンという人は、きわめてシンプルな意味で「経営する意志」だと思っています。

ゴーン氏の自伝を読むと、特にフランスのミシュラン社にいた若い時期が決定的だったと想像されます（『カルロス・ゴーン経営を語る』〔ゴーン・リエス2003〕）。ミシュランで鍛えた力でルノーと日産をまとめて救済した、という流れが見えます。ミシュランが急速に多国籍化する時代に若くして遭遇したのは、彼の縁であり運でもありますが、それらをすべて自らの能力・信条に転化し、雪だるま式に大きくしていくところが、「進化する経営意志」といえるでしょう。

私のもうひとつの印象は、彼が「奇を衒うことなく、経営の中心線を外さない経営者」だということです。部門横断チームの運営ひとつとっても、理にかなっている。しかし、経営本で読んだようなキャッチフレーズはあまり使うことがない。ごく普通の言葉で語ります。彼に接していると、「自分が言ったことは将来この会社で起こるのだ」という信念を感じます。

要するにカルロス・ゴーンは、フランスだ日本だという次元を超えているのです。理論か実践かという次元も超えている。きわめて単純に、「経営する」ということに関して卓越しているのです。その意味では、「グローバルな経営意志」でもあります。

「コミットメント」も「クロスファンクション」も、経営学の分析概念としては決して新規なコンセプトではありません。ゴーン流とは、いわば常識的な現場重視、人間重視、目標重視、達成重視を高度に統一した「経営する意志」です。人を見る目、指示と理由説明の明確さ等々、どれも個々にはユニークではないが、その全体を一貫した形で達成していくところが並外れているのだと思います。

特定の型にも執着せず、状況に合わせて平常心の判断をする。一流の剣客に通じるものがあると私は思います。しかも、日本に来てからも進化を続けている。剣道で言えば「平常心」と「無執着」が、ゴーンを際立たせる特性ではないかと私は考えます。少し褒めすぎかもしれませんし、私は彼の言動のすべてに賛成なわけでもありません。しかし、定期的にこの人と会って話を聞いていると、とにかく並の経営者ではない、という感を常に新たにするのです。

ルノー・日産提携の意味

次に、ルノー・日産提携の全体としての意味について、思うところをお話ししておきましょう。過去数年の間に日産に起こったことを振り返ってみると、次の五点が特に注目されます。

① **現場主義と提案重視**　ゴーン氏の経営スタイルは、洗練された「現場からの提案重視」の手法でした。日産トップ就任後のゴーン氏は、まず数カ月をかけて朝から晩まで日産の現場

を歩き回った、という有名なエピソードがあります。工場、テストコース、販売拠点などを広範に回った。これを通じて、日産従業員の支持を徐々に得ていったといわれます。

②　**日産自身の潜在アイデアの活用**　社内からの提案を「日産リバイバルプラン」（ＮＲＰ）に反映させた結果、その多くの部分が、いわば日産がもともとプランとして持っていながら塩漬けになっていたものを、ゴーン氏のリーダーシップのもとで実行に移した形になりました。リバイバルプラン発表の日、大学で私と会っていた労働組合の幹部の方々は「このプランにある項目の多くはすでに織り込み済みであり、驚く要素は少ない」と分析していました。要するに、以前と違っていたのはプランの内容ではなく、実行力だったのです。

③　**日本的手法の活用**　例えば、第1章でも少し論じた「長期能力主義」による購買管理を考えてみましょう。購買部門は、ゴーン氏が来てから日産が最も大きく変わった部分ともいわれます。しかし必ずしも、フランス流、ルノー流の押し付けだけとはいえません。むしろ、購買管理のベストプラクティスといわれる「日本型サプライヤーシステム」の基本に回帰する、という色彩も強いのです。つまり「バック・トゥー・ザ・ジャパニーズ・ベーシック」です。

第3章であらためて論じますが、ここで私が「日本型」というのは、「長く任せる長期継続取引・まとめて任せる共同設計・サプライヤー間の能力構築競争」を三本柱とする、本当の意味で強い「日本型サプライヤーシステム」です。むしろ、過去においては、サプライヤーの選定が、「能力の多面評価」を重視する「長期能力主義」ではなく、資本参加や役員派遣などの「しがらみ関係」に依存する「長期関係主義」だったのです。つまり、ゴーン社長による「系列解消」は、単純な欧米流購買管理の押し付けではなく、むしろ「日本のベストプラクティスへの回帰」だといえるのです。

④　**相互学習**　ルノーはルノーで、日産の優れた部分を見つけて、貪欲に日産から学ぼうとしてきました。すでに述べたように、ルノーは自社が八〇年代の不振から立ち直る過程で、他社から学ぶこと、特に日本のベストプラクティスから学ぶということ（ジャパナイゼーション）を徹底的に行った会社であり、実際トヨタ生産システムの理解の深さにおいて欧州随一だった、というのが私の印象です。

⑤　**企業風土の変革**　これらを通じて、日産の中では、企業風土の変革が進みました。振返ってみると、二〇〇〇年の初めごろから、組織風土の変化が外からも見えるようになりました。第一にこの時期から、多くの日産社員を社外の研究会などで見かけるようになりました。日産の「組織的に外から学ぶ態度」が急速に高まったのはこの時期でしょう。また、意思決定が見違えるほど迅速化した、とも言われています。これは、サプライヤー側の日産評価の中でもよく聞かれます。

さらにこの会社に見られがちであった「下からの提案が立ち消えになる」「うやむやになる」

といった傾向が目に見えて解消に向かい、今まで休眠していた社内やサプライヤーからの改善提案が一斉に噴き出てきた感があります。

もちろん日産は巨大な会社ですから、こうしたきれいごとですまされない組織内の葛藤も多かったでしょう。また日産には、組織文化の変革が中途半端で終わり逆戻りしてしまった、という過去の前歴もあります。その意味では、「ポスト・ゴーン社長時代」が日産の正念場かもしれません。しかし総体的にいえば、現在までのところ、日産自体の組織活性化は疑いのない事実です。

あとは、いい意味での「都会のスマートさ」を持った日産が、トヨタともホンダとも違う「日産ウェイ」ともいうべきカルチャーを確立していけば、この「日本のビッグスリー」を中心に、わが国自動車産業の健全な能力構築競争は続いていくことでしょう。

さて、以上お話をしてきた、日産復活のストーリーは、この本の文脈の中では何を意味しているのでしょうか。私は、これは多くの日本企業にとって他人事ではない話、つまり、ものづくり現場のオペレーションは強いのに、本社がそれを活かすことができず、財務的には低迷を続けていた会社の物語だと思っています。

日産は、「現場は強いが会社は儲からない」という、ある意味で典型的な日本企業でした。それがルノーというパートナー、そしてカルロス・ゴーンという本社経営能力の塊のような人間を得て、急速に業績を改善させたわけです。しかし、それは「奇跡の復活」ではなく、ある意味では「復活すべくして復活した」ともいえるのです。

失礼な言い方かもしれませんが、かつての日産は「強い現場、弱い本社」の典型であったわけです。それが、逆に「強い本社、弱い現場」の傾向が強かったルノーと組んだことによって、そしてゴーン社長が来たことによって、本社については日産が学ぶ、現場についてはルノーが学ぶ、という相互学習のサイクルが完成したのです。

その、ひとつの象徴的な例が、先ほどのクロスファンクション・チームの話だったのです。ゴーン社長が示した「全社レベルでのクロスファンクション経営」が、ルノー・日産提携を通じて日産に入り、日産本社の人はそれを見て「こんなことやったことがない」と言った。しかし、厚木の開発部門では昔からやっていた部門横断の組織体制が、パリ経由でようやく銀座の本社に戻ってきた、という言い方もできなくはないのです。端的にいえば、テクニカルセンターと本社の間のコミュニケーションがよくなかった。そして、開発現場や生産現場の強さを本社が活かしきれていなかった、ということです。

しかしこれは、実はかつての日産に限らず、多くの日本企業で見られる傾向です。このバランスを回復して、戦略も強いが「ものづくり」も依然として強い、この両輪が回っているような企業経営の形をつくりあげることが、日本の多くの企業に求められているのです。

日産の業績回復は、「強い工場（現場）、弱い本社」という問題を抱えていた企業が「強い工場、強い本社」を目指したストーリーだと理解することができます。以上が、私がルノー・日産提携の物語から学んだことです。

2　「ものづくり企業の実力」をどう測るか

企業の実力を階層的に測ること

今の日産の話をひとつのきっかけとして、「ものづくり企業の実力とは何か」という話に移りたいと思います。というのも、不調だったころの日産に関するマスコミの報道に、私は違和感を持っていたからです。

一言でいえば、財務状況が悪かったころの日産には、「現場も含めてすべてがだめな企業だ」というレッテルが貼られていました。しかし、日産の工場の生産性や製造品質、あるいは開発スピードや開発生産性の客観的な数字をアメリカのＭＩＴやハーバード大の調査に参加しながら直接見ていた私からすると、これは明らかにおかしな議論でした。それらのデータや現場観察から知られる日産のものづくり現場の実力は、確かにトヨタと比べれば見劣りがするかもしれないが、世界の自動車メーカーの中では、決して悪くないものだったのです。

日産の開発生産性、開発リードタイム、組立生産性、製造品質は、どれもルノーを上回るものだったし、日産のアメリカやヨーロッパの組立工場は、それぞれの地域でトップクラスの生産性だと、第三者の調査機関は報告していました。

ところが、一九九八年当時の多くの論調は、「日産は何から何までだめだ」という一方的なものでした。なぜそうなったのか。私は、これらの論調においては「収益力と競争力の混同」とでもいうべき議論の混乱が生じていたと考えます。そしてこの問題は、日産報道に限らず、これまで様々な場で繰り返されてきた感があります。

その根っこには、ひとつのより一般的な問題が見えてきます。それは、産業分析や企業分析において、現場の組織能力や競争力と会社の収益力を重層的に捉える測定・評価の体系が、意外にも確立していなかったということです。だから、「収益力＝競争力」と短絡的に同一視し、収益が上がれば競争力もオーケー、収益が下がれば競争力も落ちた、というような一方的な評価が、正確な測定もなしに行われてきたのです。

もうお気づきでしょうが、日産のところでも話題にした、「強い工場、弱い本社」という、日本企業にかなり多く見られる問題は、「収益力＝競争力」というある意味で粗雑な分析枠組みに縛られている限り、まさに定義によってそもそも認識できないのです。企業の収益と現場の競争力を別々に測定し、その二つを比較しない限り、「強い工場、弱い本社」という論点は、そもそも存在しない、という結論になってしまいます。

少し話が先走ってしまいましたが、以下のセクションでは「現場発の戦略論・産業論」を考えるための出発点として、組織能力、競争力、収益力など、ものづくり企業の実力を測るための重層的なシステムについて、簡単に説明したいと思います。

いわゆる「企業の実力」とは何であるのかということが、最近になってあらためて論じられるようになっています。私は、過去二十年以上、世界の自動車産業で競争力の比較を試みてきたわけですが、その経験から「競争力」は多層的かつ多元的なものであって、あまりシンプルに考えないほうがいいと考えています。

一般に、競争力とは、「企業が開発・生産・販売する製品・サービスが、まだそれを買っていない潜在顧客を引きつけ、かつ、すでにそれを買った既存顧客を満足させる力」のことです。つまり、潜在顧客の誘引力と既存顧客の説得力という、この二つの力が伴うとき、購買層拡大と評判向上の好循環が生じます。

要するに、こうした好循環が生じている状態のことを「競争力が強い状態」と呼べるのです。この意味で、「競争力」はダイナミックでかつ複合的な概念であり、ひとつの指標だけでは全容を捉えることはできません。

より具体的に言うなら、私は、製造企業の実力と競争力を、「ものづくりの組織能力」「裏の

図2　組織能力・競争力・収益力の多層構造

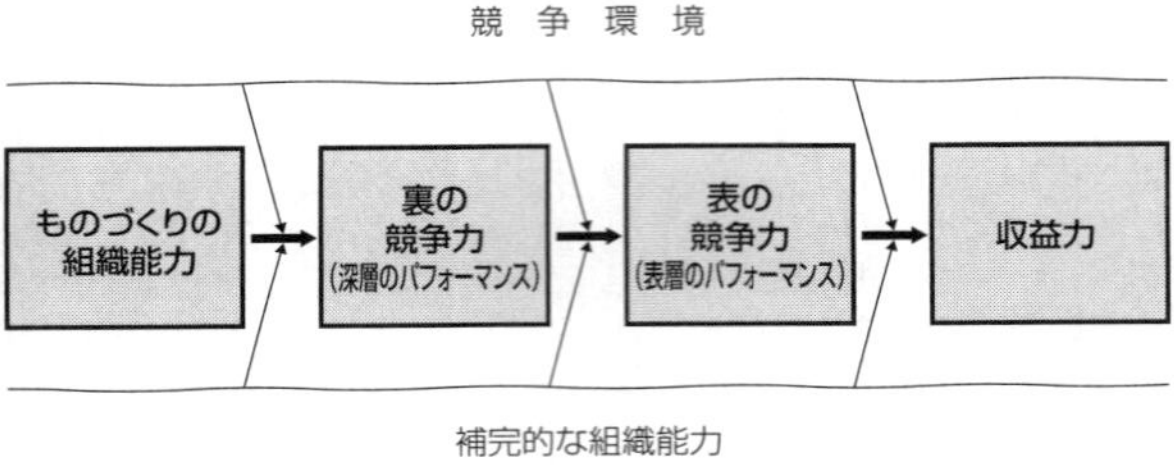

競争力（深層のパフォーマンス）」「表の競争力（表層のパフォーマンス）」「収益力」という四つの階層で捉えることが大切だと考えています。この四つをきっちりと測定し、自社の実力を冷静に把握し、四つすべてで高水準のバランスを目指すことが「現場発の戦略構築」の大前提となります。図2はその概要図です。

最近になって気がついたのですが、ハーバード大学のロバート・カプラン教授などが近年提唱している「バランスト・スコア・カード」というのがあります。これも、長期志向から短期志向まで、四つの分野のパフォーマンスをバランスさせなさいと指摘していますが、どうやら私がここで挙げた四つと、かなり近いようです。偶然の一致ですが、要するに理屈に合っているということではないでしょうか。

ものづくりの組織能力

競争力の多層構造のうち、土台（図2では一番左）にあるのが「組織能力」、とりわけ「ものづくりの組織能力」です。

一般に「組織能力」というのは、他の会社が真似したくても簡単にはできない、組織全体が持っているその会社独特の力であって、なおかつ他社に対する競争力や収益力の差を生み出す力のことです。

また、特に「ものづくりの組織能力」という場合には、「効率的なオペレーションを安定的に実現していくことを可能たらしめる能力」のことを意味し、具体的には、「歩留まりを限りなく一〇〇%に近づける能力」や、あるいは「正味作業時間比率を高いレベルに保つ能力」といったものの集大成になっています。

そして、そうした組織能力を発揮するための手法としては、例えば「5S(整理・整頓など)」「作業の標準化」「ジャストインタイム」「TQC」「TPM」「カイゼン」「サイマル・エンジニアリング」「フロントローディング」などといったものがあります。日本の優良ものづくり企業は、こういうところはきちんとやっています。そうした手法、あるいは「ものづくりのルーチン」については、私が『マネジメント・テキスト 生産マネジメント入門』(藤本2001)という全二巻七百五十ページの本を書いていますし、他にもよい解説書はたくさんあるので、それらを見ていただきたいと思います。

こうした「組織能力」、とりわけ「ものづくりの組織能力」の面で図抜けた成果を上げてきた会社のひとつがトヨタ自動車です。トヨタでは、他社以上に効率的なオペレーションを毎日やっている。すると、「どうして毎日、他の会社よりも高い生産性でものがつくれるのだろうか」「どうして毎日、他の会社よりも低いライン停止率で操業を続けられるのだろうか」といったように、ある高いレベルのオペレーションを安定的に実現していくことを可能たらしめる能力が問題になるわけです。実は、これが「ものづくりの組織能力」であり、具体的には、「ジャストインタイム」とか「TQC」等々の仕組みの集大成になっています。

例えば、在庫水準を一定のレベル以下に抑えつつ、かんばんシステムを日々適正に回すための仕組みとか、あるいは直行率を確実に九〇%台後半に維持するための仕組みとか、歩留まりを限りなく一〇〇%に近づけるための仕組みなど、いろいろな仕組み、すなわち「ルーチン」があるわけです。こうした個々の仕組みが束になって、全体としてその企業独自の「ルーチンのシステム」、すなわち「ものづくりの組織能力」になるわけです。

次の章でもう少し細かく説明しますが、戦後日本の製造企業の中でも、世界に通用する強い現場をつくり上げてきたところは、きめ細かいチームワークや連携調整を得意とする組織能力を構築してきました。本書ではそれを、「統合型ものづくりシステム」と呼んでいます。

この「統合型ものづくりシステム」が持つ組織能力とは、既に述べたように、現場を支える多くの「組織ルーチン」の集大成です。つまり、様々な仕組みが非常に複雑に絡み合ったシステムとして存在しています。例えば、その代表ともいえる「トヨタ生産システム」の場合も、どれかひとつのテクニックがすごいというのではなく、システム全体から湧き出る力がすごいのです。

一九八〇年代、日本の自動車メーカーの圧倒的な競争力に直面した欧米自動車メーカーは、日本の自動車メーカーのやり方を一生懸命学びとろうと努力しましたが、最初のうちは一個一個の仕組み（ルーチン）をバラバラに試しただけだったので、なかなか思うような成果が上げられませんでした。

例えば、「日本の強さの秘密はロボットらしい」とか、「いや、そうじゃない。ＱＣサークルらしいぞ」とか、「いや、かんばん方式だ」といった具合に、「これこそが本命だ」と考えては一つひとつの仕組みを真似しようとしてきたのです。

ところが、どれを取ってきても、一個一個バラバラに取り入れているうちは全然きかない。「あれじゃない、これでもない、いったいどれなんだ」とさんざん探し回ったあげく、ウォマック他により一九九〇年にＭＩＴから出た *The Machine That Changed the World*（『リーン生産方式が、世界の自動車産業をこう変える。』〔ウォマック・ルース・ジョーンズ 1990〕）という本で、ようやく、「全体のシステムが強さの源泉らしい」という結論に落ち着いたのです。

この全体システムに、ＭＩＴの若手研究者だったジョン・クラフチェックが「リーン生産システム」という名前をつけました。リーン（lean）とは、無駄がないとか、ぜい肉がない、といった意味の言葉です。

細かく見れば、日本ではそれぞれの会社がそれぞれ異なったリーン生産システムを持っています。トヨタばかりがリーン生産ではありません。私から見れば、ホンダの「ホンダ生産方式」は、トヨタのやり方とは相当に違います。いつか私も、「ホンダ生産方式」についての本を書かなければいけないと思っています。

同様に日産にも、ある側面で「日産生産方式」が存在します。本書の言葉で言うなら、多少の実力差はあるとしても、これらはすべて「統合型ものづくりシステム」の一種であることに変わりはありません。

とはいえ、トヨタのものづくりシステムは、安定性と一貫性が抜群という意味で、やはり特別な存在であり、早くから内外の企業の注目の的となってきました。トヨタ的な組織能力については、次の章でまたあらためて説明することにしましょう。

ちなみに、二〇〇一年にクライスラーの技術センターで話を聞いたとき、同社の製造担当幹部は、「トヨタ方式を二十年近く学んできて、だいぶうまくやれるようになったけれども、やっぱり難しい。まだうまくいかない部分がある」と率直に言っていました。そもそも一時期クライスラーのトップには錯覚があったようです。たしか九四年だったと思いますが、イートン

CEOは「トヨタ方式は全部吸収した。もはやトヨタに学ぶものなしだ」などと言っていました。ところが、その実、現場の人たちに聞くと「あれは全然違う。今でも真似できていない面があるんだよ」と言うのです。

クライスラーという会社は、何度かの危機を乗り越えてきた企業で、特にものづくりに関しては「他から学習する組織」として優れていると私は評価してきました。少なくとも現場レベルには、謙虚で優れたマネジャーがたくさんいました。そのクライスラーでも、トヨタの組織能力を再現することはきわめて難しいことだったのです。

要するに、多くのルーチン（仕組み）が束になって非常に複雑なひとつのシステムとして出来上がっているために、なかなか模倣することができないのです。これが、「ものづくりの組織能力」が持つひとつの特徴です。コロンビア大学のディック・ネルソン先生らが「高次のルーチン」と言っていたものとか、一橋大学の伊丹敬之先生が「見えざる資産」と呼んでいるものも、これに近いものです。

裏の競争力

次に取り上げるのが、私が「深層のパフォーマンス」あるいは「裏の競争力」などと言っている、いわゆる裏方さんの競争力です。ここでの競争力の指標は、「生産性」「生産リードタイム」「開発リードタイム」「品質歩留まり」「工程内不良率」など、われわれ生産管理論の人間が一生懸命測定している指標で、これには「ものづくりの組織能力」がストレートに影響します。

では、これがなぜ「裏方」かと言えば、お客さんから見えないからです。われわれが、例えば秋葉原へ行ってパソコンを買うときに、「これはいくらなの」あるいは「いつ届けてくれるの」ということは聞きます。しかし、店先で「この製品、組立工数は何分ですか」とか「開発リードタイムは何カ月だったの」などということは聞きません。たとえ聞いても不審に思われて、「お宅は一体何者だ」と聞き返されるのが落ちです。要するに、そんなことは普通のお客さんからすればどうでもいいことだからです。

ところが、企業の側では、その生産性やリードタイム、歩留まりなど、お客さんから見ればどうでもいいはずのことで、「ライバルのA社に負けたくない」「B工場に追いつけ」と、延々、愚直にやってきたわけです。とくに戦後日本の多くのものづくり企業は、このように、顧客が直接評価しないはずの「裏の競争力」で地道に切磋琢磨する傾向がありました。私は、これを「能力構築競争」と呼んでいます。

例えば、トヨタの開発のリードタイムが十八カ月であるということになれば、他社も皆十八カ月でやろうとする。あるいは、例えばトヨタの組立工数が十三人時／台であれば、ライバル他社も皆、十三人時／台に持っていこうとする。日本のものづくり企業は、このような裏方さんの現場の実力を測る指標で、一生懸命相手に追いつこうとします。それは時に、「横並び競争」という言い方で揶揄されることもあります。しかし私は、横並び競争を馬鹿にしてはいけないと考えます。というのも、これがあってこそ、その先の収益性にまで結びつく力が生まれてくるからです。

特に、ひたすら現場の体力をつける「体育会系の戦略」を長年やってきた戦後日本のものづくり企業にとっては、まず「横並び競争」で体を鍛え、その上で収益の確保に向かうのが、歴史の流れにさからわない「性に合ったやり方」なのです。

こうした「深層のパフォーマンス」の部分で、競争相手の生産性や歩留まりや開発リードタイムのレベルに追いつき追い越す努力をする能力構築競争を、あたかもマラソンレースのように延々と繰り広げることによって、一部の日本企業の「裏の競争力」は世界に類を見ないほど鍛えられました。ところが日本企業の競争力は、図2の左から右に移っていくにしたがって、だんだんと怪しくなっていきます。その話を次にしましょう。

表の競争力

「表層のパフォーマンス」とは、要するに市場という表舞台での、顧客の評価に基づくパフォーマンスです。つまり「表の競争力」とも言えます。

具体的には、顧客が実際にものを買うときの評価基準となる「価格」「知覚された品質」「ブランド」「納期」「サービス」などです。

しかし、この層にまで来ると、過去の四半世紀、日本の自動車メーカーの競争優位も磐石とはいえませんでした。

例えば一九八五年のプラザ合意後、アメリカ市場での日本車、特に日本から輸出されるモデルは、為替レートの影響を受けて価格競争力を低下させました。これなどは、一企業としてはいかんともしがたい話です。

為替レートに関しては、九〇年代の前半から半ばにかけて「円の対ドル・レートはトヨタの社内設定レートで決まる」という「悪魔のサイクル説」が、半分冗談、半分本気で言われてきました。つまり、トヨタのように最強のコスト改善力を持つ企業が、「このレートで利益を出すように」と目標としての社内レートを設定すると、あたかも、その社内レートに現実の円レートが吸い寄せられるように円が高くなっていく、という当時の「経験則」です（土屋・大鹿2002）。

仮に円高対策を最も強力に進める会社が、儲かるか儲からないかというレベルで設定している社内レートに、現実のレートがなってしまうのであれば、輸出に依存していた他のメーカーはたまりません。日本では、このような「悪魔のサイクル」現象が、九〇年代半ばまで続いたといわれます。海外に輸出したときの価格競争力は、どうしてもこのような不利な為替レートの影響を受けますが、一企業にとってはコントロール不能な部分になります。

しかし為替レートの問題を除いても、「表の競争力」になると日本企業の強さが消えてしまうという傾向は他にも見られました。そのひとつが、日本企業のブランド力不足です。ブランド力も、顧客が知覚し評価の材料とする「表の競争力」のひとつですが、欧米企業の中には、ブランド構築では日本の会社より一枚も二枚も上手で、ブランド力によって価格設定権を握ってしまうメーカーがあります。

例えばBMWやダイムラーは、私が工場を見る限り、生産性は高くない企業です。工場内は人の山です。しかし、例えばトヨタが三百万円で売る車を彼らが四百万円で売れるのであれば、トヨタなら二千人ですむ工場を彼らが五千人で操業しても問題はないわけです。要するに、「表の競争力」の部分でブランド力をしっかり持っていれば、「裏の競争力」が少々劣っていても利益は出るのです。

一方、日本企業はというと、確かに産業財や中間財など、顧客がプロフェッショナルの目を持ち評価してくれる製品では、海外でブランド力を持つことも少なくありません。ひたすらいいものをつくって、あとは黙ってニコニコしていれば、プロであるバイヤーが、その良さを分かってくれるからです。

ところが消費財になると、「いいものつくってあとは黙ってニコニコ」では、一般の消費者は分かってくれません。概して日本企業は、いい製品を黙々とつくってはいるが、そのよさを顧客に認めてもらうための仕掛け、つまりビジネスモデルの部分に、工夫が足りない傾向があります。また、ブランド構築がうまくいっていないケースも多いのです。

特に、ヨーロッパでブランド価値が確立している日本企業は、化粧品の資生堂、自転車部品のシマノ、メガネレンズのＨＯＹＡなど、数えるほどしかないといわれています。総じて、「いいものをつくっている日本企業」が共通に持つ弱点は、「いいものを分かってもらう工夫の不足」ではないでしょうか。この話はまたあとでしましょう。

収益力

競争力の多層構造のうち、終着点（図2では一番右）にあたるのが「収益パフォーマンス（収益力）」の層になります。その指標は、「売上高営業利益率」「株主資本利益率」「売上高営業キャッシュフロー比率」などです。そして、その先に「株価」があります。

このレベルまで来ると、日本のものづくり企業の一般的な特徴は、かなりはっきりしています。要するに、現場のものづくり力や技術力は強いけれども、その割にあまり儲からないという会社が多いのです。つまり、日本の製造系の企業を見ていると、「ものづくりの組織能力」は概して強く、したがってそれを素直に反映して「裏の競争力」も強いのですが、例えばブランド力が弱く価格設定権が握れないため、「表の競争力」になるとかなり弱くなってしまい、さらに本社の戦略ミスなどが重なって「収益力」は芳しくない、という会社が多いのです。

ちなみに、二〇〇一年ごろだったと思いますが、日本機械輸出組合にある、私もアドバイザーで入っている産業競争力を検討する委員会が、機械産業の主なセクターの財務業績をKPMGピートマーウィックという会計分析の専門家に頼んで調べたことがあります。その結果を、欧米で重視されているROE（株主資本利益率）指標で見ると、日本、アメリカ、ヨーロッパ、アジアのトップ企業を並べたときに、日本企業のROEがおしなべて低い傾向が見られました。

このROEを分解してみますと、いわゆる「総資産の回転率」では日本企業は欧米などに負けていません。これは、「オペレーションでは負けていない」というように解釈できます。「自己資本比率」も日本企業は海外企業に比べて低く、これは安全性は犠牲にするがレバレッジがきいているという意味で、ROEにとっては有利なはずです。ところが、肝心の「売上高営業利益率」があまりに低いために、それが全体に影響して、結局日本企業がほぼどの分野でもROEが低いという結果になってしまうのです。これは、どうも本社が戦略やマーケティングも含めた本社経営をうまくやっていないせいではないか、というように思われます。

ちなみに、同じ調査で日本企業の「売上高粗利率」を見ると、そこでは海外のライバルに対してそれほど負けてはいないのですが、いわゆる販売管理費がずっしりと乗っかるために、売上高営業利益率が極端に低くなるという傾向も顕著でした。販売管理費に計上される本社関連、サービス業関連のコストに大きな弱点がある現状が浮き彫りになります。

以上をまとめておきましょう。「競争力」を体系的に評価するときには、このようにまずいくつかの層に分けてみて、それぞれの層でどの程度の力を持っているか、ということを、他社あるいは他国と比較してみる必要があります。さらに、それらのパフォーマンスの間のバランスがとれているかどうかを見ることも必要です。

ここで重要な点は、産業競争力が強い・弱いという話をするときには、何をもって強い・弱いの話をしているのかということを明確に定義しないと、議論が混乱するだけだということです。ある人は、「利益率が低いから」ということで「日本は弱い」と言っている。一方、「そんなことはない、うちは強いんだ」と言っている人たちはたいてい、「工場の実力である裏の競争力はまだまだいけるんだ」という話をしている。しかし本当は、この二つは違うレベルの競争力の話をしているのです。そのことをきっちり認識しないと、話が噛み合わないし、正しい処方箋はつくれません。

また、こうして「競争力」をいくつかの層に分けて比較してみると、日本の多くの産業において、「ものづくりの組織能力や裏の競争力は強いが、表の競争力や収益パフォーマンスになると弱くなる」という傾向が浮き彫りになってきます。つまり、組織能力・競争力・収益力の各層の間にアンバランスがある。「競争力のねじれ現象」が起こっている。これが、多くの日本企業が二十一世紀の初めの時期に取り組まねばならない課題なのです。

3　自動車に見るものづくりパフォーマンスの実態

以上のように、多層的に企業の実力を捉えようという立場から、一例として日本の自動車産業の競争力を見てみましょう。

九〇年代後半、「自動車産業はだめになった」と日本経済没落の象徴のようにいわれた時期がありました。確かに、三、四社は財務業績が非常に悪く、結局外資メーカーによる三〇～四〇%台の資本参加を受けることになりました。完全に外資に買収された会社はありませんが、社長が外資から送り込まれるケースが相次ぎました。これを見て、多くの人が、「自動車が典型だが、日本のものづくりは八〇年代はよかったけれど、九〇年代はだめになった」と考えたわけです。

しかし、先にも述べたように「表の競争力」と「裏の競争力」とは区別して考える必要があります。収益パフォーマンスで負けていると、ものづくりも含めてすべての面で負けてしまっているのではないかと一般には考えがちなわけですが、客観的なデータをきちんととれば、多くの場合それは誤解だということが分かります。

私のように、生産管理や技術管理の研究をする人間は、まずものづくり現場の実力を測る指標である「裏の競争力」を見ようとします。ところがこれは、工場や開発センターの中にある門外不出のデータであることが多く、なかなか測定できないものです。私はハーバード大学やMITなどと連携して、この二十年ほど世界中の自動車メーカーの「裏のパフォーマンス」をずっと見てきました。例えば組立の生産性、製造品質（適合品質）あるいは開発の生産性やリードタイムなどです。

このあたりの数字を見ていくと、確かに九〇年代の欧米企業の追い上げはなかなかのものがありましたが、MITの国際自動車プログラムが調べた過去十数年の数字を見る限り、欧米メーカーは平均すれば日本企業に追いつき追い越してはいません。例えば生産性をとりますと、組立生産性では、特にGMあたりが頑張った結果、二〇〇〇年ごろには、アメリカ・メーカーの平均は一九九〇年当時の日本メーカー平均の組立生産性ぐらいのところまでは来たようです。しかし、日本メーカーも、九〇年代後半には生産量が低迷したにもかかわらず、生産性の数字を改善しました。したがって、依然として平均で比較すると差があります。

製造品質でも同様の傾向が見られます。「開発の生産性」に至っては、九〇年代後半に日本がリードを広げました。日本の自動車メーカーは、今でもアメリカや欧州のメーカーに比べると、同じような車を開発するのに二分の一ぐらいの工数（二倍ぐらいの生産性）でできています。

例えば、ゴーン社長の体制下で日産が新車攻勢をかけましたが、これは開発工数が少ないからできることです。海外メーカーに比べれば半分くらいですむのですから、同じ人数の開発戦力で二倍の数の新モデルを出せるわけです。

一方、九〇年代前半のアメリカ・メーカーは、日本企業のレベルに近づこうとかなりの努力をしたわけですが、九〇年代後半になると、欧米メーカーの日本企業に対する「製品開発力」（裏の競争力）での追い上げがペースダウンしてしまった。これは明らかにITバブル景気の影響です。そのころは、開発や生産の現場が頑張らなくても、戦略やブランドの工夫次第で大きな利益が出たのですから、「何も苦労して現場が体を鍛えなくても、本社が頭を使えば儲かる。楽にやろうぜ」という話になってしまったのでしょう。

実は、日本のメーカーも八〇年代のバブル景気のときには、工場の生産性など「裏の競争力」が悪くなっています。現場を鍛えるのは苦しいですから、他にもっと楽に儲かる方法が見つかれば、そちらに流れるのは、洋の東西を問わず人情と言えるかもしれません。

次に「開発リードタイム」ですが、これにはいろいろな測定の仕方があり、とり方を間違えて変な議論になることがあるので要注意です。例えば車の外観デザインの決定から発売までのリードタイムをとりますと、八〇年代から九〇年代前半までは、日本メーカーが平均で三十カ月前後、欧米メーカーが平均で四十カ月前後でした。それが今、どうなったでしょう。

当然、欧米メーカーは「日本の平均である三十カ月に追いつき追い越せ」と努力したわけですが、そう簡単にはいかなかったのです。今、欧米メーカーで一番早いところは三十カ月を切って二十カ月台に入っていますが、その一方で、まだ三十カ月台後半あたりでうろうろしているメーカーも結構あります。平均するとまだ三十カ月台かなという感じです。むしろ九〇年代後半は、少し数字が悪くなっています。これは、環境規制への対応などで開発における実験作業が大幅に増加したことも影響しているようですが。

それに対して日本のメーカーは、九〇年代半ば以降、三次元CAD（コンピュータによる設計支援ソフト）が入り、フロントローディング（問題解決の前倒し）という新しい手法が入り、新規プラットフォームのモデルの場合、開発試作が二回から一回に減りました。その結果、かつて三十カ月だった開発期間が二十カ月以下になっています。ということは、平均すると欧米メーカーとの差は九〇年代後半に実は開いたわけです。

ちなみに、既存プラットフォーム流用の派生モデルなら、開発試作なし、量産試作一回オンリーで開発期間は一年ちょっとです。欧米メーカーもこれから頑張って追いかけてくると思いますが、いずれにしても、少なくとも九〇年代に日本が追い抜かれたなどということは一度もなかったのです。

このように、客観的なデータからは、日本メーカーは九〇年代に入っても、ものづくりの組織能力や裏の競争力の向上に関しては相当な努力をし、それ相応のアップがあったということが分かります。ただ、円高や戦略の失敗などがあったため、それが収益パフォーマンスにストレートに反映せず、結果的には九〇年代後半、アメリカ・メーカーが日本メーカーを収益パフォーマンスで圧倒していました。

最近は日本の自動車メーカーでもかなり利益が出はじめましたが、トヨタやホンダでさえ、彼らの高い「ものづくり能力」を適正に反映したものとはいえません。トヨタは二〇〇二年度に一兆円儲かったと言っていましたが、私はその時点では、「何で一兆円しか儲からないのか」と言っていました。二〇〇四年三月期には、今度は純益が一兆円を超えて話題になりましたが、私は「かなりバランスは改善されたが、この会社の規模とものづくり能力から考えればまだまだだ」と言いました。それは本社トップの方々のお考えも同じだと思います。

トヨタは九三年以来、現場における設計の合理化だけで年平均一千億円のコストダウンを続けています。一九九三年からコストダウンした分を全部足したら累積一兆円です。ちなみに九

図3　競争力と収益力のアンバランス（概念図）

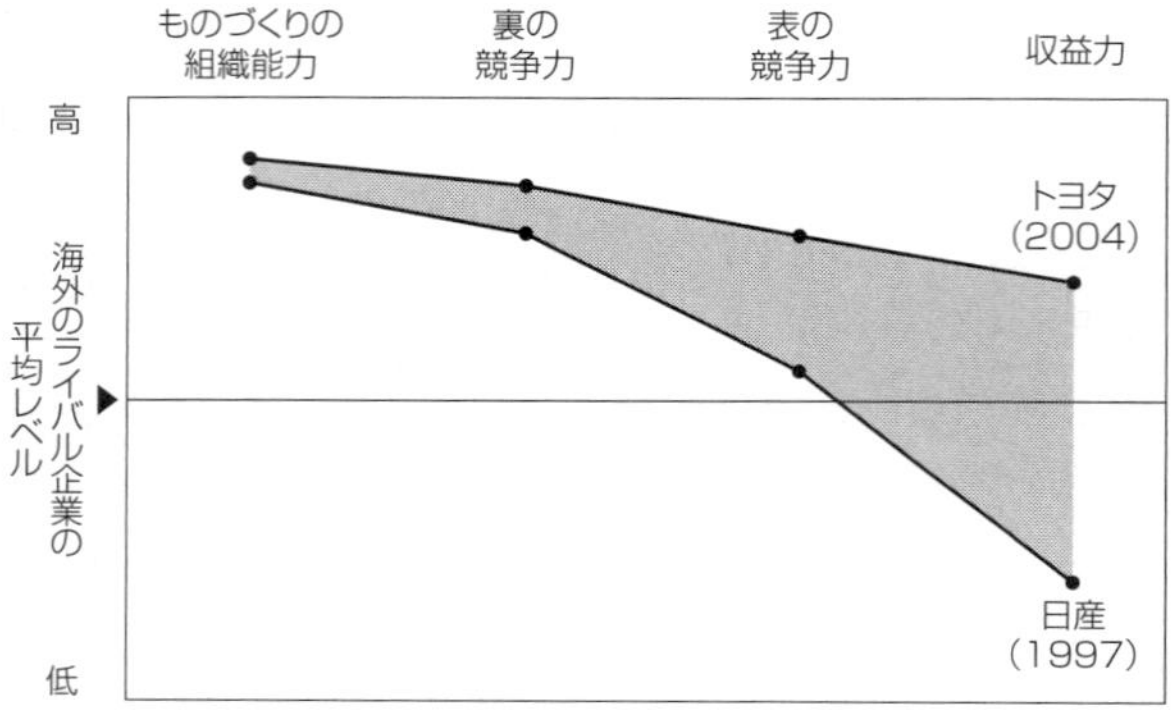

三年は、トヨタの売上高営業利益率が一％台にまで落ちた底の時代ですが、そこから始めて設計現場でのコストダウンの積み上げがすでに一兆円なのです。それで利益が一兆円そこそこしか上がらないとすると、理屈からいえば「本社の貢献はどうなんだ」という疑問が生じます。

このように、最強といわれるトヨタでさえ弱点がまだあり、裏の競争力、表の競争力、そして収益力との間のバランスがよくなかった。つまり、「ねじれ現象」が起こっていたのです。

そのあたりを、私が主観的に総合評価したのが図3です。例えばカルロス・ゴーン以前の日産は、図で言えば右側が大崩れしている典型的な「弱い本社」状態でしたが、それでも現場（左側）はおおむね健在だったのです。その後、リバイバル・プランで右側が大きくはね上がったのが、いわゆる「V字回復」です。

一方、二〇〇四年のトヨタは、他の日本企業に比べれば圧倒的ともいえる収益性をみせつけましたが、それでも、この会社のものづくり能力と比べれば、まだ「右下り」の状態が続いていると私は考えます。そして、日本の多くのものづくり企業は、おそらくこの二本の線の間にはさまれた、グレーのゾーンに入っているのだと私は推測しているのです。

4　ITバブルの教訓

しかし、こうした「現場の競争力と企業の収益力の間のアンバランス」という問題は、一般にはなかなか理解されず、相変わらず、「収益が落ちたのだから、どうせ現場も弱くなったのだろう」という安易な推測が、正確な測定なしに行われていました。

その典型的な例が、「日本企業はIT導入で出遅れたため、ものづくりで逆転された」という説です。すでに過去の話となりましたが、九〇年代終盤のITバブル華やかなりしころは、「日本はITへの投資が遅れ、その結果、ものづくりのパフォーマンスで負け、だから利益でも負けた」という、非常に分かりやすい「IT万能論」がまかり通っていました（図4①）。

しかしこれも、ものづくりパフォーマンスに関する限り、データの裏づけがありません。自動車の製品開発に話を絞ってみると、確かに多くの分野におけるIT投資で、日本メーカーが

図4 「ものづくり能力」と「戦略構想力」のねじれ現象

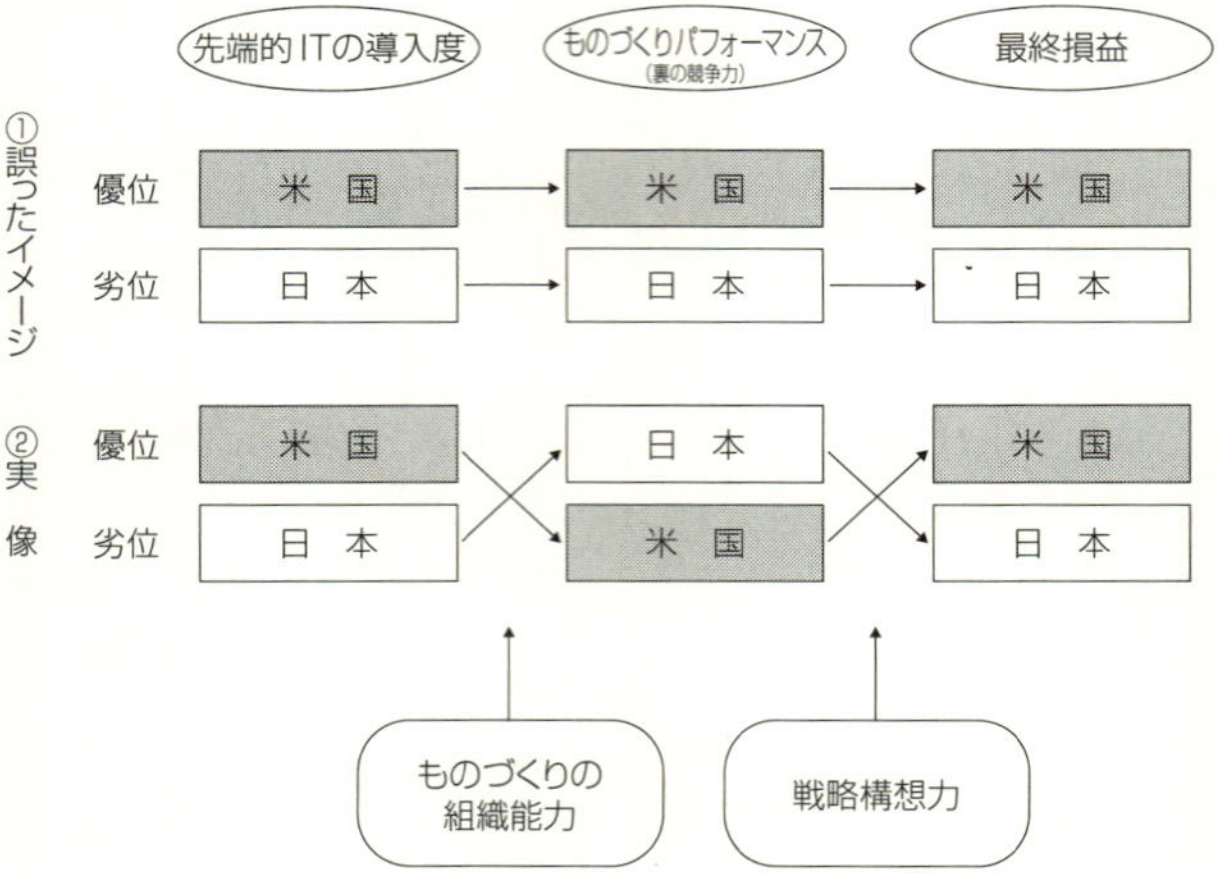

欧米メーカーに比べて遅れ気味であったということは、データでも裏づけられる事実です。また、収益パフォーマンスでも、九〇年代後半、おおむねアメリカ・メーカーに負けていたというのは事実です。ところが、その間に挟まっている「ものづくりパフォーマンス」では、すでに見てきたように勝っていたということになります(図4②)。つまり、パフォーマンスの「ねじれ」が生じていたのです。

なぜ、そうなったのでしょう。答えは簡単で、要するにIT投資だけで「ものづくりパフォーマンス」がよくなるわけではないということです。

これまでも、ブームに乗っていろんな形で情報機器を売り込む人たちがいました。例えば「リエンジニアリング」や「CALS」など、一年ごとに出てきては引っ込むブームが繰り返しありました。背後には、情報機器を売りたい人たちがついているわけです。売り込む側の口上としては、当然「ITを入れれば勝てますよ」となるわけです。しかしよく考えてみると、今のITというのはインターネット・ベース、オープン・ネットワーク・ベースのものが多い。つまり、誰でもパッケージとして買えるのです。Aさんが買えれば、BさんもCさんもDさんも買えますというのが、たいていの今のITです。

確かに十年以上前の「戦略的情報システム」（SIS）などと言っていた時代であれば、「人に真似されない、うちだけの独自のITを構築すれば勝てる」という話もあったのかもしれませんが、今のオープン・ネットワーク型のITは、誰でも買ってこられるのですから、当然理屈からいっても、ITだけでは競争力の差はつかないわけです。

その点、日本のトップクラスの企業は、少なくとも「ものづくり」に関しては、きちっとした方向づけを持ってITを使いこなしていました。その結果、ITの導入では少し遅れてしまったけれども、結果としての「ものづくりパフォーマンス」では実は勝っていたわけです。

再び、自動車の開発のリードタイムについて実例を挙げます。一九九五年当時、私が知る限り開発スピードが恐らく世界最速だったのは、日本のある小さな自動車メーカーでした。この会社は、R&D要員の数も千人そこそこと少なく、開発予算も少なく、スーパーコンピュータに至っては一台も持っていませんでした。さすがに三次元ＣＡＤは入っていましたが、当時最新鋭のソリッドモデルではありませんでした。ただ、非常に優れたＲ＆Ｄ担当役員がいて、全体を統括し、「うちの会社は体力がないのだから、ＩＴの無駄撃ちはできない。すべてのＩＴ能力を問題解決の前倒しに集中投入せよ」という指示を開発部隊に出しました。

この方は、製品開発というのは組織的な問題解決であり、ＩＴも組織的問題解決能力の向上に集中的に使うべきだという、事の本質を十二分に分かっていたわけです。そして、開発部隊もこの方針をよく理解しました。お金がないから必要最小限の軽い三次元ＣＡＤを使い、問題の箇所ごとに必要なＩＴを使い分け、やり繰りをしながら開発を行った。その結果、二十カ月をはるかに切る開発リードタイムを、すでに九〇年代半ばの時点で実現したのです。つまり組織能力とＩＴとが相まって初めて、強力な「ものづくりパフォーマンス」が発揮されたのです。

これに対して、九〇年代後半のアメリカの自動車メーカーには、スパコンがすでに十数台もあって、三次元ＣＡＤもソリッドモデルという最先端のものに大半が切り替わっており、デジタル・モックアップやデジタルエンジニアリングなど、すべて最先端のものが入っていました。

しかし、そうしたアメリカ・メーカーの開発リードタイムはというと、先ほど申し上げたとおり、三十カ月台半ばあたりをまだうろうろしていました。つまり、ＩＴだけではものづくりのパフォーマンスは決まらず、むしろそれを使いこなす「ものづくりの組織能力」が決定的である、ということです。日本のトップクラスの製造メーカーは、「ものづくりの組織能力」があったがためにIT投資での劣勢をひっくり返して、ものづくりの競争力では依然として勝っていたのです。

このころ、クライスラーが「ネオン」という新モデルを開発しました。そのとき「クライスラーはITを入れて、デジタル・モックアップをやったので、日本を開発スピードで逆転した」という説が出ました。しかしあれは私に言わせると、初歩的な測定ミスに基づく錯覚です。彼らはアメリカ・メーカーの中では確かに速いほうでしたが、日本の平均から見るとまだ遅かったのです。

ちなみに、この辺は一部のアメリカの専門家も気がついています。私はMITの国際自動車プログラム（IMVP）という、自動車関係の生産性測定などをやっている研究グループの二十年来のメンバーであり、二〇〇二年の秋にボストンへ行ってこの会議で発表をしてきました。そのときに、私の研究仲間で、今IMVPのディレクターをやっているペンシルベニア大学のJ・P・マクダフィー教授が基調講演でキーワードとして使ったのが、「バック・トゥー・ザ・ベーシック（ものづくりの基本に返れ）」という言葉でした。

つまり、日本が八〇年代にバブル経済で浮かれたのと同じように、アメリカの自動車メーカーもITバブルで浮かれてしまった。EとかITなどというところに話を振りすぎてしまい、自動車産業全体が情報産業やサービス産業になってしまうかのごとき議論を、この九〇年代の終わりごろに、さんざんやってきた。しかし、あれは基本的には間違っていた。やはりバック・トゥー・ザ・ベーシックだ。つまり、ものづくりの基本に戻るということだ。欧米メーカーは一時期、トヨタに学びきったと思っていたが、それは錯覚だった。もう一回学び直しだ。そういう声が今ごろになって、一部の欧米の産業界からも出てきているのです。

5 「強い工場・弱い本社」症候群

以上のように、客観的なデータからは、日本の自動車メーカーは九〇年代に入っても「ものづくりの組織能力」や「裏の競争力」の向上では相当な努力をし、それ相応のパワーアップがあったということが分かります。つまり、こと「ものづくり」の分野で、日本の自動車メーカーが欧米メーカーに追い越されたということは、少なくともデータで見る限りは一度もなかったわけです。

ただし、問題は、それが表の競争力にストレートに反映せず、結果的には九〇年代後半、アメリカ・メーカーが日本メーカーを収益パフォーマンスで圧倒していたということです。なぜ、こうした「ねじれ現象」が生じたのか。結局、戦後日本のものづくり企業は、現場のオペレーション能力は強いが全社的な戦略構想力は弱かったのではないか、というのが私なりの問題意識です。

それでも、右肩上がりで日本経済が伸びているときは、オペレーションの強さだけで何とかなっていたのですが、九〇年代に入ると、まさに「戦略的な強さ」と「ものづくりの強さ」が両輪として回っていないと、安定的な収益が出ないという状況になってきました。そうなってあらためてわかったことは、日本の企業の中に本社の戦略経営がきちっとできていたところが意外に少なかったということです。これは、実務家の皆さん自身の声としてもよく出てくることです。学界でも、神戸大学の延岡健太郎さんなどは、データに基づいてこうした「強い工場・弱い本社」論を展開しています。

先日もある調子のよろしくない大手の電機・エレクトロニクスメーカーの戦略部門の話を聞きましたが、「実は、うちの会社は戦略という考え方が組織の中に浸透していなかった」と語っていました。

連結売上数兆円規模のこの会社の場合、外資系のコンサルタント会社に高いお金を払って戦略コンサルティングを依頼しているし、欧米のMBAにも大勢の人を出して戦略マネジメントを勉強させてきているはずです。企画部のような、長期経営計画を立てるべき部署も大昔からあります。

とすれば、戦略をやっていなかったというのはおかしいですね、と聞いたところ、「そういうものは全部やったけれど、本社が組織体として戦略的にものを考えていたかというと、実はそうではなかった。本格的にそれを始めたのはつい最近だ」というのです。これほどの大メーカーでも、今になってそういうことをおっしゃるわけです。

確かにエレクトロニクスの大企業は、自動車メーカーなどとは違い、数多くの事業の束を統括しなければならず、技術の変化も激しいので、全体を把握するのは大変です。とはいえ、今までは自社の事業群の全体像を誰も正確に分かっていないような状態だったとおっしゃる。いわば、部屋の中が散らかって、どこに何があるのかさっぱり分からないという状態だった。二、三年かけてその辺の整頓がようやく終わって、どこに何があるかが分かるようになった。しかし、部屋から何も持ち出せていない。つまり、事業の絞り込みにはまだまったく至っていない段階だ、ということだったのです。

もうひとつ別の会社ですが、これは大きな自動車メーカーです。私が二十年来のお付き合いのある会社ですが、久々に本社に行くとやはり同じように、「最近になって経営戦略部門をつくった」というのです。その会社のある階には、昔から企画部というのがあって、私は若いころコンサルティングの仕事でそこに出入りしていました。

そこで私は、「経営戦略部門というけれど、昔から企画部があったではないですか。ポーターの本が二十年前に出たときも、一緒に勉強会をやりましたよね。ずいぶんお金を払ってアメリカの戦略コンサルタントも雇いましたよね。ちゃんと戦略の研究はやっていたではありませんか。企画部でもいろいろ中長期計画をつくっていたではないですか」と尋ねたわけです。するると、次のような答えでした。「確かに戦略をやっていたように見えたかもしれない。しかし、実は戦略が本当に組織の中に埋め込まれていたかというと、そうではなかった。企画部で作っていた中長期計画も、あれは経理の延長だったんですよ」。

要するに、企画部の経営計画には「三年後、いくら売れていくら儲かるといいね」ということは明快に書いてあるのですが、どうやって実現するのか、どこを攻めるのか、どこを守るのか、攻められたらどう返すのかといった、いわゆる戦略論的な計画にはなっていなかったのです。

これに類した話は他社でもよく聞きます。それらを聞いていると、今の日本には「ものづくり」の面ではまだまだ強いにもかかわらず、よい戦略が伴わないために、強みを活かしきっていない企業が多いのではないか、という感を強くするのです。

6 強い現場と強い本社を両立させよ

日本の企業は、「体を鍛えれば勝てるんだ」という体育会系の戦略論で戦後五十年を走ってきました。ところが、そうした日本企業が、戦略論の大家であるマイケル・ポーター先生などに、「君たち、体を鍛えるのもいいけど、少しは頭を使えよ」と言われてしまったのが今の状況です。

確かにそのとおりで、「少しは頭を使えよ」というのは言葉が悪いとしても、もう少し戦略眼を入れれば、せっかく今持っているものづくりの組織能力がもっと活きてくる可能性が大いにあるということです。日本の企業はもっと戦略構想力を持たねばならない、ということです。私も、そこまではまったく賛成です。

しかし、そうした議論はひとつ間違えると、「どうせものづくりでは差はつかないんだから、ものづくりで体を鍛えるのはそこそこにして、せいぜい頭の使い方をアメリカから真似しましょう」という議論に振れてしまいます。これは全くの間違いだと、私は思っています。

そんなことをしても、何十年もそれに集中してきたアメリカの優秀な戦略志向の企業には、百年たっても追いつけないのではないでしょうか。当たり前ですが、戦後一貫して体（現場）

を鍛えてきた体育会系の日本企業は、その歴史的現実を踏まえて、地に足の着いた経営を行うべきだと思うのです。つまり、「あくまでも体を鍛えたうえで、頭も使う」というのが理想でしょう。

あらためて孫子の兵法を持ち出すまでもなく、戦略の基本は、自社の強み・弱みの分析にあります。ただ、小さな会社は単に弱いところを捨てればよいが、大企業になると今は弱くても将来を考えればやっておかなくてはならないことも多いわけです。

そうなると、苦手分野でも謙虚に他に学んで新たな能力をつけることが必要になります。学ぶ対象はアメリカでもヨーロッパでもいいでしょう。したがって、ここで「アメリカのグローバルスタンダードに学ぼう」という話が出てきてもいいわけです。しかし、初めから「すべてをアメリカやヨーロッパに学ぼう」というのでは、やはりおかしい。

実際、二〇〇一年以降、アメリカの自動車メーカーの最終損益は失速しました。これは、戦略は強いがオペレーションの足腰は弱い会社の特徴です。戦略が当たれば短期間に大儲けできるのですが、外れたときは大きく沈む。収益が、まるでジェットコースターのように上がったり下がったりするわけです。

それに対して、オペレーションは強いけど、戦略があまり強くないという会社の特徴は、低空飛行でずーっと行くけれども、なかなか落ちない。

例えば、トヨタの売上高営業利益率は、長期の平均をとると五%程度で、最近になってようやく一〇%に近づいてきました。つまり利益率は決して高くなかったのですが、あの会社は、最後に赤字を出したのが一九五〇年です。すでに五十年以上にわたって連続して利益を出しており、この記録はまだまだ続くと思います。こうした安定性が、オペレーションの強い会社の特徴なのです。特に高いわけではない、しかしなかなか落ちない、というわけです。

日本の企業は良くも悪くも、この五十年間体を鍛えてきてしまったわけですから、今さら「鍛えるのをやめましょう」という話ではありません。むしろ先ほど言ったように、せっかく体を鍛えた結果として出来上がった現場の「ものづくりの組織能力」を、いかにして収益に結びつけるか。それこそが戦略であり、本社の責任です。言い換えれば、目指すべきは「オペレーション能力」と「ストラテジー能力」のバランスなのです。

オペレーション能力の強みをしっかり維持発展し、従来弱かった「戦略構想能力」を強化する。その強化は、自力でもいいですし、あるいは日産がそうですが、提携を利用する手もあります。いずれにしても、ものづくりの部分に軸足を残しながら、「戦略もブランドもいけるんだぞ」という両面作戦で行く。それが、とりもなおさず「強い工場」と「強い本社」を両立させることになるわけです。

【第２章解題①】

第２章は、基本的には「競争力論」、つまり、ＣＡＰフレームワークで言えばＰ(Performance)についての章である。競争力の重層構造を説明するために、当時話題であった日産自動車のリバイバルプランの話が最初にあるが、この話は後にする。まず、競争力の重層構造（図２）の話を先にしよう。

第２章の後半では、「ものづくりの組織能力→深層（裏）の競争力→表層（表）の競争力→収益力」という、組織能力と競争力をつなぐ四層構造を説明している。このモデルも、私はその後二十年間、使い続けている。

「競争力」の定義は、標準的な経済学の教科書を見てもあまり出ていないことが多い。現在の標準的経済学は、競争の結果としての均衡状態を精密に論じるが、競争のプロセス自体についてはあまり語らない。そこで、我々の日常会話に出てくる「競争」という概念を改めて定義するなら、結局それは「選ばれる力」ということになるだろう。これなら、小学校の徒競走でも、大学の受験競争でも、スポーツチームのレギュラー取り競争でも、そして、ある製品での企業間の価格競争でも、工場間の能力構築競争（例えば工場存続のための生産性競争）でも通用する、汎用的な競争概念である。

こうした「選ばれる力」としての競争観を産業内の企業間競争に応用すれば、本文図2のような四層構造になる。すなわち、①ものづくり現場（工場、開発プロジェクト、店舗など）の組織能力、②ものづくり現場の「裏（深層）の競争力」、③製品の「表（表層）の競争力」、④企業の収益力・利益力・株価等の財務パフォーマンス（稼ぐ力）である。

そして、このうち、④「収益力」は企業が資本市場で選ばれる力、③「表の競争力」はその企業の製品が製品市場で選ばれる力、②「裏の競争力」はその製品を作る現場が経営者に（来年も存続してよろしいと）選ばれる力、と考えることができる。

つまり、競争力の階層構造とは、企業、製品、現場（工場）が、それぞれ資本市場、製品市場、経営者に選ばれる力と考えることができる。「選ばれる力」というこの競争概念は、普遍的かつ不変なので、当然ながら、このロジックの基本構造は、二十年前も今も変わらない。

ちなみに、一つの「産業」とは、同種の設計情報を持つ「製品」の集合体、あるいはそれをつくる「現場」（事業所）の集合体であり、日本の工業統計でもそのように定義されている。したがって、ある国や地域に存在する同種の現場（工場）の「裏の競争力」や、同種の製品（事業）の「表の競争力」を集計し、それを世界シェアで表せば、それは当該「産業」における、当該国の「産業競争力」（industrial performance）ということになる。

次に、この「競争力の階層構造」を、二〇〇四年当時の実際の日本企業・日本産業に当てはめてみると、「強い工場・弱い本社」という傾向が顕著に見えてくる。実際には、日本にも「工場は高生産性、会社も高利益」という「強い工場・強い本社」は存在したが、全体的な傾向としては、明らかに「強い工場・弱い本社」という傾向が顕著であった。

こればかり言うので、私は概して本社の経営者やスタッフ（特に産業現場の経験の少ない本社一筋の人たち）には人気がなく、逆に、工場のマネージャーや技術者、あるいはその領域出身の経営者とは話が合った。産業経営学の研究者としては当然のことかもしれないが。

実際、産業現場、特に工場のパフォーマンスを国際的にデータ比較すると、当時の日本国内工場の多くは相対的に高い物的生産性を概ね維持していたのだが、企業のパフォーマンス、特に貿易財メーカーの利益パフォーマンスは世界的に見ても低い傾向があった。事業会社の売上高成長率も低く、銀行等の金融業界はさらに大きな経営危機を経験し、総じて日本大企業の国際的な存在感がどんどん低下していたことは明らかだ。

したがって、公表される財務指標を中心に企業パフォーマンスを評価する経済ジャーナリズムによる日本経済・産業・企業の評価は、「ポスト冷戦期」の三十年間を通じて、ほぼ一貫して低いものであった。

次に、業界全体の世界市場シェアによって事後的に評価される「表の産業競争力」を見ると、自動車産業のように、一九八〇年代から二〇一〇年代まで一貫して世界シェア三〇%前後(海外、生産を含む)をキープした強い産業がある一方、世界シェアを急速に転落させた半導体産業やテレビ産業なども存在し、特にこれらのシェア低落産業がクローズアップされることにより、「日本のテレビ産業が没落したのだから、日本の製造業も全体的に没落したはずだ」といった、部分と全体を混同した「日本の全製造業没落論」が、長期にわたって浮かんでは消えることを繰り返していた。

しかしながら、こうした日本経済没落論と同時に、日本のジャーナリズムの中には、工場に残る高度な職人技や最先端生産技術を高評価する番組(例えば「プロジェクトX」「ガイアの夜明け」など)もこの間ずっと存在していた。こうした不思議なねじれ現象は、この時代の「強い工場・弱い本社」という一般的な傾向を、実は正確に反映していたのかもしれない。

実際、私は、日本経済がGDP五百兆円前後で停滞していた一九九〇年代から二〇二〇年代の現在まで、千カ所以上の国内外の産業現場を訪問し、主にその付加価値の流れに関するデータを取り続けているが、工場レベルの生産性や製造品質、リードタイムなどの基本データを見る限り、それらが急激に低落しているところはあまり見たことがなく、むしろ生産性や品質を着実に向上させている工場が多く観察されたのである。

無論、私が訪問する企業は、概して、諦めずに能力構築を続ける優良企業が多かったので、私の現場観察にはポジティブなバイアスがかかっているだろう。しかし、全体のデータを見ても、この本の原著刊行後の約二十年を含め、一九九〇年から二〇二〇年の間の三十年間に、日本の全製造業の付加価値生産性は年間一人当たり約六百万円から千一百万円超にほぼ倍増している。三十年で約二倍だから褒められたものではない低成長だが、それでも、製造業の生産性は、この三十年間、外野から「衰退衰退」と言われている間も、黙々と着実に上昇していたのである。

さらに言えば、「付加価値生産性＝価格×付加価値率×物的労働生産性」という基本式を当てはめるなら、この三十年間、価格や付加価値率は、多くの貿易財においてほとんど上がっていないことが分かっているので、逆算すれば、多くの製品・現場において、物的労働生産性が二倍か、それ以上に上がっていたことが逆推定できる。

一方、私が過去三十年、実際に訪問した国内生産現場のデータ、あるいは「東京大学ものづくりインストラクター養成スクール」の現場改善実習のいわば実証実験データを見る限り、工場の特定の生産ラインや職場の物的労働生産性を、例えば半年で二〇％ぐらいのペースで向上させた事例は多数ある。

以上のような事例を総合的に解釈すれば、「ポスト冷戦期」の三十年間、日本の（すべてではないが）かなりの数の国内工場が、当初は賃金が日本のざっと二〇分の一であった中国の同業工場とのグローバルコスト競争で苦戦しながらも、物的生産性向上などの能力構築努力でこれを補い、しぶとく生き延びていたことがわかる。

無論、生産ラインの生産性を数年で数倍にした挙句、本社から閉鎖命令が出た国内工場のケースもある（例えば『工場史』〔藤本編 2024〕を参照）。これは、本社の戦略方針、短期的判断、コスト計算の間違いなどによるところもあったが、特に二〇一〇年頃までは、国内の高生産性優良工場といえども、自社あるいは他社の同業工場に対して、生産性が五倍でも「個当たり労務費」で勝てない、つまり、国際賃金差で十倍から二十倍のハンディキャップのあるグローバルコスト競争で苦戦をしていたわけである。

しかしながら、ちょうどこの本の原著が出た頃、つまり二〇〇五年前後に、「世界の工場」として巨大化した中国製造業は、ついに「ルイスの転換点」に到達し、つまり農村地帯からの労働力無制限供給による低賃金維持が限界に来て、中国の賃金高騰が始まったのである。

結果的にこの賃金高騰は、ざっと五年で二倍程度のペースで、二〇二〇年頃まで続いた。そして実際のところ、二〇二〇年代の初頭には、中国の賃金は日本の二分の一から三分の一のレベルにまで上がってきた。一九九〇年代には、ざっと月額一万円対二十万円（二十倍のハンデ）であった日中の若年労働力の賃金差は十万円対二十万円というぐらいに接近してきたのである。

むろん、いずれそうなることは、二〇一〇年代にはすでに予想されており、実際に個当たり労務費で中国工場に負けなくなった国内工場の事例は、二〇一〇年代には着実に増えていったのである。しかし、「全産業衰退論」という固定観念にとらわれ、また二〇一〇年代前半の超円高などの短期的な傾向に目を取られていた日本製造業衰退論は、こうした超長期的な兆候を、概して見落としていたと言わざるを得ない。

かくして、本書の日経文庫版が出た二〇二四年の段階で、日本は約三十年続いた、賃金・物価据え置きの時代、すなわち「ポスト冷戦期」を脱し、賃金上昇と物的生産性上昇が連動する、すなわちリカードが想定したような正常な貿易の時代に戻りつつあると言える。無論、米中対立・新冷戦など、自由貿易に対する逆風も吹いているが、少なくとも、戦後四十年の「冷戦期」（東西分断の異常な時代）の余波として続いた、その後の約三十年間の「ポスト冷戦期」もようやく終わり、日本の製造業は新たな時代に入りつつある。

その結末については、日経文庫版の出版時点ではまだわからないが、少なくとも、地域経済を挙げての産業現場の生産性向上がますます重要な時代になってきたとも言える。つまり、『国富論』の第1編第1章第1行目で、労働生産性の大幅向上を論じたアダム・スミスによる「経済学の1丁目1番」、すなわち「生産性の向上」というテーマがより重要性を増す時代になってきているのではないかと私は考える。

【第2章解題②】

第2章の冒頭では、当時話題の中心にあった日産とルノーの提携、そしてカルロス・ゴーンのV字回復経営について、私の考えを述べている。この文脈では、一九九〇年代に確立された日産プロダクションウェイ（NPW：私もその定式化に一部関わった）に代表される日産のものづくり組織能力や、それに基づく（トヨタほどではないにしても）かなり高水準の「裏の競争力」の存在、さらに、辣腕の専門経営者であったカルロス・ゴーンによる「強い工場・強い本社」への期待もあり、この話を第2章の冒頭に持ってきた。

その後、カルロス・ゴーンは日産を追放され、さらに二〇二四年現在、国際刑事訴追の対象となっているが、一九九九年から二〇〇五年までのプロ経営者としてのパフォーマンスについては、概して高い評価は変わらないと私は考える。この間、座間工場や村山工場の閉鎖決定などはあったが、当時の日産の財務状況の劇的改善を考えれば、不可避であったかもしれない。

日産・ルノーの提携については、当初は「弱者連合である」との否定的な評価が、一九九九年当時の経済ジャーナリズムでは主流であった。一方、私は、日産・ルノーの提携を積極的に評価する少数派であったが、これには背景がある。一九九〇年代、私は、自動車産業研究の大先輩である下川浩一法政大学教授（当時）とともに、フランスを拠点とする自動車産業国際研究ネットワークである「GERPISA」に推進委員（Steering Committee Member）として参加し、これを機に、フランスをはじめ欧州・中南米などに多くの研究仲間ができた。

その一人が、トヨタ研究でも有名なバンジャマン・コリア教授だった。世紀末のパリのカフェで、一九九〇年代のルノーの経営危機脱却について彼と長話をしたとき、ルノーが日本の生産方式について、おそらくヨーロッパ企業では最も深い知識を持ち、それをリスペクトしていること、そしてシュバイツァー、ゴーンなどの専門経営者の実力もあって、一時期の経営危機を脱した、という話を聞いた。これはまさに、「弱い工場・弱い本社」を脱却して「強い工場・強い本社」を目指す強い経営意思だと、私は思った。

その後しばらくして、日産・ルノー提携の縁談話が出てきた。これに対しては、前述のように、日本では「弱者連合」との否定的な論調が多かったが、私は新聞のコラムなどで、ルノーと日産は、時差はあるが「経営危機からの脱出」という同様のミッションを持ち、しかもルノーの専門経営者と日産のものづくり組織能力の連動、得意な地域の違いなど、両社間の相互補完性は高いので、日産＝ルノーは良い提携になり得ると論じた。

結局、強力だが一方的な某ドイツ企業とではなく、ルノーと日産の提携が決まった。これは事実上はルノーによる日産の買収に近かったが、当時のシュバイツァー社長は、記者会見で、これを「買収」と呼んだ記者に対して「アライアンスと言い直せ」と言い放った。このとき私は、「確かに良い提携ではあるが、フランス企業は、ある意味ではドイツ企業以上に外交的かつ計略的で怖い存在かもしれないな」と思ったものである。

その後、ゴーン社長がやってきた経緯と、二〇〇四年までのV字回復ストーリーは、本書に書かれているので割愛する。私は当時、定期的にゴーン社長が有力サプライヤーの社長と密室で3時間ほど議論する「サプライヤー・アドバイザリー・カウンシル」のファシリテーターをやっていたので、私の隣の隣にゴーン社長が座って持論を長々と展開するのを、至近距離で何度も見てきた。

当時のゴーン社長は、長期的に見るとかなり変節も多く、ある意味で臨機応変な印象もあったが、短期的な説得力はさすがに抜群で、「私はこう思う、なぜならこうだからだ」と、必ず「なぜなら」という説明が明快に付け加わるという話し方であった。

私は二〇〇五年ごろにこの仕事を降りたが、二〇〇六年の第二回のビジネスプランの目標（確か利益率）が未達成だったとき、「未達成なら降板する」と豪語していたのに、しれっと居座っているのを見て、ちょっとまずいな、まず「約束通りやめる」と言って、周囲に引き止めてもらえばいいのにな、と思った記憶がある。

その後も、だんだん一貫しない発言が増えてきて、私のカルロス・ゴーン評価は急速に低下

図5　省庁横断の復興対策マトリックス組織

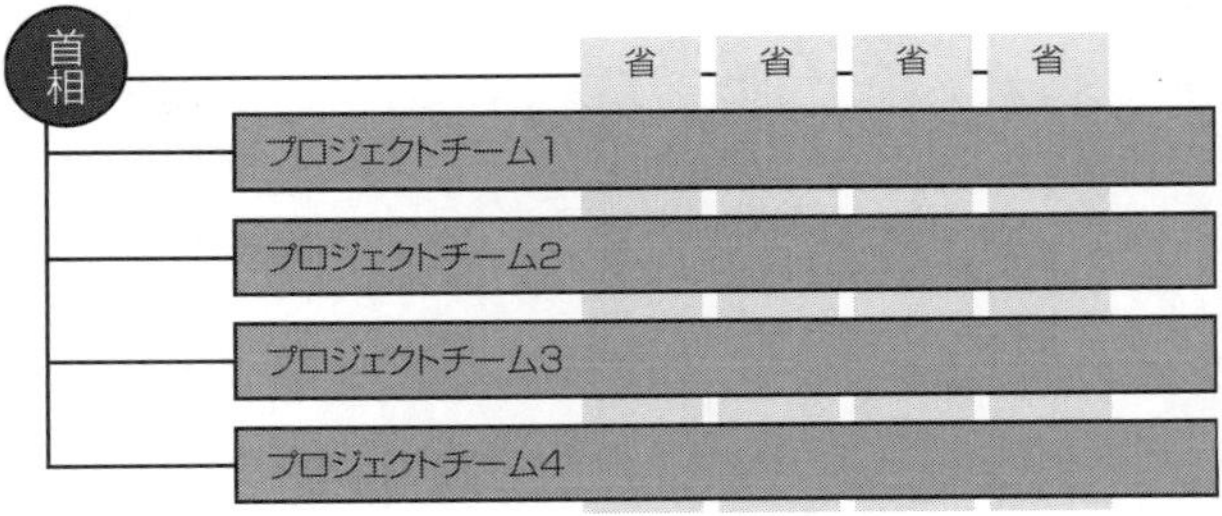

(出所)『ものづくりからの復活』(藤本2012)P328

していった。

しかしながら、二〇〇〇年から二〇〇五年ごろまでのカルロス・ゴーンの経営、特に部門横断的なクロスファンクションチームの経営や先行開発センターの設立は、鮮やかな手腕であったと今も思う。ちなみに、日本政府が、近年における復興庁やデジタル庁の組織設計の際に、このCFTの本質をより深く理解して部分的にでも採用していたら、これらのクロスファンクション型の新官庁はもっと成功していただろうと残念に思う(『ものづくりからの復活』〔藤本2012〕参照)。

いずれにせよ、初期のゴーン経営に関する全体的な高評価は(その後の大失態にかかわらず)変わらない。二〇〇五年前後に一仕事終わらせ、颯爽と退陣していれば、ヒーロー経営者として日本の産業史に名を残したはずであり、その後の暴走が誠に残念な人間劇であった。

第3章　ものづくりの組織能力——トヨタを例として

1　トヨタ的なものづくりから「深く学ぶ」ということ

なぜトヨタに学ぶのか

この本の冒頭で、組織能力とアーキテクチャが、私の考える二十一世紀に通用する「現場発の戦略論」の二大要素だと指摘しました。つまり、まずものづくり現場の組織能力を鍛えること、そして、その組織能力と相性のよい設計のアーキテクチャを選ぶことが、現場からの戦略論の筋道だと私は思います。アーキテクチャの議論は次章で論じるとして、この章では第一点である、「現場の組織能力を鍛える」というテーマについて考えてみることにしましょう。

戦後日本のものづくり企業、特に資源が少ない中で愚直に能力構築競争を続け、伸びてきた製造系の企業に共通するひとつのパターンは、「統合型ものづくりシステム」に特有の組織能力だ、というのが本書の立場です。「現場発の戦略論」の出発点は、「せっかくものにした組織能力はめいっぱい活用しよう」という発想ですから、とりあえず「統合型ものづくり」をよく理解し、そのための組織能力を地道に磨くことが近道ということになります。

とはいっても、「統合型のものづくり組織能力」の中身は、実際には作業管理、品質管理、工程管理、在庫管理、人的資源管理、設備管理、購買管理、研究管理、新製品開発管理など、多岐にわたるものであり、この本の中でその詳細を全部説明していたら、恐らく千ページを超えてしまいます。

私はその目的で『マネジメント・テキスト生産マネジメント入門（Ⅰ・Ⅱ）』（藤本2001）を書き、大学では毎年約四十時間かけてこれを教えています。したがって詳細な説明を必要とされる方は、そちらをご一読願います。ここでは、いわばそのダイジェスト版として、「ものづくりの組織能力」をとことん鍛えているという点では誰もが認める企業である、トヨタのシステムとその能力構築のありようを簡単に説明しようと思います。

「おいおい、またトヨタか」とおっしゃる向きもあるでしょう。確かに、「統合型ものづくり」の達人企業は、トヨタばかりではありません。ホンダ、キヤノン、ソニー、デンソー、またもっと小さな会社の中にも、ものづくり現場のチームワークで傑出した達人企業は少なくありません。しかし、国内外での注目度、達人企業の座に君臨した時期の長さ、企業の大きさ、仕組みのユニークさ、などを総合的に勘案したとき、「日本のどこか一社を例にして統合型ものづくりを説明せよ」と言われれば、結局この会社を選ぶしかない、と私は考えるのです。

トヨタの利益が一兆円に達した二〇〇二年ごろから、戦後何回目かの「トヨタに学べ」ブームが起きています。私のところにも、特に二〇〇三年六月の決算発表以後、「なぜトヨタは強いのか」という類いの取材や原稿の依頼が急増しています。すでにお話しした「収益力と競争力の混同」の結果といえなくもありません。

結果としてのトヨタの財務業績や、表面上の仕組みや生産方式を説明して、「皆さんも参考にしましょう」というような、表面を引っ掻いただけのトヨタ礼賛論は今回も見られますし、その一方で「もうトヨタの話はうんざりだ。うちの会社は事情が違うんだからほっといてくれ」という他企業の拒否反応の声も近ごろはよく聞こえます。

しかし、あえて私が言いたいのは、「それでもこの会社から学ぶことは、まだまだある。むしろこれからだ」ということです。トヨタがやっていることを本で読み、ただ真似をすること、あるいは逆に、「トヨタが実際に採用している仕組みは自分のところの実情には合わない」と頭から拒否反応を示すこと。この二つは、表面だけ見ていて深いところからの学習になっていない、という点では同類です。こういうときだからこそ、あえて申し上げたいのは、「もっと深いところからトヨタに学べ」ということです。それができている会社は、まだ非常に少ないと思います。

それもあってか、日本国内のいろいろな産業、企業、工場の間には、今でもびっくりするほど大きな競争力格差が存在しています。どのぐらい大きいかというと、日本企業の多くは、今も、本来あるべき生産性の数分の一というレベルで、なまくらな現場経営をしているのではないか、という疑いがあるのです。

具体例を挙げましょう。ある有名な大手のエレクトロニクスメーカー（仮にA社としましょう）の、ある工場（X工場としましょう）で実際にあった話です。このA社X工場は、すでに十数年前にデミング賞（優秀な品質管理を行った事業所に日本科学技術連盟から贈られる賞）を受賞しており、その後も生産革新運動に熱心で、作業場の生産性も毎年着実に上がっていました。

私の経験からいえば、恐らく日本全国の工場を裏の競争力で上から下まで並べれば、X工場は上位一〇%には必ず入るだろうと思える立派な工場です。ところがその工場も、二〇分の一以下といわれる中国華南の人件費を考えれば、生産性を今の三倍にしないと生産拠点は中国に持っていくしかないと本社から言われ、自信を失いかけていました。二〇〇〇年ごろの話です。

ところがそこに、たまたまトヨタ自動車の張富士夫氏（現社長）が視察に訪れました。X工場を一渡り見て「なかなかよくやっておられるが、少しやり方が違う。個々の職場の作業改善はいいが、全体の流れができていないね」とおっしゃって帰られたそうです。それがきっかけで、トヨタ方式の創始者、大野耐一氏の直弟子にあたるI氏という方が現場の指導に入りました。I氏は大きな設備投資は一切せず、組立ラインのコンベアを撤去し、作業者を密集配置させ、つくったらすぐ下流の人に手渡しする方式に切り替え、隣の人の作業を手伝えるように多工程の作業をマスターさせ、動作の無駄を丹念に取り、自前の安い設備を工夫し、ラインとラインの間はカンバン方式でつなぐという、ある意味ではトヨタ式の定石のような指導をしました。

半年たってどうなったかというと、現場の直接作業者の生産性が実に三倍近くになったのです。これが、二〇〇一年ごろの話です。二〇〇四年の初めにこのX工場に再調査に行ったところ、さらに数段の生産性向上が達成され、製品によっては中国拠点に対する優位性を完全に確立した、と工場幹部は自信を持っていました。

ものづくりの現場では、このように生産性が短期間で何倍にもなる、ということは珍しくありません。半世紀前のトヨタもそうでした。しかし、裏を返せば、日本の工場の中では確実に上位に入るこのA社のX工場ですら、以上のような状況ですから、日本には、本来あるべき生産性の数分の一程度のレベルで漫然と生産をやっている工場が、それこそごまんとある可能性が高いのです。日本のものづくり能力の全体的なかさ上げをしないで、感情的な中国脅威論を唱えても、あまり意味がないといわざるを得ません。

日本のものづくり現場に、少なくとも数倍の生産性格差が存在する限り、ほとんどの事業所にとって、「もうトヨタ方式はあきあきだ」などというのは、それこそ「十年早い」わけです。このような「国内の生産性ギャップ」が続く限り、私は何回でも何年でもトヨタの話をしつづけようと思っています。

ただし、現在トヨタがやっていることを、そのまま「みんなこのとおりやるべきだ」などと言うつもりもありません。例えば重さが一トンあって、部品も三万点あって、商品寿命が四、五年ある自動車のような製品と、手渡しできる軽さで、部品も数十点しかないが商品は三カ月で切り替わってしまう小型の家電製品では、当然表面上の生産方式は違うわけです。したがって、狭い意味での「トヨタ生産方式」をここで喧伝するつもりはありません。多くの企業にとって、学ぶ対象はもっと広く、また深いのです。

広く、深く学ぶ

まず、「広く捉える」ということから入りましょう。本書で取り上げたいのは、狭い意味での「トヨタ生産方式」ではなく、むしろ他の自動車メーカー、さらには他の業種の現場にも見られる、戦後日本企業が得意としたある種のものづくりのやり方です。私はそれを「統合型ものづくりシステム」と呼んでいるのです。

すでにお話ししましたが、トヨタに限らず戦後日本の「優良ものづくり企業」の多くは、ヒト・モノ・カネが不足する中で急激に成長し、しかもその中で「能力構築競争」を熾烈に行ってきたため、能力主義の長期雇用・長期取引をベースとする「統合型ものづくりシステム」という組織能力を構築するに至りました。例えば、近年、ソニーやキヤノンなど、家電や精密機械の一部の日本企業で確立した、「セル方式」と呼ばれる生産方式もこれに含まれます。

一トンある自動車をコンベア上で組み立てるトヨタ方式は、タクトタイムを固定して、その中での正味作業時間（情報転写時間）比率の最大化をめざします。一方、セル方式は、手渡しできる製品の場合、コンベアを使わず、タクトタイムを固定せず、正味作業が終わったら次の人に手渡します。一見、ずいぶん違う方式に見えますが、正味作業時間比率を最大化し、流れを作るという点では同じです。製品の大きさや商品寿命や部品点数や品種数の違いによって、「統合型ものづくり」は異なる表われかたをするのだと、私は解釈しています。

一方、機械製品だけではなく、装置産業にも「統合型」は存在します。例えば、新日鐵やＪＦＥといった日本の鉄鋼メーカーが自動車用の溶融亜鉛メッキ鋼鈑をつくるとき、シャープがシステム液晶をつくるとき、あるいは信越化学が半導体シリコンをつくるとき、村田製作所がセラミックコンデンサーをつくるとき、その背後にある技は、まぎれもなく「統合型」のも

図6　トヨタから深く広く学ぶ

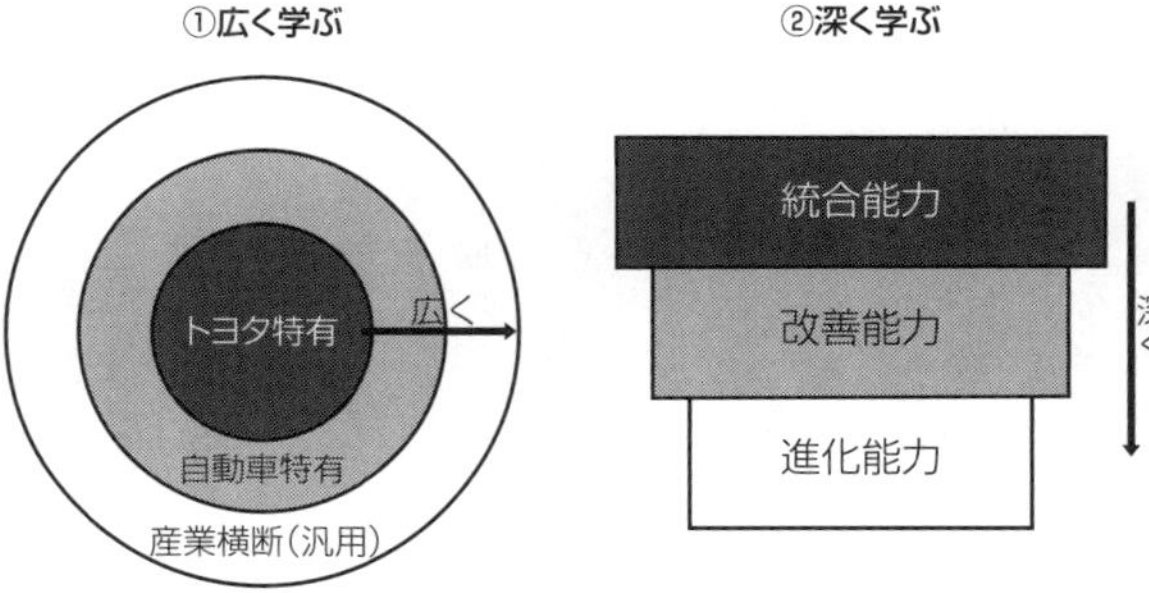

のづくりです。

つまり、トヨタ生産方式は、「統合型ものづくりシステム」の傑出した一例ではありますが、それを唯一絶対視すべきではありません。トヨタという会社は、自動車という特定の分野で「統合型ものづくりシステム」を極限まで能力構築した企業として出色なのであり、その限りにおいて学ぶことの多い企業だということです。

そもそも、トヨタにおける「ものづくりの知識の体系」は、それ自体が刻々と進化していきます。またその知識体系は少なくとも、「トヨタ独特の部分」「自動車産業特有の部分」「どの産業でも通用する部分」に、きっちり層別する必要があります（図6①）。こうした「相対化」の作業を通じて初めて、トヨタのものづくり組織能力が持つ特殊性と普遍性が浮き彫りになり、どこを学べばいいのかも見えてくるのです。トヨタのものづくりを「広く捉える」とは、そういうことです。

次に、「深く捉える」ということです。それは、トヨタの工場で日々行われている、高度に連携調整された「繰り返し生産」のための組織ルーチン、つまり現場の「統合能力」とでもいうべきものから学ぶのも大事だが、それだけでは足りないということです。それに加えて、問題発見・問題解決サイクルによって標準作業の方法を繰り返し改訂していく「改善能力」、さらにはそうした「統合能力」や「改善能力」を支える組織ルーチンそのものを進化させていくための、もっと深いところにあるダイナミックな「進化能力」も含め、この企業の組織能力を少なくとも三つの層の重ね餅構造として捉えなければならないということです（図6②）。この話は、あとでもう一度、説明することにしましょう。

このように、トヨタが行っているものづくりから学ぶということは、「広く深く」やらなければ意味がありません。単に表面を引っ掻いて、まるごと真似をしても効果は少ないし、それで効果がないといってすぐに放り出してしまうのは、それこそもったいない話です。

トヨタ的なものづくりシステム

私は、狭い意味での「トヨタ生産方式」だけではなく、もっと広く生産だけでなく開発や購買などのやり方を含めて「トヨタ的なものづくりシステム」と考えています。トヨタ的なシステムを、私は二十年以上研究してきましたが、調べれば調べるほど実にうまくできています。

この仕組みは、今や、複雑な「擦り合わせ型製品」をつくるうえでのグローバルスタンダードになっているのです。だから七〇年代以来、世界中の企業が真似しようとしているにもかかわらず、実際にはなかなか真似できていません。

アメリカでも、八〇年代半ばから九〇年代初めにかけては、アメリカＭＩＴの国際自動車プログラム（ＩＭＶＰ）の国際比較研究をきっかけに、「リーン生産方式」（無駄のない筋肉質の生産方式、といった意味）という名前で学者やコンサルタントが勉強し、一大導入ブームになりました。これは自動車以外の多くの産業にも影響を与えました。果ては、イギリスの行政機関にまで波及したと友人の西口敏宏一橋大学教授はレポートしています。

ところが九〇年代後半になると、欧米の自動車メーカーは製品戦略やブランド構築の巧みさで日本企業を上回る利益をあげるようになったため、「別に苦労してトヨタ方式なんかやらなくても、頭を使えば儲かるんだからいいじゃないか」という方向へ流れました。このため、「日本企業のものづくり」も一時期はやや影が薄かったのですが、二〇〇一年ごろのＩＴバブル崩壊後、欧米でも「あらためてトヨタに学べ」（基本に戻れ＝バック・トゥー・ザ・ベーシック）という動きが出はじめ、再び脚光を浴びてきたのです。これについては既にお話ししました。

その点、欧米のジャーナリズムも、前に述べた「収益力と競争力の混同」という誤りに陥る傾向はあります。例えば、ＩＴバブルが崩壊したころ、久しぶりにアメリカの有名経済誌の記者が研究室にやってきて「トヨタが最近革命的な復活を遂げているが、なぜなのか具体例で教えてほしい」と尋ねました。私が、「例はたくさんあるが、少なくとも一九九三年ぐらいまで戻らないといけないよ」と言うと、もっと新しい例はないかと言うのです。

そこで私は忠告しました。「あなたのところは、トヨタの本格取材から遠ざかっていたようだが、あの会社は相当な勢いで進化（evolution）する会社だから、数年見ていなければ革命的変化（revolution）が起こったように錯覚してしまう。それは、継続取材を怠ったほうの問題ですよ」と。

ハーバード出身の優秀な記者氏はすぐに了解したようですが、デスクはそうでもなかったようで、出来上がった記事には「革命的」という字が躍っていました。アメリカの一流ジャーナリズムでもこんな調子です。欧米企業にとっても、トヨタの組織能力を深いところから勉強するというのは容易なことではないのです。

日本でも、二〇〇二、三年ごろの決算報告で、トヨタの利益が一兆円を超え、多くの自動車メーカーが史上最高益を発表しはじめたとたんに、トヨタはなぜ強いのか、自動車はなぜ強いのか、といった取材や原稿依頼が急増しました。私の記憶する限り、何度目かのトヨタブームです。しかし、何度も言いますが、今回も放っておけば、「収益力と競争力の混同」に基づく、短期志向で表面だけの「トヨタに学べ運動」で終わってしまうでしょう。

私は、それではもったいないと思います。トヨタの表面上の収益構造を分析しても、トヨタが今行っている生産の仕組みをまるごと真似しても、多くの企業には結果に対する失望が待っているでしょう。

私はここ数年、トヨタのスタッフやトヨタ系企業の出身者が大手エレクトロニクス企業の工場、スーパーマーケット、郵便局など、他業種のオペレーションの現場でトヨタ方式を指導したところを何カ所か見ました。

それで分かったのは、トヨタ方式を教える本当のプロは、その根本的な生産思想には忠実だが、実際に教える手順や具体的な内容は、相手の製品や市場の特性、企業の実情、現場の実力などの違いにあわせて、実に柔軟に変化させている、ということです。

つまり、トヨタ方式の具体的な仕組みや仕掛けを他産業にそのまま導入してもうまくいかないことは、当のプロが最もよく分かっているのです。製品の違いに応じた応用動作が必要なのです。

この章では、最強の「統合型ものづくりシステム」のひとつといえるトヨタ的な組織能力について、通常よりはもう少し深いところにまで降りて説明してみましょう。なおこれについては、私は単行本や学術誌に何度も書いているので、それらを見たことのある読者は、今回はそのダイジェスト版と考えてください（例えば『生産システムの進化論』〔藤本 1997〕）。

2 トヨタ生産システムの競争力と収益力

まず、一九九〇年代から二十一世紀初頭にかけての、トヨタという会社の競争力がどんなものであったかを素描しておきましょう。すでに第2章でも説明したように、企業の「競争力」は多面的かつ重層的な概念なので、ひとつの指標で簡単に評価できませんが、総合的に見ればトヨタは依然世界一だという評価が可能でしょう。

たしかに結果としての売上高はまだGMにかなわないし、瞬間風速的な株主資本利益率（ROE）でも（最近は一〇％を超えましたが）世界的に見れば、特に高くはない時期が長かったのです。つまり、「収益力」に関しては、「文句なしに世界一」とは言えません。確かに二〇〇四年三月期は純益一兆円となりましたが、規模はともかく、利益率で見る限り、上の会社はまだまだあります。

しかし、二十世紀後半に一度も赤字にならなかった安定性は、ほとんど単一の事業に依存する製造会社として世界でも希有な存在でした。トヨタのすごいところは、まさにこの安定性なのです。

次に、顧客から見える場での「表の競争力」を見ると、円高のため、アメリカ市場でも八〇年代前半のような圧倒的な価格競争力はもはやありません。しかし、製造品質、特に経年品質の評価がアメリカ市場では高いので、主力モデルであるカムリの中古価格などは際立って高い。製品技術の厚みも、ハイブリッド車で世界をリードするなど、世界トップクラスになりました。デザインは、どちらかといえば凡庸なものが多かったのですが、近年は外装も内装も改善が見られます。国内販売では、慢性的な値引き体質という問題を依然として抱えるものの、国内のライバル他社に比べればもともと強いといえます。

そして、客から見えない生産・開発現場の実力である「裏の競争力」は、いうまでもなく圧倒的に強く、組立生産性、製造品質、開発スピード、生産リードタイム、グループの部品企業の実力など、どれをとっても世界トップレベルを維持しています。

以上をまとめるならば、特定時点、特定種目ではトヨタに優る企業もありますが、総合的に見れば、二十世紀終盤から二十一世紀初頭にかけて、トヨタ自動車は、総合的な競争力と財務的な安定性において群を抜いた企業だったと言えますし、その勢いは今も続いています。

なぜトヨタは強かったのか、日本の自動車メーカーは強かったのかと聞かれれば、私は「競争と相性だ」と答えます。つまり、まず第一に、愚直なまでの「能力構築競争」を国内企業同士で延々と続け、次に世界規模でそれを続け、その結果としてものづくりの組織能力がとことん鍛え上げられたことです。そして、トヨタはそうした「能力構築競争」を戦い抜く力が、日本の企業の中でも並外れて強かったのです。

第二は、自動車という製品のアーキテクチャが、「統合型ものづくりシステム」と相性のよい典型的な「擦り合わせ型」だった、ということです。この「相性」の話は次章までとっておくことにします。

トヨタの強さの神髄は何か――三層の組織能力

それでは、こうした収益力や競争力を支える、トヨタ自動車という企業の組織能力とは、一体どんなものだったのでしょうか。

結論を先に言っておくならば、それは、第一にトヨタ生産方式に代表される生産・開発現場の「統合能力」、第二に生産性や品質を継続的に向上させる「改善能力」、そして第三にそうした組織能力そのものを長期にわたって進化させる学習能力、すなわち「進化能力」です（図6の②）。つまり、現場をまとめあげる能力、迅速かつ正確に問題を発見し解決する能力、そして組織全体として学習し進化していく能力、という三つの層でこの会社の組織能力を深く捉える必要がある、と私は考えます。順に説明していくことにしましょう。

まず第一の「統合能力」。これは、現場における日々の作業をハイレベルに保つための「ルーチン化したものづくりの能力」です。例えば、トヨタが今、世界で五百万台以上の車をつくっており、しかも他社に比べて工場の生産性を表す数字が常に優れているとしましょう。トヨタでは、そうしたきわめて効率的なオペレーションを毎日安定的にやっている。それは一体何によって可能になっているのか。どうしていつでも、他の会社よりも高い生産性でものがつくれるのだろうか。どうして、他の会社よりも低い工数やラインストップ率や在庫水準で操業を続けられるのだろうか。要するに、高いレベルのオペレーションを繰り返し実現していくことを可能にする、この会社の組織能力は何なのか。この問いに対応するのが、ものづくり現場の「統合能力」です。

つまり、「毎年毎年五百万台の車を安定的に高い生産性や品質で繰り返しつくれる能力」です。具体的には、「適正な量のかんばんをちゃんと回すための仕組み」だとか、あるいは「正味作業時間比率を高いレベルに保つための多能工化と多工程持ちの仕組み」だとか、そういったものの集大成です。このように、ある非常に高いレベルのことを繰り返し繰り返しやれる能力。これがトヨタ的な組織能力の第一層です。

続いて、第二の「改善能力」。よく言われることですが、工場や生産というのは生き物のようなものであり、組織の内部でも外部でも様々な条件が刻々と変わっていきます。そうなると、「まったく同じことを繰り返し繰り返しハイレベルでやれますよ」というだけではだめなのです。それに加えて、「改善能力」が必要不可欠となります。

例えば作業現場におけるルーチンとして最も重要なものは、それぞれの職場を律する「作業標準」ですが、トヨタではその作業標準自体が、およそ半年に一回のペースでどんどん改訂されていくといわれています。いわゆる現場の「改善活動」を行うことによって作業標準が改訂されていくのですが、トヨタの場合はその数が半端ではありません。

トヨタでは、毎年百万件近いレベルで改善活動を行っています。しかも、非常に定型化された「QCストーリー」のような改善手順に従って、全員参加で改善活動を進めていることがよく知られています。

つまりこれは、作業標準のようなものを、年間で百万回近く、繰り返し改善しているということです。先ほども述べたように、繰り返し同じパターンでやっていくことを「ルーチン」といいます。こうしたルーチンが連携調整された束になって、全体としてひとつのシステムになると、それはれっきとしたひとつの「組織能力」になるわけです。

さて、今述べた「ものづくりの統合能力」と「改善能力」については、例えば小川英次氏のトヨタ生産方式に関する一連の研究、今井正明氏のＫＡＩＺＥＮ、あるいは門田安弘氏の「トヨタシステム」など、諸先輩方が素晴らしい体系的研究をされています。

しかし、その上にもうひとつ、非ルーチン的でダイナミックな能力とでもいうべきものがあると私は思うのです。つまり、これまで説明してきたような様々なルーチン、それ自体をつくり上げてきた動態的な能力です。

確かにかんばん方式も素晴らしい。改善活動も素晴らしい。しかし「このかんばん方式というのはどこから来たのか」「改善活動そのものはどこから来たのか」ということを突き詰めて考えていくと、「トヨタは他の会社に比べると、ルーチン的な能力そのものを構築していく能力においても優れているようだ」ということになります。

第三の層である「進化能力」というものがこれです。しかし、この第三の組織能力の話は少し複雑な部分があるので後回しにします。まずトヨタ自動車に典型的に見られる「統合能力」と「改善能力」について、生産、開発、購買の各分野に分け、少し立ち入って説明しましょう。

生産現場の統合能力

生産の現場、工場の話から始めましょう。トヨタで生産現場といえば、なんといっても、大野耐一氏で有名な「トヨタ生産方式」（TPS）が中心的存在です。TPSは、基本的には生産現場のルーチンを精密に連携調整したシステムです。トヨタの生産現場には、このほかに「TQC」（全社的品質管理）というもうひとつの大きな流れがあり、TPSとTQCがトヨタの生産現場を支える二本柱とみなされることが多いのです。

私は、TPSとTQCは渾然一体となって「トヨタ的な生産システム」を形成していると見る立場です。八〇年代初めにアメリカにトヨタ的システムを紹介したションバーガーというアメリカの学者も、TPSとTQCを一枚のチャートに一塊のものとして書いていましたが、私もそういう書き方に賛成です。

トヨタ社内では、いろいろな歴史的な経緯があるせいか、この二つを二つのものとはっきり分けて説明する人が多いのですが、私は、二つに分けるのには違和感があるので、ここでは全部まとめて「トヨタ的な生産システム」と呼ぶことにします。いうまでもなく、それは日本の「統合型ものづくりシステム」の中でも最も強力なもののひとつです。

「トヨタ的な生産システム」は、実に数多くのルーチンが複雑に入り組んだ体系になっていて、それらをまとめて漏れなく列挙するだけでも大変な作業になります。しかし、それをあえて一言でいうなら、「工程から製品への、密度・精度の高い設計情報の転写を行うための首尾一貫したルーチンの体系」として統一的に説明することができるかと思います。

すでに述べたように私は、生産というものは工程から製品へと設計情報を転写していく作業だと考えています。生産管理論の多数派の考え方とは異なりますが、大袈裟にいえば、これが私の「ものづくり観」です。

例えば、金型を用いたプレス工程で一枚の鋼板からドア・パネルを成形するという作業は、金型が持っている車体デザインという「設計情報」が、千トンの機械エネルギーによって〇・

八ミリ厚の表面処理鋼鈑に「転写」される、ということにほかならないのです。そして、この転写を繰り返しやっているのが、現代の大量生産体制です。

このように、生産の現場では常に、「設計情報」がいろいろな媒体の間を流れています。私は、ものの流れよりも、むしろ設計情報の流れを追い掛けた方が、トヨタ的システムの本質が分かりやすいのだと考えています。そして、トヨタ的システムとは、こうした設計情報の流れが、実に密度高く、精度高く、またリズムよく流れ続けているシステムなのです。

図7はこの考え方に従って、設計情報の流れを意識し、トヨタ的な生産システムを一枚の絵にしたものです。私が工場を見るときには、常にこういう抽象画が頭の中にあるわけです。非常に複雑な流れをしているので、最初にこれ一枚を書き上げるまでにはずいぶんと長い時間がかかりますが、そのポイントは、要するに、製品設計情報が図の上から下へ、さらに左下の顧客の方へと、よどみなく流れる状態を常に保つことなのです。

実際この図をよく見ると開発部門でつくられた設計情報が工場内の金型や設備や治具などに配備され、さらにそこから原料や仕掛品に転写される様子が、上から下への情報の流れで表現されています。一方、原料が設計情報を吸収して仕掛品、さらに製品になっていくプロセスは図の下の方に右から左への流れとして描いてあります。そしてこの流れの節目節目に、情報の流れをつくり、滞留を抑え、また正確な情報転写を保証するためのルーチンが書き込んであり

図7　トヨタ的生産システムの組織能力:
生産性と生産リードタイムの例

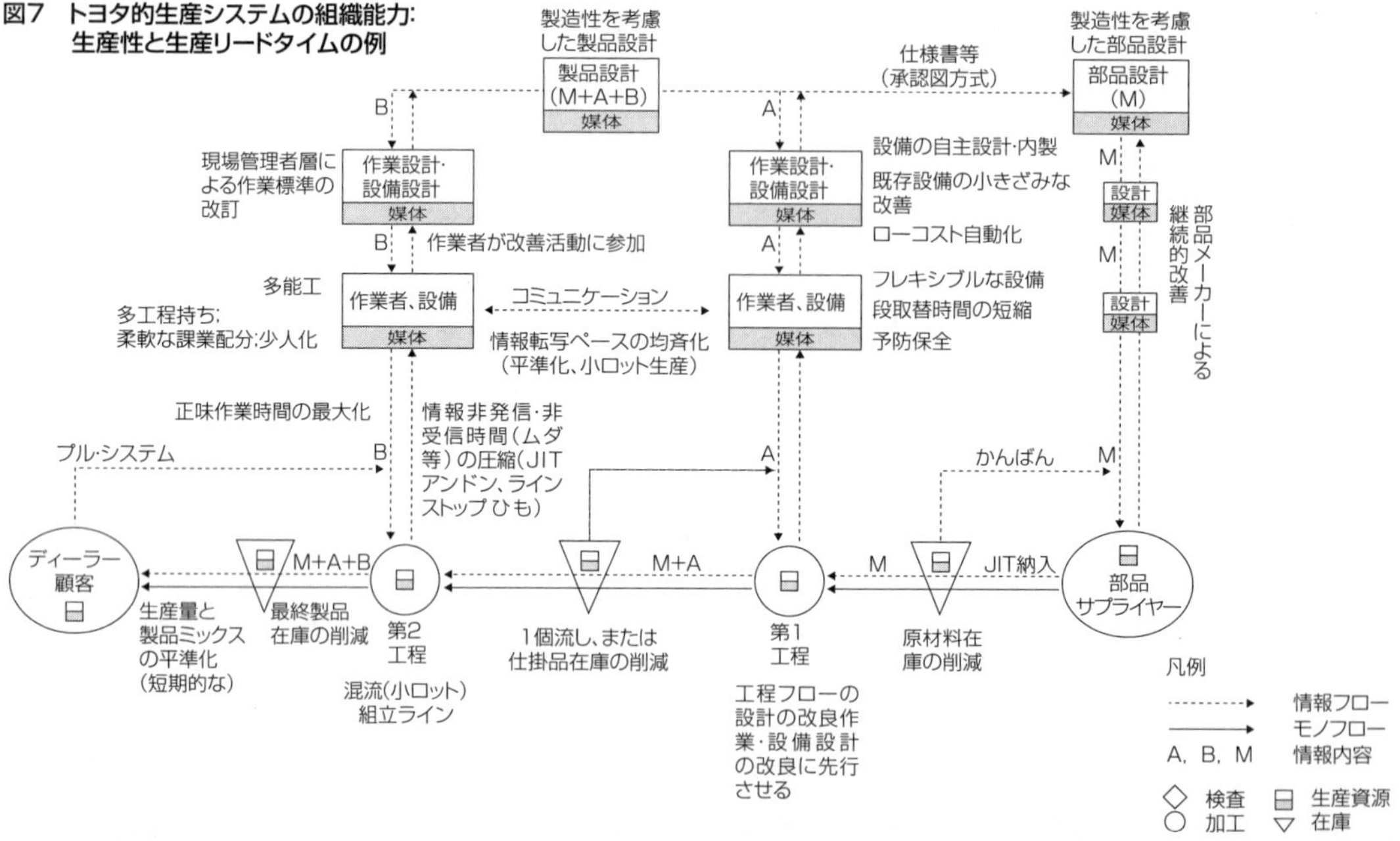

ます。

いわゆるトヨタ的生産システムとは、こうした工場内の設計情報の転写を正確に滞りなく行うという点で首尾一貫した、一連のルーチンの束のことだというのが私の考えです。

一つひとつのルーチンについて細かい説明は省きますが、トヨタ的システムを構成する個々のルーチンのことは、しかるべき本を見ればすぐ勉強できます。だから、トヨタ生産システムはすぐ真似ることができるはずだという議論が出てくるわけです。しかし、それは例えていえば一個一個の楽器の鳴らし方について書いてあるという話であって、全体のオーケストラをどのように動かしていくのかということはどこにも書いてありません。トヨタ的システムの本質は全体のオーケストレーションの話であり、その部分に真似のしにくさの秘密があると私は思っています。

「どうして日本のシステムは、海外の企業にとって真似しにくいのか」という話をする際に、「それは暗黙知だからですよ」というシンプルな答えがあります。しかし、もし仮に一個一個のルーチンが形式知としてはっきりと分かっていたとしても、それをうまく組み合わせて全体のアンサンブルをまとめ上げようとしたとき、やはり真似できないということは十分に起こりうるのです。実際、トヨタ的な生産システムというものは、そのような意味で複雑です。この一枚の図は、そのような生産システムの複雑さを分かっていただくために載せたものです。

図8　情報転写としての「正味作業時間」

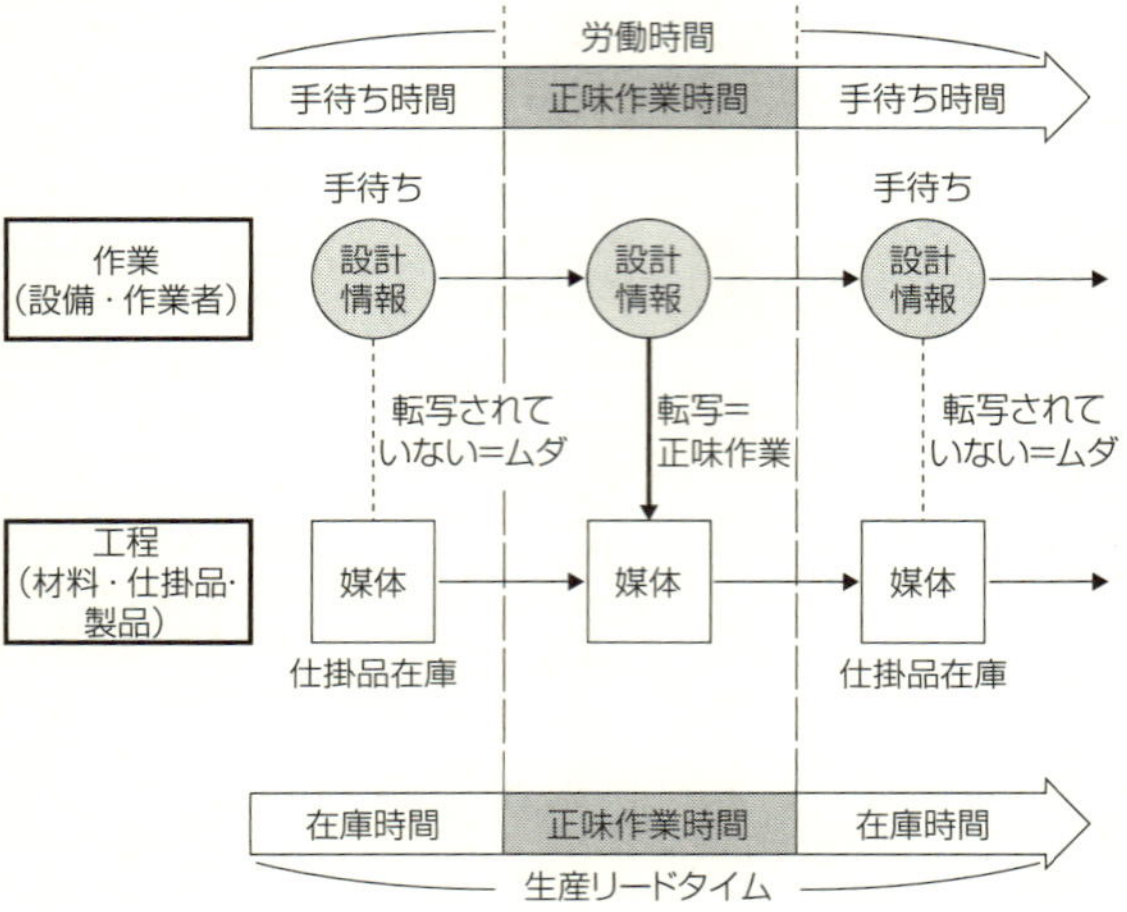

ここまで見てきた図7は、トヨタ的システムがどのようにして高い生産性と短いリードタイムをコンスタントに達成しているかを一枚の絵にしたものです。ここでは、設計情報の転写が行われていない時間、つまり設計情報が滞留している時間をできるだけ減らすことを一連のルーチンを通じて達成しているのです。

この図の一部を少し拡大した図8を見ると、上にある設計情報が下にある仕掛品や材料に転写されるプロセスが分かります。この情報転写が行われている時間のことをトヨタでは「正味作業時間」と言います。その比率を最大化するのがトヨタ的な生産の基本です。

これを裏返して言うと、情報転写が行われ

ていない時間、つまり正味作業時間でない時間の多くは、トヨタでは「ムダ」と言われる時間であり、これを減らしていくのがトヨタ式です。

ムダというのは、この図で上の丸（設計情報）と下の四角（媒体＝仕掛品）の間に情報が流れていない時間のことです。例えば、「在庫のムダ」と言うのは、下の四角（媒体＝仕掛品）が設計情報を吸収していない時間のことです。「手待ちのムダ」というのは、作業者が下の四角（媒体＝仕掛品）に対して、自分が持っている設計情報を発信していない時間のことです。

トヨタ方式というのは、こうした無駄を減らしていくところが根幹なのですが、それは私流に再解釈すると、「設計情報が流れていない時間を最小化していく」ということを目指しているわけです。

このように、トヨタ生産方式というものは、要は「知（＝設計情報）のめぐりがよいシステムだ」という一言に尽きるわけです。言い換えますと、システム自体は非常に複雑なのだけれども、このシステムの目指しているところはきわめて単純で、要するに「ムダをなくして、常に設計情報が顧客に向かって淀みなく流れるシステムを目指す」ということです。

ちなみに、適合品質の流れについても、やはり同様な絵を描くことができます（藤本2001参照）。ここでも設計情報は工程を通じて媒体へと転写され、最後に顧客に向けて発信されます。そうした品質管理のルーチンの場合も、全体が連携することによって設計情報が正確に仕掛品に転写され、設計通りの良品がコンスタントにできるようになっています。この目的のために、非常に数多くのルーチンが絡み合い、複雑な設計情報のシステムになっているという点では、生産性・生産リードタイムの場合と本質的には同じです。

生産現場の改善能力

次に、生産現場の改善能力の話をしましょう。すでに述べたように、トヨタ的な生産システムでは、ハイレベルの生産性・品質・納期・柔軟性が達成されているというだけでなく、それを支える仕組み（ルーチン）が次々と改善されていきます。この改善数が半端ではなく、年間百万件ぐらいの改善がコンスタントに行われているわけです。

トヨタの改善能力というのは、基本的には問題発見、原因探究、対策探索、効果確認、解決案選択、実施、フォローアップ、横展開というシンプルなサイクルを着々と回しつづけていく、しかもそれをみんなでやるということです。

これは何のことはない、百年近く前の古典的経営学が唱えていた経営プロセスモデルとほぼ同じで、「ＰＤＣＡサイクル」と言われています。トヨタの生産現場の仕組み（ルーチン）の大半は、テーラー主義や古典的な官僚制論、あるいは経営プロセス論といった百年近く前の経営学で説明できてしまうようにさえ思います。こういう現実を見るにつけ、われわれ経営学者は何をやっていたのかなという忸怩たる思いがあります。

いずれにしてもひとつ言えることは、トヨタという会社、特にその生産現場は、大学や大学院で教育を受けた一部の幹部候補生たちだけが、最先端の経営学を駆使して運営しているような組織ではないということです。むしろ、トヨタという会社は、まさにこういう、百年前の経営学に近いシンプルな管理・改善原則を全員が頭に入れて、それを日々実行している組織であるわけです。

カルロス・ゴーンはシンプルな経営を首尾一貫して行う、という所感を述べましたが、トヨタの場合は、シンプルな経営原則を全員で首尾一貫して行っているという感があります。そして、そこにこそトヨタの強さの本質があるという気がします。

製品開発管理の組織能力

次は、統合型の製品開発システムと、それに関連した組織能力についてです。製品開発とは、いうまでもなく設計情報そのものを創造するプロセスです。これは、自社の製品ミックスを次々と改定していくプロセスだと考えることもできます。その意味では、一種の「改善能力」であり、生産システムに関する改善能力と同様、問題解決サイクルの束と考えることが可能です。

製品開発というのは、設計情報そのものを創っていく過程ですから、速くてしかも首尾一貫した（統合的な）問題解決のサイクルを数多くぐるぐる回すことによって、短いリードタイムと高い効率で、顧客を満足させる設計情報をつくり上げていくことを狙っていくべきです。

具体的な組織ルーチンの中身としては、部品メーカーの早期開発参加（デザイン・イン）、製造能力の製品開発への活用（迅速な試作・金型・量産立ち上がり）、オーバーラップ型開発（設計・開発と生産準備の連携）、少数精鋭のプロジェクトチーム、重量級プロダクトマネージャー制、などといったものを挙げることができます。

これらのルーチンは、私がキム・クラーク先生（現ハーバード大学ビジネススクール学長）と一九九一年に『製品開発力』（翻訳：藤本・クラーク2009）という本を書いた際、「こうしたことが自動車の製品開発システムのベストプラクティスだよ」と列挙したものです。自慢ではないですけれども、十数年たった今も、これらのルーチンの有効性はほとんど変わっていないと思います。たしかにITの活用は大いに進みましたが、「統合型製品開発」の原理原則の部分は変わっていないというのが私の印象です。

次の図9は、日米欧韓の製品開発パフォーマンスの推移を表したものです。これは、ハーバード大学の国際自動車開発研究プロジェクトで二十年近くにわたって定期的に収集しているデータです。クラーク先生は学長になってしまったので、一番最新のデータは一九九九年ごろに

図9　開発工数の国際比較

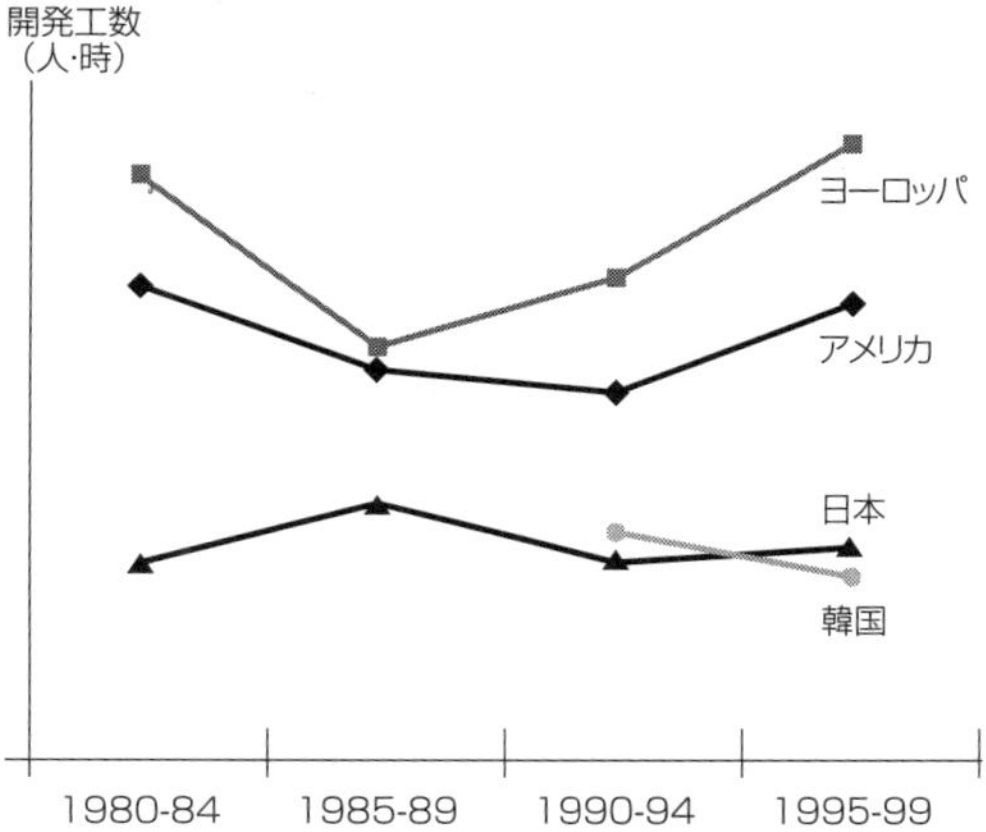

（出所）延岡健太郎作成資料。最新版は延岡健太郎・藤本隆宏［2004］「製品開発の組織能力:日本自動車企業の国際競争力」東京大学21世紀COEものづくり経営研究センター、ディスカッション・ペーパー、MMRCJ-9を参照

神戸大学の延岡健太郎氏やハーバード大学のステファン・トムケ氏らと共に集めました。

このプロジェクトは、自動車メーカーが出したがらない機密データを扱いますので、データ収集にも大変苦労しますが、それでも何とか続けた結果、今や二十年分、八十プロジェクトぐらいのデータが集まりました。こうなると、自分たちで集めたデータで時系列の分析ができるわけで、がぜん面白くなります。しかも、世界でもこれができるのは今やわれわれだけです。私があと何年やれるか分かりませんが、ぜひ誰かに続けていってもらいたいと思います。

この図で二十年間にわたる日米欧韓の開発工数の推移を見てみますと、いろいろと面白いことが見て取れます。日本は一番下の▲印のラインですが、一貫して低いところにいます。これは開発工数（延べ作業時間）ですから、この数値が低いほど生産性が高いのです。

アメリカ企業が◆印のラインですが、九〇年代半ばまでは平均すれば確実に日本を追いかけて差を縮めてきていたことが分かります。ところが九〇年代後半になると、また日本との差が開いてしまっています。先ほどもいいましたが、アメリカの自動車メーカーのトラック戦略があまりにもうまくいってしまい、大儲けしてしまったことが、この結果に如実に表れていると思います。苦労してトヨタ方式をやらなくても、頭で稼げばいいという話です。

一方、ヨーロッパは■印のラインになります。ご覧いただければ分かるように、ヨーロッパ企業も八〇年代半ばには一時的に日本との差を縮めたのですが、ここでも九〇年代にブランド戦略が大成功しましたから、「別にあくせくトヨタなど追いかけなくてもブランドが強ければ儲かるじゃないか」という結論になったのでしょう。ここも九〇年代半ば以降、数字的にはむしろ悪くなっています。ただ、逆に言うと、それでも何とかなってしまうところに、ヨーロッパのブランド力の強さが見てとれます。

もうひとつ、面白いのは韓国です。彼らも、ブランド力が弱いという日本企業とやや似た弱点をもっています。要素技術の開発力もまだ強くない。そのため韓国のメーカーは、欧米とは違い、日本に追いつけ追い越せと、とにかくオペレーション効率を高める努力を非常に真面目にやってきました。その成果もあって、韓国メーカーの平均の開発工数は日本メーカーの平均とほぼ同じレベルになっています。

現代自動車に代表される韓国車は、有利な為替レートに加えて、製造品質など、オペレーション上の改善の効果もあり、最近になってアメリカ市場などでめざましく売れはじめています。今回は本物だという印象があります。やはりこうした努力を営々と積み重ねてきていることが、実を結んできているのでしょう。

購買管理における統合能力

最後に、サプライヤー・システムに関してお話ししましょう。日本における自動車メーカーと部品メーカーとの間の取引関係は、長期安定的であるとよくいわれますが、それだけが特徴ではありません。その裏では、ランプやラジエターといった個々のアイテムごとに、少数（多くの場合は二、三社）の部品メーカーの間で非常に熾烈な能力構築競争が行われています。

あくまでもそれを前提にしたうえで「任せるところは任せる」のです。例えば、生産だけでなく、詳細設計も試作も部品単体の実験も任せるし、あるいは製造段階での検査やサブアッセンブリーも任せるといった具合に、自動車メーカーは部品メーカーに、思い切って「まとめて任せる」わけです。

私は、以上の「長期安定的取引」「少数者間の能力構築競争」「まとめて任せること」という三点セットが、日本の自動車サプライヤー・システムの「三種の神器」だと思っております。日本のサプライヤー・システムに関連した組織能力を見る場合、「系列」と呼ばれる「長期関係主義」がポイントなのではありません。むしろ、トヨタの購買に典型的に見られるような、「長期能力主義」に立脚したこの三つのルーチンがポイントであり、しかもこの三つが同時に存在したときに初めてサプライヤー・システム全体がうまく機能する、というのが私の持論です。

トヨタ的な購買の組織能力についてもうひとつ重要な点は、発注者側が「多面的な評価能力」を保持し続けるということです。もともとはＭＩＴのチャールズ・ファイン教授や一橋大学の武石彰さんが提唱されたことですが、「業務はアウトソーシングしてもいい。しかし、評価能力という知識のアウトソーシングはやってはいけない。サプライヤーの評価能力は絶対に自分のところに残しなさい」ということです。

自動車メーカーが部品の評価能力を持たずに部品メーカーにまとめて任せてしまうと、それは単なる「丸投げ」になってしまいます。擦り合わせ製品に関する限り、これは絶対にだめです。しかし、自動車メーカーが部品の評価能力を保持したうえで、部品の開発と生産を部品メーカーにまとめて任せるのであれば、自動車メーカーと部品メーカーの知識がオーバーラップし合うのでうまくいきます。それがまさに、トヨタ的な購買のやり方なのです。

以上、トヨタ的なものづくりシステムを構成する現場の「統合能力」と「改善能力」について、ごく簡単に説明しました。そこで最後に、これらの能力を長期間かけてつくり上げてきた動態的な能力、すなわち「進化能力」について、なぜそれを進化能力と呼ぶのかも含めて説明しておきましょう。

トヨタ的な進化能力

トヨタの究極的な強さは、トヨタ生産方式やTQCもさることながら、むしろそうした能力そのものを他社に先駆けて構築した「進化能力」にこそあるのだ、というのが私の持論です。これについては拙著『生産システムの進化論』（藤本1997）で詳しく書きましたが、それは、変転きわまりない世界の中で、ひたすら問題発見と問題解決に徹し、何が起こっても結局は組織能力の進化にまで持っていく、二枚腰のしぶとく泥臭い組織学習能力です。これまであまり光が当たっていませんでしたが、こうした進化能力が、トヨタが二十一世紀に継承すべき、最も重要な「見えざる資産」だと思います。

背景説明をかねて、ものづくりシステムの「進化」という言葉の意味を考えてみましょう。歴史的に調べてみると、トヨタシステムを支える個々のルーチンの生成過程にはいろいろなパターンがあり、計画的に繰り返し粛々とつくられてきたなどということはとても言えません。

トヨタの社史を見ると、どうしても「ねらい通りうまくいきました」的な格好いい話が選別され、活字に残る傾向があります。ところが、一九八四年に法政大学の下川浩一先生と共に行った大野耐一氏へのインタビューなど、実際に創成期のトヨタシステムの構築に携わった人々の話を集めてみると、案外格好の悪い話もいろいろ出てきます（下川・藤本編著2001）。

例えば、「どこそこの役所に怒られて、渋々始めたら結果的にうまくいった」とか、「実は大野耐一さんも大失敗したことがある」とか、「あまりに忙しいので背に腹はかえられないとやったことが、実は正解だった」とか、要するに「瓢簞から駒でうまくいった」「怪我の功名でうまくいった」というような話がたくさん出てくるわけです。それを学術論文や専門書にどんどん書いたものですから、一時期、私はトヨタのブラックリストに載っていたようです。

いずれにしても、組織の能力構築のプロセスでは、そういう「意図せざる結果」が日常茶飯事に生じているわけです。したがって、それでもやはり、トヨタが一貫して他の会社よりも早く優れたものづくりルーチンの体系をつくり上げているのだとすれば、それは偉い人が一人だけで万事計画的にやったという単純な話ではないはずです。そこには、単なるルーチン的な組織能力とは別の、ルーチンそのものを生み出すもうひとつ上のレベルのダイナミックな組織能力があったのではないかと考えられるわけです。それが、私がここで申し上げようとしている「進化能力」です。

話がやや複雑になったので一度整理します。これまでのところ、確かに「ものづくり能力」や「改善能力」については様々な研究が行われており、私もその成果に則って議論を進めているわけですが、「進化能力」については意外に、明解な分析がされることはありませんでした。たしかに「非常に優れたルーチンの体系を持っていることがトヨタの強みだ」というのはそのとおりですが、それだけではなく、「そもそも、他の会社ではなくトヨタが、優れたルーチンの体系をつくり上げることができたのはどうしてなのか」という「発生の秘密」を説明しないと、本当の意味でトヨタの強みを説明したことにはなりません。

その意味で、「トヨタの競争力の一番根っこにあるコアコンピタンスは何ですか」という問いに対する私の答えは、「それは進化能力です」ということになるのです。

「進化」という言葉を使いますと、「進化だなんてとんでもない。そんなに格好いいものじゃないよ」と、トヨタの人にご指摘を受けることがあります。しかし、私が言いたいのはまさにそれなのです。

実は進化という言葉は、近年かなり乱用されていて、例えば「進歩（progress）」と「進化（evolution）」は違う意味の言葉であるにもかかわらず、両者はほとんど同一の意味で使用されています。「進歩」というのは、十七世紀から十八世紀の「進歩主義」や「進歩史観」などというものから始まった言葉で、まさに「格好よく粛々といい方向へ確実に進んでいく」という、予定調和的な変化のことを意味しています。

ところが、「進化」というのは、突き詰めて考えてみると、計画のあるなしにお構いなく、とにかく結果的にしぶとく生き残る、という非常に泥臭いプロセスだと思うのです。ですから、「進化能力」は、「泥臭い能力」というように言い換えてもいいと思うのです。そういうとトヨタの人は、「そうか。それならウチのことだ」と言います。

最近では張富士夫社長や池渕浩介副会長といったトヨタのトップの方々も、「トヨタ・ウェイ」という言葉でトヨタの基本思想を語るようになり、その中で「進化」という言葉を使うようになりました。「愚直」とか「泥臭い」という表現もされます。結局、たまねぎの皮を剝くようにトヨタの組織能力を一枚一枚調べていくと、最後の芯のところに現れるのが「進化能力」だと私は考えるのです。まさに「トヨタ・ウェイ」そのものです。

進化能力のカギは事後的対応力

進化能力の中身を知るためには、この会社のものづくりシステムがどんな道筋で発展してきたかを、数十年オーダーで徹底的に調べる必要があります。私の見るところ、戦後の自動車メーカーがものづくりシステムを構築してきた経路は、「創発的」とでも呼ぶべき渾沌としたものでした。そこでの競争能力構築の長い道は、「すべてが計画通り」とは程遠く、むしろ「思わぬ失敗」や「意図せざる成功」がふんだんに混ざった「ごった煮」状況だったと考えられます。

例えば、多能工による幅広い作業分担、重量級の開発リーダー、部品メーカーの開発参加など、トヨタ的システムの強みのかなりの部分が、もとをただせば「怪我の功名」、つまり制約条件や失敗と見えたことが思わぬ成功要因に転じるという幸運から始まっています。さすがのトヨタも、すべてお見通しというわけにはいかず、結構いろんな失敗を繰り返したし、また「瓢箪から駒」的な幸運にも多く遭遇してきました。それを「初めからすべてお見通しで、成功すべくして成功した」と後付けの説明できれいにまとめたのでは、この会社の貴重な歴史の教訓から「深く学ぶ」ことはできません。

一例を挙げましょう。二十世紀後半、アメリカ式大量生産の最大の弱点は、ものづくり現場における「分業のやりすぎ」がかえって無駄の増加につながることでした。逆に日本企業の生産システムは、過剰分業を避けることができ、そのことが、特に自動車のような擦り合わせ型製品では生産性や品質の競争優位につながったのです。

しかし、日本メーカーが初めから国際競争力の向上を意図して、戦略的に過剰分業を回避してきたという形跡はありません。むしろ、戦後の生産量急増と慢性的な労働力不足という避けられない現実の中で、生産現場が常に「猫の手も借りたい」状況に置かれていたため、欧米量産企業のように細分化された職務区分を工場に持ち込みたくてもその機会がなかった、という

「怪我の功名」が実情だったと言えます。その結果、過剰分業が抑制され、幅広い職務区分とか、多能工とか、多工程持ちとかにつながったわけです。

しかし「怪我の功名」の恩恵は、他の日本企業も受けたわけですから、その中でなぜトヨタが特に抜きん出ていたのかは、依然として説明できません。それを説明するためには、創発的なプロセスの中でなおかつ他社より優れた競争能力を構築する、トヨタという企業独特のしぶとい学習能力、つまり「進化能力」に注目する必要があります。

それは要するに、ものづくりシステムが「創発」する渾沌としたプロセスをも味方につけ、必然を必然として成就させるだけでなく、偶然をも必然に転化させる組織全体の力です。こうした進化能力を維持強化することが、この種の「累積的な進化」を特徴とする産業で栄えるために、最も必要な経営資産なのではないでしょうか。

トヨタで進化能力が発揮された一例をお話ししておきましょう。トヨタで最初に発達した強力な開発リーダー制、つまり「重量級プロダクトマネージャー（PM）制」は、今や世界の自動車開発のグローバルスタンダードです。実はこれは、戦後いったん消滅した日本の航空機産業からやむなく転職してきた飛行機エンジニア達が自動車産業に持ち込んだ制度で、自動車メーカー側から見れば幸運な巡り合わせでした。

しかし、単にそれだけのことであれば、事実上日本の全ての自動車メーカーが「航空機エンジニアの転職」という幸運の恩恵に浴したはずです。事実そうでした。優秀な飛行機エンジニア出身の技術者は、トヨタだけでなく、日産やプリンスにも、ホンダにも三菱にも、もちろん中島飛行機を引き継いだ富士重工にもいて、それぞれ個人的には活躍していました。にもかかわらず、一九五〇年代に他社に先駆けて開発主査制度を確立して以来、一貫して重量級PM制度を維持してきたのはトヨタだけなのです。それはなぜか。

その背景には、トヨタ開発陣の先見性もさることながら、この会社に、いわば運を実力に変えてしまう「事後的な学習能力」が存在したことがあります。たしかに他のメーカーでも、開発リーダー個人のスタイルとしては重量級PM制の例が見られましたが、六〇年代という時点で全社的制度として確立していたのはトヨタだけだったのです。これなど、偶然を必然に転換する事後的な進化能力が競争優位に貢献した、典型的な一例です。

ついでにもう一例。すでにお話ししたように、購買管理で部品メーカーに「まとめて任せること」は、日本の自動車産業の強さのひとつの源泉といわれています。例えば「承認図方式」などと呼ばれる、部品メーカーが自動車メーカーと連携して部品設計を行うシステムは、日本企業の競争力のひとつの源泉とされますが、その起源と進化も、ある種の「怪我の功名」効果で説明できます。

承認図方式は、主に六〇年代後半のモータリゼーション期、言い換えれば急激なモデル多様化によって開発設計者がものすごく忙しくなった時期に、日本の一次部品メーカーに急速に普及したことが分かっています。つまり、自動車メーカーが急増する開発作業の負荷を吸収しきれず、やむなく部品メーカーに設計開発作業の一部を外注した、という経緯があったのです。

自動車メーカーの社内には「設計を外注したら、わが社の技術は空洞化するぞ」「設計まで委託したら部品メーカーに足下を見られて部品単価が上がるぞ」という反対論も存在したのですが、とにかくモータリゼーション期は次から次へと新型モデルを出さねばならず、猫の手も借りたい状態だったので、背に腹はかえられずやむなく部品設計の外注化、つまり承認図方式を増やしていくしかなかったのです。

しかし、これが結果としては部品メーカーに対するきめ細かい購買管理を可能にしました。また部品メーカーの方も、部品設計ごと受注することにより、自分の工場の設備や条件を念頭に置いた「つくり勝手のよい部品設計」が可能になり、それが日本企業の部品コストの低減に貢献したのです。

ところが、細かくその内容を見ると、トヨタ版の承認図方式は、日産など他社と比べても、上手くできていたところがあります。第一に、より早い時期から承認図に関する詳細な社内規定が整備されていた。第二に、承認図方式への移行によって部品図面は部品メーカーの所有となるかわりに、品質保証責任は部品メーカーが全面的に負うという、明確な権利・義務関係が示されていた。第三に、部品メーカーに、より大胆に設計の裁量権を与えていた。これらにより、部品メーカーは自らつくり勝手のよい部品を設計することが可能になり、さらなる部品のコストダウンにつながったのです。

他方、日産自動車もトヨタ同様の歴史的条件の中で承認図方式を長年運用してきましたが、トヨタに比べれば社内規定の整備は遅れました。八〇年代になり、ふとしたことからトヨタ自動車を参考にして比較分析を行ったところ、実は同じ「承認図方式」という名前でも両社ではかなり異なることが分かりました。

例えば日産の場合、トヨタの場合に比べて権利・義務関係が必ずしも明確でなく、部品メーカーの設計参加のタイミングが遅く、また部品メーカーにあまり思いきって設計を任せていなかったため、かえって部品メーカーがのびのびと設計を行う余地が小さく、結果としてコストダウンが思うようにできなかったのです。結局日産は、八〇年代半ばになってようやく、トヨタ流の承認図方式が優れていることに気づき、早速トヨタ式に近いものを導入して「新承認図方式」と称した、と私が見せてもらった当時の社内資料にはあります。

つまり、似たり寄ったりの環境条件の中で承認図方式の運用能力を築いてきたにもかかわらず、トヨタの方がこの方式のもつ競争力効果の本質をすぐに理解し、これを部品のコストダウン・品質アップに結び付ける制度・仕組みを、それこそはるか昔に整備していたわけです。この差が、「進化能力」の差にほかなりません。

トヨタの進化能力を構成する要素

それでは、進化能力とは、具体的にはどのような力のことなのでしょうか。トヨタの人達の日常会話によく出てくる、「横展開」「フォローアップ」といった言葉の中に、この会社の進化能力の本質が示されているように思います。つまりどんな理由であれ、一旦獲得した組織能力はすみやかに全社に横展開し、その定着を確認するフォローアップ作業を怠らないということです。

月並みな言い方ですが、そうした進化能力の背後にあるのは、競争力に関して組織成員が共有するある種の「心構え」なのだろうと思います。

トヨタといえども、一企業が混沌とした「創発」のプロセスそのものを完全にコントロールするのはできない相談です。しかし、組織のメンバーの一人ひとりが、日頃から競争力の向上をめざす持続的な意思を保ち、会社の周りで何事か新しいことが起こったとき、とりあえず「これはわれわれの競争力の向上に役立たないだろうか」と考えてみる思考習慣を共有しておくことはできます。そしてそれが、「進化能力」の本質的な部分なのではないかと考えます。

トヨタは、ある意味でとても官僚的な会社ですが、それは「学習する官僚制」であり「進化する官僚制」です。その点で、例えばライバルのホンダとの違いは興味深いものがあります。

ホンダも学習の速い企業ですが、トヨタとは対照的な組織学習のスタイルに見えます。山登りでいえば、ホンダは常に山の頂上ばかり見ながら登っていくタイプ、つまり「あるべき姿」「夢」「ビジョン」といったものの力で引っ張っていく組織ですが、トヨタはどちらかといえば、足下の山道を見つめながらそこに転がっている「問題」を確実に見つけ、それを踏みしめながら一歩一歩着実に登るタイプです。つまり常に問題発見と問題解決を繰り返しながら改善していく組織です。

どちらも山登りは速いが、カルチャー的には、いわば前輪駆動と後輪駆動というほどの違いがあるような気がします。ここに、都会的なスマートさに力強さが加わってきた日産が再び割って入り、この「和製ビッグスリー」が異なるスタイルで切磋琢磨する能力構築競争が今後も続くならば、日本の自動車産業はまだまだいけるように思います。

とはいえ、どんな会社でも現状に安住することは許されません。自動車産業を見る限り、能力構築競争は終わりなきマラソンという状況です。トヨタのように世界的な標準とみなされる生産ルーチンを確立した企業でさえ、ここ十数年、ものづくりのシステムを刻々と変化させてきました。例えばトヨタの組立ラインには、従業員満足を重視した新しい方式が入り、十年前とは様変わりです。競争のある限り、企業の進化に終わりはないのです。

進化能力を支える「官僚制」

ここで、進化能力に関する重要な論点についてお話ししたいと思います。それは、「官僚制やテーラー主義は、実はものづくりシステムの進化にとって重要な一要素だ」ということです。

私は、企業の進化能力というものについてここ十数年間調べてきたわけですが、その中で分かってきたのは、進化能力にとって重要な点のひとつは、少なくとも「後戻りをしないこと」なのだということです。その先に行けるかどうかは分からないけれども、とにかく、一度つかんだものは離さない。一歩でも前に進むことができたら、そこから後戻りをしない。私は、トヨタに典型的に見られるこうした泥臭い特徴が、実は「官僚制」とか「テーラー主義」というものと密接不可分に結びついているのではないかと考えています。この逆説は、何を意味するのでしょうか。

世の中では、「官僚制」や「テーラー主義」は悪いものだというイメージがあって、特にマスコミはネガティブな捉え方をする傾向があります。しかし、見れば見るほど、「トヨタというのはよくできた官僚制である」し、「トヨタシステムというのはよくできたテーラー主義だ」というように思われるわけです。

そういうと当然、「官僚制もテーラー主義も、保守的で硬直的で、組織の変化を拒むじゃないか」という反論をされることがあるのですが、それは悪しきテーラー主義、悪しき官僚制の話です。例えば一時期のアメリカに見られた、「標準の改訂をしないテーラー主義」だとか、あるいは「標準をつくるエリートとそれに従うだけの現場作業者とが完全に分断されてしまったテーラー主義」だとか、そういうバージョンのテーラー主義は、確かに競争力を失っています。

しかし、テーラー主義が本来重視していた「作業の標準化」という思想そのものは、現代の産業社会を支えるまさに根幹部分となっています。トヨタという会社はまさに「標準化」「文書化」の権化です。工場の現場は作業標準だらけだし、事務棟には業務規定が山のようにあります。ある日のトヨタをスナップショットで見れば、それこそ凄まじい標準化と文書化の塊でしょう。しかし、同じ職場を映画のコマ取りのように長期観察していると、この会社のダイナミックな側面が見えてきます。

つまり一方では、一旦できた作業標準や業務規定はすべて読み込み、必ず守る。しかし、使っていて不具合や改善点が見つかれば、どんどん新しい標準、新しい規定に改訂していく。その改訂は、その業務やその作業のことを一番分かっているその職場の人間が行うのです。

私の知り合いのポール・アドラー南カリフォルニア大学教授は、「トヨタのは並の官僚制ではなくて、学習する官僚制（learning bureaucracy）なんだ。ただのテーラー主義ではなくて、民主的テーラー主義（democratic Tailorism）なんだ」と言っていますが、うまいこと言うなあ、と私は感心しています。

これは、マックス・ウェーバーが本来的な意味で述べている、現代という世界を生き抜くために必要な「官僚制」、しかも一番すごみのある官僚制だということです。私のゼミでも、学生が「官僚制なんてダメだ」とよく言うので、「お役所の官僚制だけを見ているからそうなるんだ。本当の官僚制というのは全然違うんだ。すごみが違うんだよ」と言い続けていたら、最近トヨタに就職する学生が急に増えてきました。

このように、やや逆説的ではありますが、官僚制のすごいやつというのが、進化能力も持っているということになります。ただ、よく考えてみれば、これは当然なわけです。なぜかといえば、テーラーシステムも官僚制も、組織のメモリーを保持するメカニズムなのです。これがないと、後戻りしてしまうわけです。

一橋大学の野中郁次郎先生がかつて指摘したように、進化においては「変異（variation）」「淘汰（selection）」「保持（retention）」のプロセスを経ることになります。そのうちのどれが一番大事かというと、われわれはすぐにバリエーション（変異）に目がいってしまうのですが、実は進化のプロセスで一番大事なのはリテンション（保持）なのです。生物学者でこれ（不変性は合目的性に先行するということ）を指摘しているのがジャック・モノーです（『偶然と必然』〔モノー 1972〕）。

リテンションというのは、一旦つかんだものは離さない、元へ戻らないということですから、一番地味だけれども、これがないと進化が積み重なっていかない。だから、一番大事なものをひとつ選べと言われたら、リテンションだと私は思います。官僚制やテーラー主義を馬鹿にしてはいけないというわけです。

二番目の論点は、「トヨタの真の強みは進化能力にあり、仮にＪＩＴやＴＱＣがなくてもトヨタはトヨタだ」ということです。

これはちょっと乱暴な言い方になりますが、例えばこれからＩＴがどんどん進んでいって、かんばん方式が不要になる時代が来るかもしれません。もし仮にそういうときが来るとしたら、トヨタは迷うことなくかんばんを捨てるだろうと思います。

この会社の競争力の根っこの部分にあるのが進化能力だとすれば、かんばん方式よりも優れたやり方が見つかれば、そちらを取り入れて生産システムを進化させていくはずです。だからかんばんがなくても、ＴＱＣがなくても、やはり「トヨタはトヨタだ」という言い方が恐らくできるのだと思います。

トヨタ自身も、最近ではそのあたりを考えて、「トヨタ・ウェイ」という抽象度の高い言い方でトヨタらしさを伝えていく、あるいは海外に展開していくという努力をしているようです。私は、まさにこのトヨタ・ウェイという言葉の根っこの部分に、進化能力があるのではないかと思っています。

第三の論点は、「現場主義」ということです。トヨタでは何かいいものができたというときに、トップだけがその取捨選択を行うとは限りません。もちろん、トップはどんどんものごとを決めていきますけれども、例えば班長さん、組長さん、工長さんといった現場の人たちがウンと言わないと新しいルーチンが採択されないという、現場主義のセレクション（選択）メカニズムがトヨタにはあります。

つまり、トヨタでは、技術者が「これはいいよ」と持ってきても、現場の人たちがウンと言わないと、ものづくりのルーチンは定着しないのです。ここの部分は、他社と比べた場合にも、微妙な違いがあるような気がします。

進化能力を支える「心構え」

これまでの説明で、進化能力がしぶとい、泥臭い能力だということはお分かりいただけたと思います。しかし、「では一体、その中身は何なのだ」ということになると、私にもまだ分からない部分が多いのです。ずいぶんと調べたのですが、まだ完全に分かりきっていません。これについてはもう一度、組織論のほうから勉強し直さないといけないと思っています。

トヨタという組織について少なくともいえることは、先ほども説明したとおり「横展開」「フォローアップ」という言葉が日常会話に頻繁に出てくるという特徴です。トヨタという企業を見ていますと、「これだ」というものが出てくるまでは時間をかけて皆でワアワア議論するのですが、一旦新しい仕組みが出来上がると、後戻りしないように標準化・文書化したうえで、一斉に横展開していきます。しかも、必ずフォローアップを欠かさない。何かいいやり方が見つかったら「文書化」して、「横展開」して、「フォローアップ」する、この繰り返しを地道に続けていくことが重要なのではないかと思います。

とはいえ、「では、組織能力や進化能力の最も根っこの部分にあるものは何か」ということになると、組織のメンバーが共有するある種の「心構え」としか言いようがないわけです。こんなことを言ってしまうと、「なんだ、これだけ調べて結局それか」ということになってしまうのですが、「心構え」としか言いようがない。最後はこれです。「心構え」。つまり、何かが来たときに必ず、「それはお客さんにとって何なのか」「それは競争力にとって何なのか」と考える、その心構えです。そして、それを行うための基本動作。これが重要なのだと思います。

トヨタを見ていますと、正確な基本動作を最初の段階で徹底的に教えて、あとは分権的に、「自分で問題を探しなさい」というように仕事を進めていく印象を受けます。また、トヨタと文書のやり取りをしていますと、若い人でも非常に丁寧に読むという文化が根づいていることに驚かされます。彼らは業務規定にしろ、人からもらった文書にしろ徹底的に読みます。二〇代のスタッフやエンジニアでも、私の工場取材ノートなどを渡すと「てにをは」まで徹底的に直してきます。

トヨタには徹底的に読むという文化があって、これが「心構え」の背後にある重要な基本動作のひとつになっているのではないかと思います。そして、そうした文化は従業員の一人ひとりに、ある段階で徹底的に教え込まれ刷り込まれている、そういう感じがします。

先ほど私は、「組織能力や進化能力の最も根っこの部分にあるものは何か」という問いに対して、少しあっさりしすぎた結論ですが、「それは心構えだ」と述べました。同じことを一言で述べているのが、ルイ・パスツールの“Fortune favors prepared mind.”という言葉だと思います。これは、私の尊敬する歴史学者、デイヴィッド・ハウンシェル先生に彼の研究室で教えてもらった言葉です。

この言葉は、直訳すれば「幸運は心構えのできた精神に味方する」ということですが、「何かラッキーなことがあるとしても、それはやはり、心構えができている人にしかつかみ取ることはできない。わしは心構えができていたんだ。単なるラッキーじゃない」ということを言っているのだと思います。

これは、まさに組織能力や進化能力についても言えることです。ある新しいやり方や試みというものは、プラスの要素とマイナスの要素が入り混じっているのが一般的です。そうした新しいやり方や試みを始めたきっかけが偶然の産物だった場合、プラスの要素は、日頃からそれを待ち構えている、「心構え」のできた組織でないと見えないし、仮に見えたとしても利用することができないのです。新しいやり方や試みというものは、一つひとつは非常に単純で大して役に立つものではないかもしれませんが、これがたくさん積み重なっていくとすごいことになる、ということではないでしょうか。

何が起こるかまったく分からない状況の中で、よく意味の分からないものが目の前にいっぱい降ってきます。その降ってきたものを見たとき、「これは競争力に使えるだろうか」とか、「これはお客さんのためになるのだろうか」というように、何万人の従業員がみんな考えているとしたら、これは本当に単純な心構えなのだけれども、それの積み重ねが長い間に追いつけないような企業の実力差になって表れる、と考えるべきなのかもしれません。

まず自らの組織能力の再評価を

この章をまとめましょう。企業が「現場発の戦略論」を組み立てるうえでの出発点は、自社が持っている組織能力の特質とレベルを、虚心坦懐に見直してみることです。その際、やはり何かと比べてみないと、自社の位置づけや実力を客観的に把握することは難しいでしょう。しかもどうせ比較評価するなら、とびきりの「強い現場」を持つ企業と比較しなければ意味がありません。

それでは、戦後の日本で「強い現場」を持って世界に君臨した実力企業に共通した競争力の源泉は何であったか。それは、「統合型ものづくりシステム」を動かす組織能力だ、というのが本書の立場です。そうした「統合型の現場」を持つ企業の中でも、飛び抜けた安定性、知名度、影響力をもって「ものづくり経営」の世界に君臨してきたのは、やはりトヨタ自動車です。そこで、この章ではトヨタをベンチマーク（実力の比較分析）の対象として選んだわけです。ただし、ありきたりの浅い分析では意味がありません。どうせなら深く広くやる必要があります。

まず、深く学習するということ。この章では、トヨタをベンチマークするなら、結果として出来上がった仕組みだけではなく、少なくとも「現場の統合能力」「改善能力」「進化能力」の三層を見ておく必要があると主張しました。これは始めると奥が深いですが、とりあえず入口の議論をこの章で展開しました。

次に広く学ぶとは、トヨタ的なシステムを、「統合型ものづくり」という、より広い文脈の中で捉えなおそうということです。自動車産業以外の企業にとって、「トヨタに学ぶ」ということの趣旨は、この会社の研究を通じて「統合型ものづくり」の組織能力を一段高いところにまで引き上げようということです。トヨタの工場が持っているルーチンを、丸ごと引き写すことではありません。

仮に、自社のやり方とトヨタのやり方が違っていたとしましょう。一般には「自社とトヨタの差＝正味の実力の差＋製品の違いに基づく差」ということですから、製品の違いが仕組みの違いにどう影響しているかを正確に把握できないと、結局、埋めるべき正味の実力差は分からなくなってしまうのです。すでに述べたように、私は、日本のものづくり現場の「正味の実力」のばらつきは、まだ非常に大きいと、感じているからです。

郵政公社のようにトヨタのプロに直接現場を指導してもらえば、おのずと「正味の実力差」の部分ははっきりするでしょうが、トヨタのプロの数にも限りがありますから、ほかの手を考える必要があります。つまり何らかの形で、「製品や市場の違いによって統合型ものづくりシステムの内容はどのように異なるのか」ということに関する体系的な研究が必要になります。

実はこうした研究は、まだ始まったばかりです。例えばちょっと宣伝になりますが、私と同僚は二〇〇四年から、東京大学キャンパスの近く、本郷三丁目の角に「東京大学ものづくり経営研究センター」という拠点をつくり、いろいろな業種のものづくりを得意とする企業に集まってもらって、「統合型ものづくり」の様々なバリエーションの研究を始めようとしています。

体育会系の戦略論にこだわろう

組織能力は、簡単に外から買ってこられるものではありません。それぞれの会社が、工夫をし、時間をかけて蓄積していくしかありません。その点、多くの日本企業は、「まず現場の組織能力を磨くのが先、儲けの算段は後」という順番、つまり第2章の図2でいえば、左から右へ考える癖がついているように思います。一方、アメリカや中国の企業は、むしろまず利益から、つまり図2でいえば右から左へと発想する傾向があると感じます。

「組織能力が先」という路線は、「現場は強いが会社は儲からない」というパターンを生みやすいという弱点を持ってはいますが、それが慣れ親しんだやり方だとすれば、無理をしてアメリカ流の「利益が先」路線に転換する必要はないと私は考えます。むしろ、組織能力にさらに磨きをかけたうえで、利益も出る工夫をするというのが、日本企業の歴史や思考パターンに合った自然な流儀ではないでしょうか。

私の考える「現場発の戦略論」は、歴史の流れを大事にするという意味で、あくまでも現場の組織能力を鍛える「体育会系戦略論」にこだわります。そのうえで、現場の力を利益に反映させる算段を考えるのです。そこで必要となる次の道具が、設計思想、つまり「アーキテクチャ」というコンセプトです。次章では、これについて考えてみます。

【第３章解題】

第2章は、競争力論とその応用、特に当時の日産ルノー提携への応用であったが、第3章は「ものづくり組織能力論」、ＣＡＰ産業分析で言えばＣ（ケイパビリティ）に該当する部分である。

私の研究歴を考えてみると、実証分析の重心は「競争力（Ｐ）→組織能力（Ｃ）→アーキテクチャ（Ａ）」の順に積み重なっていったと言える。一九八〇年代前半（三菱総研の社員時代）は、日本の自動車産業の国際競争力が世界的に認知された時代であり、したがって、私の同社での産業調査業務も、多くは国際競争力の測定、特に生産性や品質など「裏の競争力」の国際比較調査であった。

その後、一九八〇年代後半、私はハーバード・ビジネススクールの技術生産管理専攻（ＴＯＭ）で博士論文を書き、師匠のキム・クラーク教授と『製品開発力（*Product Development Performance*）』（Clark & Fujimoto 1991、藤本・クラーク 2004）という本を書いていたが、今から考えれば、これは、インテグラル・アーキテクチャの代表的製品である自動車に関して、開発ケイパビリティ（製品開発組織能力：Capability）と、開発プロジェクトの現場競争力

（開発生産性・開発リードタイム・総合商品力：Performance）、すなわち「C→P」の因果関係を探求する、この研究領域ではおそらく世界初の国際比較研究であった。

当時は、まだケイパビリティ（ものづくり組織能力）という言葉は使っていなかったが、明らかに、このとき行っていたのは、一プロジェクト単位の「ケイパビリティ→パフォーマンス」の因果関係に関する静態的なクロスセクションの比較研究であった。

後から考えれば、日本がバブル崩壊後、「ポスト冷戦期」の経済停滞に陥ったのは、皮肉にも、私が東京大学経済学部に着任した一九九〇年頃であり、この経済停滞期は、私が東京大学経済学部に在籍した約三十年間とほぼ重なる。

いずれにせよ、一九九〇年に東京大学経済学部に着任した私は、「製品開発論」から、工場やサプライヤーを含む「生産システム論」の全体像に実証研究の重心を移し、「生産システムの進化論」の分析を試みた。そして、一九九〇年代後半に、この領域に関する研究成果を日本語・英語の書籍・論文等としてまとめた。そこで私が採用したフレームワークは、生産システム（生産ルーチンの束）の動態的な分析に、システム創発を含む進化論的な分析枠組みを適用することであった。

「産業進化の分析」という私のライフワークは、このあたりで大体の形ができてくる。それは、①定常的に良い設計の良い流れを継続する「静態的ものづくり能力」、②多数の現場改善活動を繰り返すルーチン的動態能力である「改善能力」、さらに、③「意図せざる成功」も含むシステム創発を他者よりも迅速に行う非ルーチン的動態能力である「進化能力」、この三つの組織能力の三層構造として、生産現場の生産システム（ものづくり組織能力）の進化を捉えるフレームワークである。

振り返ると、二〇〇四年の本書の原著発刊までの時期は、製品アーキテクチャの分析を開始しつつ、組織能力論の研究成果をアウトリーチする発信を始めた過渡期であった。

私のものづくり組織能力論は、基本的には進化経済学（ネルソン・ウィンターなど）で論じられてきた「組織ルーチンの束としての組織能力」である。一方、一九八〇年代から一貫して、私のものづくり論は、「生産とは付加価値を担う設計情報の転写である」という発想をベースにしている。このフレームワークにおいて、開発は設計情報の創造、生産は設計情報の直接材料（媒体）への転写、販売はその市場への発信ということになる。こうして、ものづくりを「付加価値を担う設計情報の流れ」で一貫して考えるのが、私のものづくり論であり、ものづくり組織能力論である。

一方、一九八〇年代から二〇二〇年まで一貫して、世界に冠たる「ものづくり組織能力」として世界に認知されてきたのは、「トヨタ生産方式（TPS）」を含むトヨタ的なものづくりシステムであった。私はそれをより一般的に、「統合型ものづくり組織能力」と呼んでいる。要するに「多能的作業者の連携調整能力（チームワーク）に基づく組織ルーチンの束」である。

その具体的な内容については、この第3章で概要を示した。この段階では、私が主に研究していた組織能力は、調整集約的な「インテグラル型アーキテクチャ」の製品を前提とする「統合型・調整型の組織能力」であり、その代表的存在が、トヨタ的なものづくり組織能力だったのである。

第4章　相性のよいアーキテクチャで勝負せよ

1　アーキテクチャとは何か

製品＝設計情報＋媒体

さて、もう一度出発点に戻ることにします。まず現場を強くする、というところから考える本書の立場からすれば、戦略を考える手順は、およそ次のようなことになります。まず第一に、自社の組織能力の特徴とレベルを認識しそれを鍛える。第二に、自社の製品がその組織能力と相性のよい分野であるかどうかを確認し、必要な修正を加え、現場の競争力を確保する。そして第三に、せっかくの現場の競争力を収益に結びつけるための工夫、特に位置取り（ポジショニング）の戦略を考える。

第一のステップは前の章で終わりました。この章では、第二のステップを考えたいと思いまえ方です。そして、そこでの中心コンセプトが、すでに簡単に説明した「アーキテクチャ」という考え方です。

何度も言いましたように、戦略論の基本は「彼を知り己を知る」ことです。言い換えれば、「己」(自社)の持つ強み・弱みと「彼」(外部環境)のもたらす機会・脅威を冷静に把握し、強みと機会を結びつけることです。「現場発の戦略論」もこの基本形を守りますが、特に「己の強み」としてはものづくりの組織能力、「彼の機会」としては設計の基本思想である「アーキテクチャ」に着目します。こうした手順を踏むことで、製品や産業の特性を見極め、得意分野と不得意分野を判別し、「攻めるべきを攻め、守るべきを守る」のです。

私はここ数年、あちこちで「アーキテクチャ」の話ばかりしているので、「お前の話は耳にたこができた」という方もおられるかもしれませんが、何度でも言いたい大事な話と私は信じていますので、この章では、アーキテクチャについてあらためてもう少し詳しくお話ししておきたいと思います。

すでに述べたとおり、アーキテクチャという考え方の出発点は、「およそあらゆる製品は、何らかの設計情報が何らかの媒体(情報を担うもの=メディア)の上にのったものである」という発想法です。図10に描いた、ピカソの「キュービズム」のような絵は、こうした「ものの見方」を示したものです。最近の私には、自動車でもパソコンでも半導体でも工作機械でも、ど

図10　設計情報の循環としてのものづくり

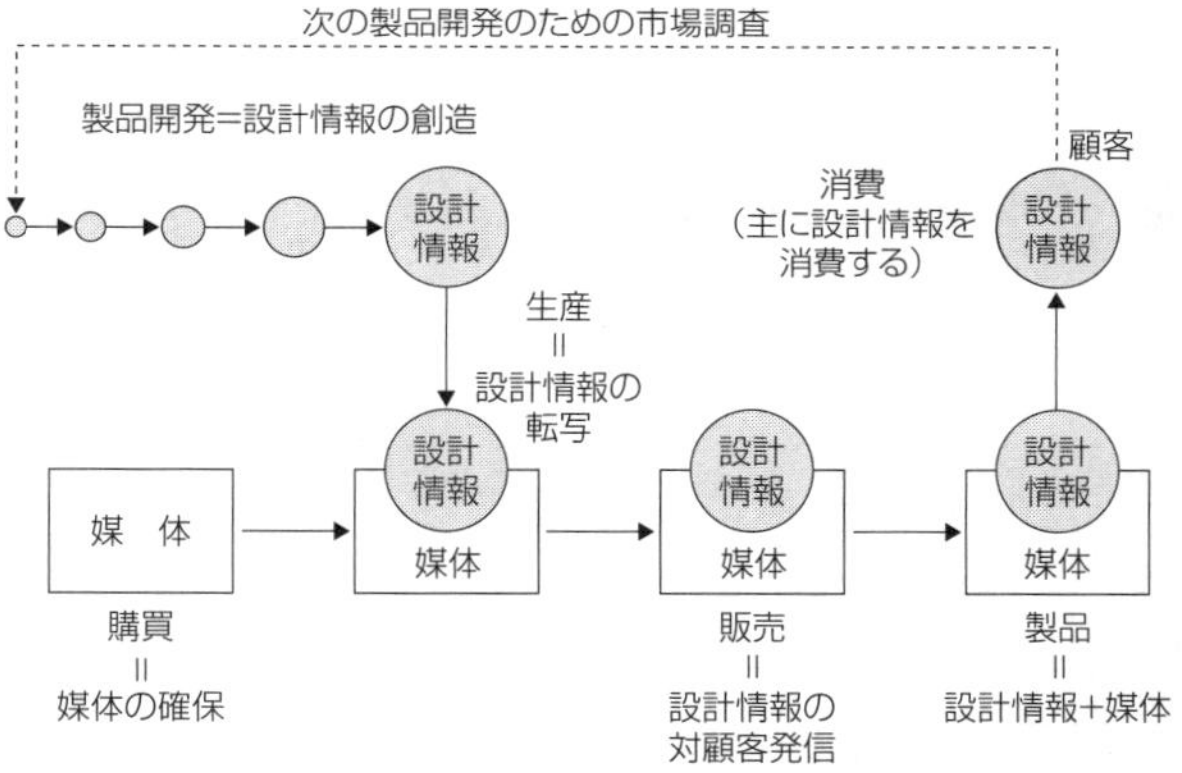

のような製品であってもこの絵のような形に見えてしまいます。

もう一度、この考え方の復習をしておきましょう。図10で「製品＝設計情報＋媒体」と書いてあるとおり、人工物である製品は、設計情報とその設計情報を体化している媒体の組み合わせからなっています。つまり、製品の裏側には必ず設計図があるわけです。その設計情報が金型などを通じて、材料の上に転写されます。この考え方に従うと、図10のように、製品開発とは設計情報を創造することであり、購買とは、媒体である原材料を社外から取り込むことです。そして、生産とは設計情報を工程から素材・仕掛品（媒体）へと繰り返し転写すること、販売は、媒体にのせた形で設計情報を顧客に発信することだと言えます。

例えば、自動車のボディの場合、もともと金型に埋め込まれていた設計情報が、プレスする際に鋼板に転写されることを通じて、外観デザインという設計情報が、例えば厚さ〇・八ミリの鋼板（媒体）に乗り移ります。また半導体製品の場合は、もともとフォトマスクに埋め込まれていた回路設計情報が、露光工程で焼き付けられることによってシリコンウェハに転写されます。あるいは、ファミリーレストランのような接客サービス業であっても、マニュアル上に記載された設計情報が、いったん店員によって吸収され、それが「場の空気」のような無形の媒体を通じて、お客さんに向けて発信されていると考えることができます。

このように、現代の企業が扱うおよそあらゆる製品やサービスは、「設計情報プラス媒体」です。この媒体が形のあるものだったら製造業になり、空気の振動や電波のように無形であればサービス業になります。

しかし、サービス業であろうが製造業であろうが、あるいはデジタルであろうがアナログであろうが、とにかく「設計情報が媒体にのっている」という形式は共通です。つまり、現代の企業が生産し販売する製品・サービスは、ほぼ例外なく、すべてが「あらかじめ設計されたもの」であって、設計情報の存在が製品・サービスの供給に先立っていると考えられます。いずれにしても、顧客が消費しているのは、基本的には設計情報なのです。

これを、従来のものづくり思想と比べてみましょう。従来の考え方でいくと、われわれはどうしても製品のモノの側面、つまり媒体としての側面ばかりを見てしまう。生産管理のような「現場の経営学」も、もっぱらモノの流れを追いかけてきました。むろん、この考え方は間違ってはいないし、有益でもあります。しかし、図10で示したように、人工物としての製品には、「設計情報」の側面もあります。私は、従来のものづくり経営学を補う考え方として、この「設計情報の流れ」にこだわってきたのです。

第3章で説明したように、私は「ものづくりの組織能力」を、「設計情報の流れを追いかける」という形で筋を一本通して理解しようとしてきました。つまり、製品開発の組織能力は「設計情報を上手に創造する技量」ということになりますし、生産の組織能力は「設計情報と媒体を上手に結合し、それを流す技量」ということになります。要するに「ものづくりの組織能力」とは、設計情報を上手に創り、顧客に向けて上手に流す能力、ということになります。

一方、製品特性の側でも「設計情報のなりたち」にこだわってみると、ごく自然にアーキテクチャという考え方に行き着きます。ある製品のアーキテクチャとは、設計者がその製品の設計を、どのような「基本的なものの考え方」で行っているのかを表す概念です。このような、「基本設計思想」というこれまであまり注目されてこなかった判別基準で、産業分類を括り直してみようというのが、アーキテクチャの戦略論・産業論の基本的な考え方なのです。

基本設計とアーキテクチャ

それでは企業の設計者が、何か新しい人工物を基本設計するときに必ず考えることは、どんなことでしょうか。図11を見てください。左側に機能設計、右側に構造設計が示してあります。多くの場合まず第一に、その製品にどんな「全体機能」を要求するかを決めます。製品コンセプトを生み出すのがこの段階です。

例えば往年の名車「ユーノス・ロードスター」の開発リーダーであったマツダの平井敏彦氏は、「人馬一体」、つまり「乗り手の意のままに操れるスポーツカー」というコンセプトで一貫して開発を指揮しました。私が初めて平井さんにお会いしたとき、いただいた名刺にまで「人馬一体」と書いてあったのでびっくりしましたが、それぐらいコンセプトの共有が徹底していました。

次に設計者は、その全体機能を、いくつものサブの機能に展開していきます。例えば自動車であれば、「人馬一体」という製品全体の機能を乗り心地、ハンドリング、動力性能、燃費、デザイン、というように数多くのサブの機能に展開していきます。さらにそれらのサブの機能をサブ・サブ機能に展開するなど、要求機能の階層システム（ツリー構造）をつくっていきます。そして、それぞれの機能属性について、数字やフィーリングで、目標とする水準を決めていきます。これが一般に「機能設計」と言われる段階です。図の左半分にそれを示しました。

図11　アーキテクチャとは何か

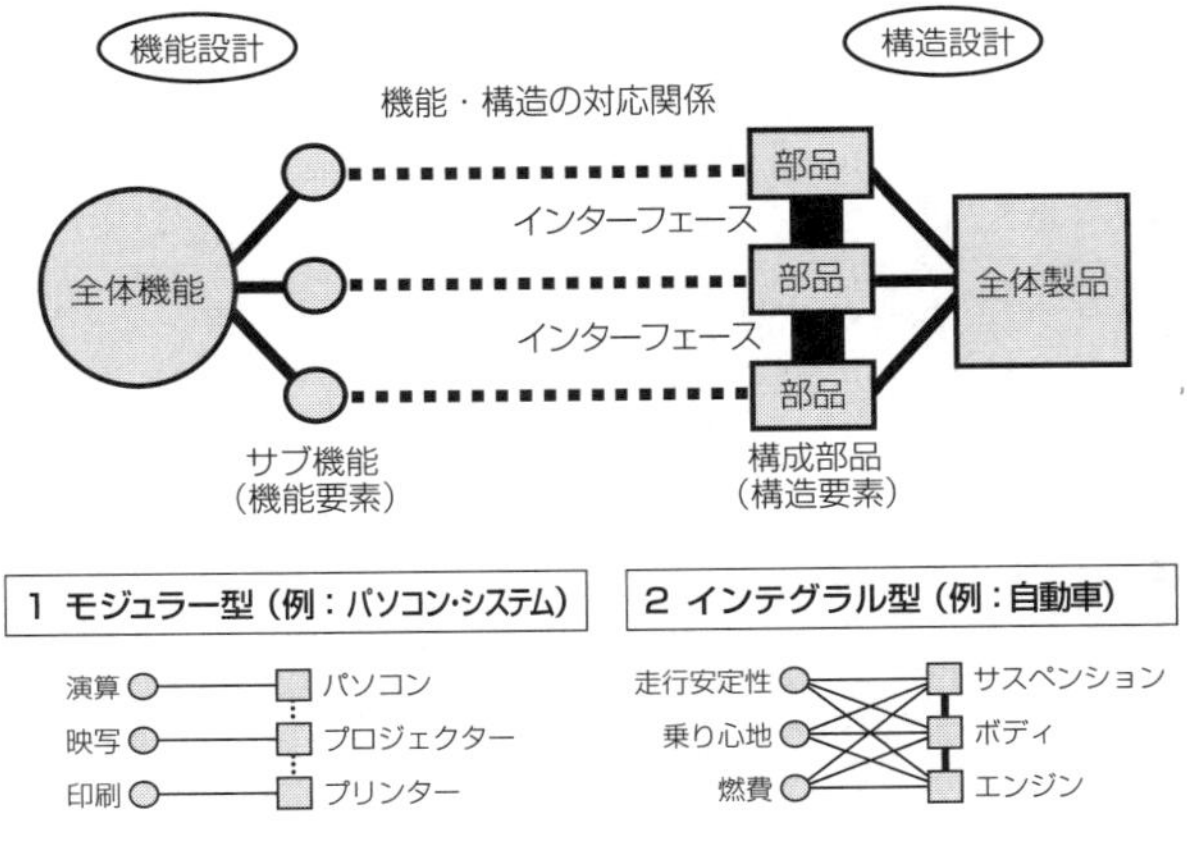

その一方で、各部品の基本形式（例えばサスペンションはストラット式かマルチリンク式かなど）を決め、部品の位置関係を決めるレイアウト図を描き、各部品の結合部分（インターフェース）の設計や外観の形状を決めていきます。これらは、「基本的な構造設計」だといえます。要するに、製品の基本骨格や部品の基本形状などの「おおまかな形」を決める作業です。

これも機能設計と同様、全体から部分へとツリー状に展開され、その結果、部品設計情報の階層システムを示す「部品表」（ＢＯＭ）が生み出されます。図11の右半分にそれを示してあります。

こうした基本設計のプロセスを通じて、「機能設計」によって定義した製品のいろいろな機能を、「構造設計」によって定義されたいろいろな部品に振り分けていくことになります。言い換えれば、製品の全体から部分へと展開された機能要素を、同じく全体から部分へと展開された構造要素、つまり部品の一つひとつに対応させていく、「機能と部品のマッピング」という作業です。図の中央の点線がそれに当たります。

また、製品に要求される機能を各部品に配分することに伴って、当然、部品と部品の間で何らかのエネルギーや情報のやり取りが発生します。そのやり取りを行う接合部分（インターフェース）をどのようにデザインするかという点についても、この段階で決定することになります。

少し抽象的な言い方をすると、基本設計を通じて設計者によってつくり出される「機能要素と構成部品との対応関係（マッピング）」や「構成部品間のインターフェースのルール」に関する基本的な構想、それが「アーキテクチャ」（設計思想）にほかなりません。つまり機能と構造のつなぎ方や、部品と部品とのつなぎ方など、設計要素の「つなぎ方」に関する基本的な「ものの考え方」がアーキテクチャなのです。

第1章で述べたように、製品や工程のアーキテクチャが違えば、産業構造も大きく違ってくる可能性があります。少なくとも日本においては、自転車とオートバイはこのアーキテクチャが全然違うものになっています。あるいはゲームソフトとパソコンソフトは、同じソフトウェアでもアーキテクチャがかなり違います。そして、アーキテクチャが違うのであれば、相性のよい組織能力も、採るべき競争戦略もおのずと違ってくるのではないか、と私は考えます。とりわけ、戦後日本で現場の実力の高さを知られた一群のものづくり企業は、ある種のアーキテクチャの製品に関しては現場が非常に強かったのです。しかし、そうではないアーキテクチャの製品の場合は、それほど強くはなかった。つまり、企業の組織能力と製品のアーキテクチャの間には、ある種の「相性」というものが存在し、それが「ものづくり現場」の強さ弱さに少なからぬ影響を与えていたのではないか、というのが私の問題意識です。

もちろん私は、アーキテクチャを分析すれば何でも分かる、などと乱暴なことを言うつもりはありません。しかし、従来の産業分析・戦略分析の道具に、このアーキテクチャという新しい分析道具を加えると、これまでうまく説明できなかったいくつかのことが説明できるようになるのではないか、ということを指摘したいのです。

2　基本タイプは「インテグラル」「モジュラー」「オープン」「クローズド」

モジュラー型とインテグラル型

それでは、どのような形で製品機能を各部品に振り分けていくべきでしょうか。これのやり方次第で、いろいろなタイプのアーキテクチャがありえます。その中でも特に重要だと、ここ数年われわれ経営学者が考えているのが、「擦り合わせ型（インテグラル型）」と「組み合わせ型（モジュラー型）」という分け方です。

まず「モジュラー型」について説明しましょう。「組み合わせ型」あるいは「寄せ集め型」というふうに私は訳していますが、要するにこれは、機能と部品との関係が限りなく一対一に近く、スッキリした形になっているようなアーキテクチャです（図11の左下）。つまり、それぞれの部品つまりモジュールが自己完結的な機能を持っているため、あらかじめ別々に設計しておいた部品を事後的に寄せ集めて製品を組んでも、全体として立派な製品になる。そういう設計思想を、われわれは「モジュラー型アーキテクチャ」と呼ぶわけです。

こうしたタイプの製品では、部品と部品をつなぐ結合部分（インターフェース）は比較的単純なものでも間に合うので、あらかじめシステムの全体構想の中で、インターフェースの形状や、そこを流れる情報の形式（プロトコル）を、社内共通、あるいは企業をこえた業界共通の形で標準化することが可能になります。そうしたインターフェースのルールさえきちっと守っておけば、あとは、お互いに会ったこともない設計者が別々に部品を開発していても、それらの部品は物理的にも機能的にもちゃんとつながり、全体としてまともな製品をつくることができます。

例えば、おもちゃのレゴがそうです。レゴのピースは、「つなぎ」のところの凸凹が共通ですからレゴ社のピースはどれでもつながるわけです。ちなみに、私の恩師である土屋守章先生は、今から三十年近くも前に「レゴ方式」という言い方で、モジュラー型アーキテクチャのパワーについて語っておられました。そのころは何の話かよく分からなかったのですが、今考えるとすごい洞察だと、わが師ながら感服します。

それからパソコンや自転車、あるいは第1章で説明したシステム・コンポーネント・ステレオやある種の工作機械なども、すでに設計済みのモジュールや部品の事後的な寄せ集めがきくという意味で、一種の「モジュラー型」です。新金融商品などでも、「キャッシュフローに関するお約束の自在な組み合わせ」だと考えれば、実はかなりモジュラー的なところがあると言えます。

これに対するのが、「インテグラル型」です。私は「擦り合わせ型」と訳していますが、こう訳してみると微妙にニュアンスが違ってくる感じもします。インテグラルという機能的な言葉と違って、この訳語には、日本の現場が得意としてきた「絶妙に呼吸の合った連携」のようなイメージが付け加わるからでしょう。いずれにしても世の中には、モジュラー製品とは違う、機能と部品との対応関係が非常に錯綜している製品があります。

実は、自動車がそうです。例えば、自動車の大きな機能のひとつに、騒音や振動や路面の衝撃吸収といった「乗り心地」系の機能があります。それでは車の乗り心地のよさを達成する、機能完結的な「乗り心地部品」なるものが存在するかといえば、残念ながらそれはありません。むしろ、タイヤ、サスペンション、ショックアブソーバー、ステアリング、ボディ、エンジン、トランスミッションなど数多くの部品の間で、設計パラメータをきめ細かく相互調整した結果としての微妙なバランスが、トータルシステムとして車の乗り心地を実現するのです。したがって、ねらった乗り心地を実現しようとすれば、多くの部品をそのために一から設計し直さねばならないのです。

同様に、「走行安定性」という製品機能は何で決まるかといえば、これも「走行安定性部品」などというものはなく、やはり、ステアリング、サスペンション、タイヤ、ボディ、エンジン等々の設計パラメータ間の全体的なバランスに依存します。さらに言うなら、ボディやエンジンやシャシー部品は、燃費や動力性能、その他多くの製品機能にも深く関係します。

つまり、自動車における機能と部品の対応関係は、モジュラー製品のようにすっきりした「一対一」に近いものではなく、「一対多」（ひとつの機能をたくさんの部品が支えている）であり、また同時に「多対一」（ひとつの部品がたくさんの機能に貢献する）でもあります。ということは「多対多」の関係ということであり、機能と部品の対応関係を線で示すなら、それはスパゲッティのようにこんがらがった、複雑きわまりない図となってしまいます（図11の右下）。

こうなると、機能×部品の連立方程式を解くようなものですから、モジュラー製品のように、見ず知らずの技術者が別々に設計した部品をあとから寄せ集めてもまともな機能の製品ができる、というわけにはいきません。結局こうしたタイプの製品の場合、多くの人間や企業がチームを組んで、例えば大部屋に集まり、全員一丸となって開発し、数多くの部品を一つひとつその製品専用にあらたに最適設計することで、初めてまともな製品が出来上がることになります。こういう設計思想の製品が、「インテグラル型」すなわち「擦り合わせ型」の製品なのです。

このタイプの製品の典型としては、乗用車の他には先進国の高級オートバイがありますが、小型化・薄型化を進めているタイプの家電製品や、一部のゲームソフト、胃カメラのように極端に繊細な性能を要求する精密機械製品などが挙げられます。

また、機械系に限らず、生産設備の制御パラメータを相互に調整して、きめ細かい一貫品質管理を行う必要のあるプロセス産業財、例えば自動車ボディ用の防錆鋼板や家電用の電磁鋼板、液晶用のガラス、あるいは半導体材料のような機能性化学品も、工程設計のアーキテクチャが擦り合わせ型だという意味で、こちらのグループに含まれるでしょう。

クローズド型とオープン型

インテグラルとモジュラーという基本分類に加えて、もうひとつ重要な分類は、「オープン」

と「クローズド」の区別です。先程説明しました「モジュラー型」(組み合わせ型)の場合、すでに誰かが設計した部品を寄せ集めてもまともな製品が成立すると書きましたが、同じモジュラー型の製品でも、自分の会社の中で基本設計した「社内共通部品」ばかりを寄せ集めて製品にする場合と、異なる会社が別々に基本設計した「業界標準部品」を寄せ集めてもまともな製品になる場合とでは、ずいぶんと様子が違ってきます。

前者は、ある企業の中で「寄せ集め設計」の輪が閉じている、という意味で「クローズド(closed)型」といいます。部品のインターフェース(つなぎ方)は基本的には社内でしか通用しない形になっており、したがって、事後的に使い回しされるのは、もっぱら社内共通部品です。

これに対して後者は、「寄せ集め設計」の輪が多くの会社に対して開かれている、という意味で「オープン(open)型」と言います。この場合、部品のインターフェース(つなぎ方)は、文字通り「業界標準」としてオープンになっており、したがって事後的な使い回しの対象は、企業の壁を超えて共通化された「業界標準部品」とか「汎用部品」などと呼ばれるものです。こうしたアーキテクチャの製品の場合、あるモジュールや階層に特化した専門店みたいな企業が水平分業のネットワークを組むような産業構造が可能になります。

ちなみに、オープン型アーキテクチャの戦略分析では、慶応義塾大学の國領二郎さんが日本を代表する論客の一人です（『オープン・アーキテクチャ戦略』〔國領1999〕）。彼は「日本はオープン型を使いこなす知恵と能力をつけて苦手を克服しなければいかん」と言います。「とりあえず得意技の擦り合わせで勝負するのが先決だ」という私とは正反対の主張のように見えますが、実は、どっちを先に言うかの違いであり、アーキテクチャという基本的なものの考え方は、國領氏も藤本もほとんど一緒といってよいでしょう。

以上をまとめると、アーキテクチャが「インテグラル」か「モジュラー」かという軸と、「オープン」か「クローズド」かという軸をかけ合わせて二×二のマトリックスを考えることができます。当然、セルは四つありますが、これまで説明した私なりの定義に従うならば、「インテグラル型」は社内で基本設計が閉じているという意味ですべて「クローズド型」に属しますから、結局、「オープン・インテグラル」というセルは理屈の上では存在しないことになります（これは定義次第で、異論のある方がいらっしゃるかもしれませんが）。したがって、図12で示したように「オープン・モジュラー」「クローズド・インテグラル」「クローズド・モジュラー」の三つの基本タイプが出てくることになります。

まず、右下の「オープン・モジュラー型」のセルです。図で示したように、私の定義ではオープン型はモジュラー型に決まっていますから、これは単に「オープン・アーキテクチャ」と言ってもいいわけです。実際、私はこの二つの言い方の区別をしません。厳密な測定は今後の

図12　アーキテクチャの基本タイプ

	インテグラル（擦り合わせ）	モジュラー（組み合わせ）
クローズド（囲い込み）	**クローズド・インテグラル型** 自動車 オートバイ 軽薄短小型家電 ゲームソフト　他	**クローズド・モジュラー型** メインフレーム 工作機械 レゴ　他
オープン（業界標準）		**オープン・モジュラー型** パソコン・システム パソコン本体 インターネット製品 自転車 ある種の新金融商品　他

課題ですが、汎用部品の比率など簡単な判断基準で分類するなら、パソコン、パソコンシステム、自転車、インターネット、それから前に説明したシステム・コンポーネント・ステレオなどがこのセルに入ってくるはずです。

例えば自転車の場合、シャフトの形など接続部分（インターフェース）の設計に関して業界標準ができているので、シマノのギア・コンポーネントを持ってくれば、それはプジョーの自転車にも付くし、ジャイアントの自転車にも付くし、他の自転車にものっかります。

パソコンのシステムも同様です。例えば、デルのパソコンとキヤノンのプリンターとエプソンの液晶プロジェクターであっても、ＵＳＢという業界標準の接続端子とその通信手順（プロトコル）さえ守っていれば、たいていはプリントもできるしプロジェクターも動きます。さらに、パソコンの本体そのものも業界共通の汎用部品をたくさん使っており、その代表選手がインテルのチップだったりマイクロソフトの基本ソフトだったりします。

いずれにしても、接続部分が業界標準インターフェースになっているので、それぞれの会社が自由にものを開発し、それを持ち寄ってつなげると、それでひとつの製品ができてしまう。こういう設計思想の製品が、ここで言うオープン・アーキテクチャの製品です。

その対角線上にあるのが、左上の「クローズド・インテグラル型」です。これも、先の定義でいけば、「インテグラル」は「クローズド」に決まっていますから、単に「インテグラル型」とか「擦り合わせ型」といえばいいわけです。

大雑把に分類するなら、ここには、乗用車、高級オートバイなどが入ってきます。小型化・薄型化・軽量化をどんどん進めているタイプの電子機器や家電製品もここに入るでしょう。胃カメラのように、きわめてデリケートな製品ですべての部品を最適設計しないといけないものもそうでしょう。ソフトウェア製品の中でも、近年モジュール化の進んだパソコンのパッケージソフトなどに比べると、日本企業が比較的得意とする、家電製品用の半導体などに仕込まれる「組み込みソフト」や、一品一様の受注ソフトウェア、あるいはプレーの「流れ」を重視するゲームソフトなどは、相対的に「インテグラル」寄りでしょう。

最後に右上の「クローズド・モジュラー型」、つまり、社内共通の部品やモジュールをうまく組み合わせて製品を組むタイプには、ＩＢＭの名機「３６０シリーズ」以後のメインフレーム

（大型汎用）コンピュータや、ヘッドやテーブルをあれこれ組み合わせる工作機械などが入ってきます。その他、先ほど例に出したおもちゃのレゴなどもそうです。レゴはピースを組み合わせれば、お城でも海賊船でも何でもできてしまうというモジュラー性の高いブロック玩具ですが、レゴに他社のピース、例えばダイヤブロックはつながりません。ですから、モジュラーではありますがクローズドなのです。

アーキテクチャを測定する

大きく言えば、以上挙げた三つが、アーキテクチャの基本型ということになります。とはいえ、ここまでは、あくまでも概念上の話です。実際にある製品が「擦り合わせ型」なのか「組み合わせ型」なのかを区別しようとすると、なかなか難しいものがあります。

そもそも、擦り合わせか組み合わせかという、白か黒かの二分法は、この概念を分かりやすく説明するための簡便法であり、実際には、「完全にインテグラル」と「完全にモジュラー」という両極端を結ぶ線（いわばスペクトル）の上にいろいろな製品が並ぶと考えるのが、より正確でしょう。つまり、「擦り合わせ度」「モジュラー度」といったものを実際に測定しなければ正確な議論はできないのです。しかし、今はそうしたアーキテクチャの測定方法が確立していないので、とりあえずは「あれは擦り合わせ、これはモジュラー」と総合的な判断に頼りつつ分類しているのです。

ただ、非常に粗っぽい目安として、例えば「トヨタも日産もホンダも、誰でも使えるような汎用部品は部品全体の何パーセントありますか」「トヨタの中でのみ通用する社内共通部品は何パーセントありますか」「この製品にしか使わない専用部品（特殊設計部品）は何パーセントありますか」という具合に、付加価値や部品点数で測った部品のタイプ別の比率を尋ねてみると、ある程度はその製品のアーキテクチャの基本タイプがどれなのかが分かります。

もし「クローズド・インテグラル型」の製品であれば、一つひとつの部品を最適設計していかないとトータルなシステムとしてのパフォーマンスが出ないわけですから、モデル専用部品の比率が高めになるはずです。逆に、もし「オープン・モジュラー型」の製品であれば、一つひとつの部品は異なる会社がすでに開発済みの部品を「寄せ集め」てもいいわけですから、汎用部品の比率が高めになるはずです。さらに、「クローズド・モジュラー型」であれば、同様の理由で社内共通部品の比率が高くなるはずです。

厳密に言うと、それぞれの部品は、「本体部分」つまり機能を発揮する部分と、その部品と他の部品をつなぐ「接続部分」（インターフェース）、例えばコネクター、シャフト、ホース、ボルト、取り付け金具などに分かれます。自動車部品などを見ると、本体は製品ごとに専用だが取り付け部分は業界共通であるような部品、例えば工場装着のタイヤのような製品があります。日本でも会社によっては、タイヤ本体の材質や表面のギザギザ（トレッドのパターン）はモデルごとに特殊設計していますが、タイヤとホイールのインターフェース（ボルト穴の位置と形状など）は業界標準です。

逆に、オルタネータ（発電機）のように成熟化した電装部品は、事実上本体は汎用部品に近いのですが、部品のひしめき合うエンジン・ルームの中で、どの位置に取り付けるかを細かく決める必要があるため、取り付け部分は製品ごとに異なってきます。つまり、専用・汎用と言っても、部品本体の専用度・社内共通度・業界標準度と接続部分の専用度・社内共通度・業界標準度は違っている可能性があります。つまり、正確にアーキテクチャを測ろうとすると、実は一筋縄ではいかないのです。

われわれの研究グループは、実際にある企業の製品開発部門の奥深くに何日間か入れてもらい、何百とある部品の一つひとつについて、本体や接合部分が特殊か共通かを担当の設計者の皆さんに判断してもらいました。これを集計すれば、いわば平均値としてその製品の「インテグラル度」「モジュラー度」「オープン度」などが分かるはずです。ところが実際に測ろうとすると、製品をいくつに分けてからカウントするか、どのぐらい形が似ていれば「共通」と判定するのかなど、頭の痛い話がいろいろと出てきます。

例えば自動車などは、基本的なサブシステム（例えば空調システム）にまで分ければ数十、機能部品（例えばコンプレッサー）にまで分ければ千の単位、さらに修理マニュアルに載っているような子部品のレベル（例えばコンプレッサーのシャフト）まで分ければ一万、ボルト、ナットまで完全に分ければ二万から三万となります。そして、どこまでばらしてアーキテクチャを測定するかで結果の数値は違ってくるのです。

このように、厳密にやりはじめるときりがないのですが、大雑把に部品のタイプ別に比率を取れば、いわば平均値としての大雑把なアーキテクチャ測定は不可能ではありません。実際に日本の乗用車について汎用部品比率を調べてみますと、この数値は一〇％以下、恐らくは五％前後におさまります。

これがテレビなどの家電になると、ある大手メーカーの試算では汎用部品比率は三〇％ぐらいの数字になります。コピー機なども、三〇％ぐらいのようです。これが自転車やパソコンになると、汎用部品の比率は付加価値ベースでは五〇％を超える数字になるでしょう。つまりパソコン、一般家電、自転車という順に「擦り合わせ度」が高くなり、逆に言えば「組み合わせ度」が低くなるというわけです。

何度も言うように、いざ本気でアーキテクチャを測定しようとすると、非常に苦労が多いのですが、アーキテクチャの戦略論や産業論を実用性のある社会科学に育てていくためには、産官学が連携して、ぜひともアーキテクチャ測定の体系を整えていく必要があります。それが今後の大きな課題です。

このように、アーキテクチャという考え方は、小さな話から大きな話まで幅広く使える、とても便利な分析ツールですが、それだけに目的に合った道具を揃える必要があります。例えば現場の技術者が実際に設計をする際に、製品をどこで分割し、どこを一体化し、どの部品を共通化し、どの接合部分を標準化し、逆にどの部品を製品ごとにカスタム化すればよいか、などといった超ミクロ的な設計分析にも使えますが、そこで使う「ミクロ・アーキテクチャ分析」の道具は、当然非常に精密なものになります。一方、「日本企業は、どんなアーキテクチャの製品で国際競争力を持ってきたのか」といったマクロに近い産業分析にも、アーキテクチャ論は使えるわけです。恐らくそこでは「大きく言って自動車はインテグラルか、パソコンはオープンか」というように、大雑把な集計値としてアーキテクチャを論じることになります。

このように分析目的と分析道具を合わせないと、カッターナイフで大木を切ったり、斧で鉛筆を削ったりすることになりかねません。この本では、主に産業論という大括りなレベルでの産業論を中心に考えていくことにします。

3　アーキテクチャの産業論——いくつかの事例

ここまで見てきたように、アーキテクチャという発想による分類は、既存の産業分類とはかなり異なるものです。これまでの産業分類では同じか近い分類になる二つの製品が、実はアーキテクチャ的にはまったく異なるということもあるし、逆にこれまでの産業分類でいえばまったく無関係なところにある二つの製品が、実はアーキテクチャ的には非常に似通っているということもあります。

だから私は、「設計」というコンセプトから始める「現場発の戦略論」の立場から、既成の産業分類を一旦忘れ、虚心坦懐に各々の製品のアーキテクチャを見直し、そこから新しい産業分類を組み立てるべきだ、と提案しているのです。次に、いくつか具体例を挙げて説明しましょう。

古典的な例——IBMとコンピュータ

業界を牛耳ってきた「チャンピオン企業」が突然没落することがあるのはなぜか。このテーマに対して、内外の多くの経営学者がここ二十年ほど、答えを探してきました。コアの技術が革命的に変化するとき、古い技術にしがみついていた既存会社はだめになる、というのがひとつのパターン。真空管からトランジスタへ変わったときがこれでしょう。また、既存の大口顧客に密着しすぎて、新世代のニーズを見る目が曇った、というハードディスクなどで起こった話もひとつのパターン。しかし、コア技術の転換よりむしろ、アーキテクチャが大きく変わるときのほうが、チャンピオン企業は足をすくわれやすいのではないか、という、もうひとつの有力な説があります。アーキテクチャはまさに「基本的なものの考え方」ですから、古いアーキテクチャに組織ごとどっぷりつかった企業は、頭の切り替えが難しいわけです。

恐らく、「アーキテクチャの激変とチャンピオンの危機」というテーマに関して、近年において最も劇的で有名な例は、一九九〇年代はじめのＩＢＭの物語でしょう。

メインフレームの大型汎用コンピュータでは不沈戦艦のように言われ、絶対に倒れることはありえないと思われていたＩＢＭでしたが、九〇年代のはじめごろ、大きな危機を迎えます。よく知られるように、その原因は、いわゆるパソコン時代の到来、つまりダウンサイジングでした。

それは単に箱が小さくなったというだけではなく、ドル箱製品の設計思想が、クローズドのメインフレームから、汎用部品の寄せ集めでできてしまうオープン・アーキテクチャのパソコンに劇的に変わってしまったということです。

ＩＢＭという会社は、戦後日本の優良企業とちょっと性格が似たところがありました。それは、もともとシステム全体の知識を幅広く持ち、その「インテグレーション（統合）」を得意としていたということです。確かに六〇年代、ＩＢＭ３６０の時代には、コンピュータのアーキテクチャをモジュラー化するという画期的なイノベーションを仕掛けますが、それでも基本設計はＩＢＭの中で完結する、というクローズド・アーキテクチャは維持されたのです。これは、すべての領域で分厚い技術資源や販売資源を持つことで競争相手を圧倒する巨人ＩＢＭの組織能力と、まさに相性のいいアーキテクチャだったのです。

ところが、それが通用しなくなりました。「ＩＢＭの中で基本設計を完結させ、総合力で勝負だ」という製品だったはずのコンピュータの主役が、オープン・アーキテクチャのパソコンに変わってしまったのです。こうなってしまうと汎用部品の寄せ集めで、つなぎ方のルールは業界共通ですから、その設計ルールさえ知っていれば、誰でも飛び込んで部品やモジュールを開発して勝負することができます。

このように設計思想を変えられてしまうと、まとめ能力を誇っていた会社は、大きすぎて動きが重たいということになってしまいます。「ＩＢＭというデパートには何でもあるぞ」とやっていたところへ、シリコンバレー系の「専門店」がゾロゾロ出てくる。お客の反応も「よく見ると専門店のほうが商品がいいぞ」ということになり、どんどん専門店にお客を取られる。その中で、専門店のチャンピオンであるインテルやマイクロソフトなど、シリコンバレーの専門企業が活躍したということです。ＩＢＭが遭遇したのは、そういう「アーキテクチャの大転換が起こった」状況だったのです。

その後のＩＢＭ復活についてはあとでまた触れますが、簡単に予告しておくなら、最初は「製品がオープン化したのなら、うちの組織もオープン化だ」とばかり分社化に走りましたが、次に来たガースナー社長は、「逆だ。うちの組織は総合力が強いのだから、それが活きる製品で勝負すべきだ。それはソリューション・ビジネスだ」と路線を転換して成功したのです。これ自体、製品アーキテクチャに組織能力を合わせるべきか、組織能力に製品アーキテクチャを合わせるべきか、という大事な話につながるのですが、それはあとにしましょう。

オートバイと自転車のアーキテクチャ

高級な機種のオートバイは、モデルごとに部品が最適設計されています。自動車の場合は、車体の中に隠れている部品があるので、例えばプラットフォーム（車体の床の部分）やエンジン系の部品を社内のいくつかのモデルで共用化するなど、いろいろと工夫の余地があります。実際、ここ十年ほどの日本の新型モデルは、平均すれば四〇％ぐらい社内共通部品を使っていると推定されます。

ところが、オートバイはほとんど全部の部品が外から見えてしまうので、それだけデザイン的にも重要な要素になります。したがって、製品全体のデザインや機能のバランスを考えると、それぞれの部品を個々のモデルごとに最適設計しなおす必要が、どうしても大きくなります。つまり高級タイプのオートバイは、ある意味では自動車以上に擦り合わせ寄りの製品だったわけです。

特に、オートバイのT型フォードともいえる、「スーパーカブ」というモデルで世界一のオートバイメーカーになったホンダは、二輪では一九六〇年代ごろから、ほとんどすべての部品をモデルごとに最適設計し直す、という徹底した「擦り合わせ路線」を一貫して追求してきました。

ちなみにこの考え方は、当時のホンダの設計カルチャーともいえ、同社の四輪車の設計にも大きく影響を与えていました。ライバル他社と比べても、八〇年代ごろのホンダの乗用車は、モデルチェンジごとにエンジンもトランスミッションも一新するなど、極端に「擦り合わせ」寄りの設計をしていたのです。しかし、この路線はあまりに巨額の設備投資を要するため、一九九〇年ごろに行き詰まり、結局、ホンダといえども四輪では、部品やプラットフォームの共通化を意識した開発をするようになります。

一方、オートバイと形がよく似ていますが、自転車はオープン・モジュラー寄りの製品です。部品間のインターフェースは、業界レベルでかなり標準化していますので、いろいろな自転車部品メーカーが別々に開発してカタログにのせて販売している部品を、街の自転車屋さんや自転車愛好者の皆さんが寄せ集めても、立派なマウンテンバイクやロードレーサーを組み立てることができます。

つまり、アーキテクチャ的には高級オートバイとはまったく逆で、自転車は電話一本のバーチャル・カンパニーでもビジネスが可能です。例えば、部品メーカーに電話して、標準部品をカタログ発注する一方、委託組立業者にそれを持ち込んで組み立てさせ、さらにスーパーマーケットに電話して、「うちで千台組むので、おたくで売りませんか」ともちかけることもできます。

その意味では、自転車はパソコン的です。実際に日本でも、生産機能を持たない、商社的な「自転車メーカー」はかなりたくさんあるようですし、街の自転車屋さんも「自転車組立業者」とみなすなら、日本にはそれこそ数えきれないほどの「自転車メーカー」が存在することになります。実質三、四社の寡占メーカーしか存在しない日本のオートバイ業界とは、業界構造からしてまったく異なるわけです。

むしろ、自転車業界の構造は、アーキテクチャのよく似たパソコンのそれと似ています。自転車業界には、パソコン部品の雄であるインテルとよく似た会社があります。ギア・コンポーネントのシマノです。シマノのギアは、世界中の自転車メーカーに使われています。まさに、「インテルはいってる」ならぬ「シマノはいってる」状態を実現しているのです。

こういった「業界標準化した中核部品」は、自動車にもオートバイにもほとんどありません。例えば、ヤマハのオートバイのフレームにホンダのエンジンを積むということも、トヨタのボディに日産のエンジンを積むということも、日本ではまずありえません。もっとも、第6章で見るように、実は今の中国ではありえる話なのですが……。

半導体のアーキテクチャ

次に、機械以外の製品を少し見てみましょう。例えば半導体。私は半導体の専門家ではありませんが、アーキテクチャという眼鏡をかけて眺めてみると、半導体という製品は、まさに「設計情報の転写」という考え方がぴったりくる製品だと感じます。

あるシステムや製品が要求する演算や記憶とかいった「機能」を実現する電子回路の「論理設計」をまず行い、それを具体的なトランジスタや抵抗の配置と配線を示す「物理設計」に翻訳し、それをシリコンの小片に浮世絵版画のように何枚も重ね、シリコンチップという媒体に「転写」するわけです。

とすれば、転写される半導体設計のアーキテクチャは、転写を行う製造工程のアーキテクチャは、開発プロセスのアーキテクチャはどうなるのか、という話になります。このあたりの詳細については、半導体産業論屈指の論客である、アマコア社日本法人社長の三輪晴治さんが論文や本を書いていますので、そちらを参考にしていただきたいと思います（例えば、『ビジネス・アーキテクチャ』〔藤本・武石・青島編2001〕、第3章の三輪論文）。

第一に、半導体の「製品設計のアーキテクチャ」について考えてみましょう。もともとはバラバラのトランジスタを一つひとつ基板の上にハンダ付けしていたわけですが、それがICになり、LSIになるうちに、一枚のシリコン・チップに一気に転写するトランジスタの数が膨大になってきました。

最近では「システム・オン・チップ（SoC）」といって、一般の演算機能（マイクロプロセッサ）から記憶機能（メモリー）、特殊な論理演算機能（カスタムロジック）、出入力、信号処理機能まで、システム全体を制御するいっさいの機能をワンチップに焼き込むものも増えています。そうなってくると、半導体の設計そのものが、いわば機能部品の設計図に当たる「IP」（インテレクチャル・プロパティ：回路設計ブロック）をつないだ組立製品のようなものに見えてきます。

しかし専門家の話を聞いていると、これまでの半導体の設計というのは、職人肌の設計者がそれぞれの流儀と物差しと道具で描いていく、かなり属人的な設計情報だったようです。「部品

＝ＩＰ」のつなぎ部分は、非常に錯綜していた。いろいろな人がつくったＩＰを持ち寄ればちゃんとつながって全体が組める、という話にはなっていなかったし、機能部品（ＩＰ）の再利用などという話も、かけ声ばかりでなかなか進まなかったというのです。

つまり、少なくとも半導体設計の中身に関しては、モジュラー化は進んでいなかったということです。

これに対して、ＩＰのつなぎ方の業界標準を確立して、システムＬＳＩを一気にオープン・アーキテクチャにしようという「バーチャル・ソケット・インターフェース構想」というのも九〇年代に出てきましたが、実際にはそう簡単にはいかないと前述の三輪さんも指摘しています。

第二に、「製造プロセスのアーキテクチャ」があります。電子回路設計をシリコンに転写する半導体製造の工程そのものは、露光や蒸着、薄膜形成など、「転写装置」である半導体製造装置がつながった生産ラインになっています。特にメモリー半導体の代表選手であるＤＲＡＭの上流工程などは、本質的にプロセス産業です。したがって、プロセスの設計思想である工程アーキテクチャがポイントです。

この観点から、例えばＤＲＡＭの生産工程を見た場合、製造装置の中に技術が埋め込まれているため、出来合いの製造装置の寄せ集めでもねらった機能の半導体がほぼできるといわれています。だとすれば、装置の間で微妙な相互調整を行うというような、日本企業が得意なチームワーク型ものづくりの技があまり活きてきません。その点で、かなりモジュラー的な工程アーキテクチャといえます。それもあってか、本社の戦略的意思決定力や資金力や度胸で日本企業に優る韓国の三星（サムソン）電子は、DRAM参入後ほぼ十年で天下を取ったわけです。この点は、パソコン用の汎用液晶の場合も（DRAM程には工程モジュラーではないが）事情は同様のようです。

こうして見ると、半導体というのは、どうも二つの顔を持っているようです。製品設計という点では組立製品の顔、工程設計という点ではプロセス産業の顔が前面に出てくるのです。そのため、「半導体は擦り合わせですか、モジュラーですか」と聞いたとき、その人が製品アーキテクチャ、つまり部品の寄せ集めの度合いを考えているか、あるいは工程アーキテクチャ、つまり設備の寄せ集めの度合いを考えているかで、答えがずれて、話が混乱することがあるのです。

先日も、ある技術者の集まりで「DRAMはモジュラーですよね」と私が言ったら、その道の技術者に「冗談じゃない、あれは大変な擦り合わせ設計だよ」と怒られてしまいました。私は「モジュラー的な工程アーキテクチャ」、その技術者は「擦り合わせ的な製品アーキテクチャ」を考えていたわけです。

第三に、「開発プロセスのアーキテクチャ」があります。そもそも半導体の場合、元来は一社が論理設計から製造まですべて抱え込んでいたのですが、モジュラー指向の強いアメリカという土壌の中で、徐々に企業間分業が進みました。論理設計を行うユーザー企業と、物理設計と製造を行う半導体メーカー、半導体製造装置のメーカー、半導体設計ツールの会社と順次分かれていき、最後に、半導体製造専門のファンドリーと設計専門のファブレスまで分かれて、九〇年代には、アメリカ得意の、専門企業が仕事を受け渡していく水平分業体制ができたといわれています。

ところが、半導体の集積度が上がって配線の幅が〇・一ミクロン、つまり百ナノメートルに近づくにつれて、製造可能性や配線の相互干渉が、論理設計に影響するようになってきました。つまり、工程設計やレイアウト設計の制約をあらかじめ考えないで論理設計をやってしまうと、出来上がった現物が信号遅れや混信などでうまく作動せず、結局は設計のやり直しに追い込まれてしまうのです。自動車のような複雑なメカ製品の開発では、これは当たり前のことですが、半導体の場合も、集積度が上がったら、また自動車のように開発プロセスの各ステップ間の擦り合わせが必要になってきたわけです。

そうなってくれれば、分業路線できたアメリカや台湾に代わって、擦り合わせが得意な日本の出番だ、と張り切りたいところですが、少し気になることがあります。これは三輪晴治さんも指摘することですが、そもそも日本の半導体ビジネスは、八〇年代以降、「統合型ものづくり」の組織能力をしっかり鍛えてきたのか、という素朴な疑問です。どうもそうではなかったのではないか、という不安があります。

自動車などと違い、日本の半導体産業は、日本企業がある程度発展してお金持ちになってから本格的に立ち上がった産業です。ですから、黎明期に苦労された技術陣は別として、その後、八〇年代に日本の半導体企業が天下をとったときの圧倒的な成功体験というのは、自動車のように「カネもヒトもモノも足りない中で知恵を絞った」という原体験とは、かなり違っていたようです。

むしろ、組織の専門化、巨大設備の購入、設備投資と稼働率の勝負、単品大量生産、機能設計（論理設計）と構造設計（物理設計）の分断など、戦後日本のものづくり企業らしからぬ傾向、むしろアメリカの大量生産思想に近いカルチャーに私には見えます。つまり、「統合型ものづくり」とは明らかに違うのです。だから、そうしたアメリカ的な路線ではさらに上手を行くアメリカ企業や他のアジア企業にしてやられた、といえないでしょうか。

つまり、「日本企業ならどこも擦り合わせが得意だ」と簡単には言えないのではないか、ということです。組織能力は結局は歴史がつくるものであり、歴史的な初期条件や進化経路が違えば、同じ日本の企業であっても、統合型ものづくりの組織能力を持つものと持たないものに分かれてしまうのです。

したがって、日本の半導体産業は、まずは自らの「統合型ものづくりの組織能力」を再点検する必要があるでしょう。例えば、半導体研究の世界的権威である東北大学の大見忠弘教授は、多品種少量型の半導体生産システムを唱道しておられますが、これもある意味で、もう一度日本企業の原点である「統合型ものづくり」に立ち返ろうという構想に見えます。

しかも専門家によれば、微細加工もここまでくると「大部屋でわいわい試行錯誤でやっていると解が見つかる」というようなツーカー式の「経験的な擦り合わせ」だけでは限界のようです。今後は、もっと精密な理論や測定に基づいて設計パラメータを相互調整するタイプの「科学的な擦り合わせ」が必要になってくるのでしょう。そうした面での新たな組織能力の構築も欠かせないわけです。

幸い、日本の半導体製造技術の底力はまだ健在のようです。例えば、線幅〇・一ミクロン以下の微細加工技術や新材料技術を産官学で共同研究する「MIRAI」プロジェクトのリーダーである廣瀬全孝氏とお話しすると、さすが日本企業が束になってかかるとたいしたもので、線幅一〇ナノメートルまでの技術的なめどはほぼつきつつあるとのことです。

しかし、もうひとつの問題は、その技術を使って何をつくるかがはっきりしていない、ということです。廣瀬先生とのお話でも、一方で「MIRAI」など実装技術系のコンソーシアムが順調に回っているのはいいが、他方で「アプリケーション系のコンソーシアム」が存在しないのが心配だという結論になりました。要するに、情報転写技術と媒体（素材）技術は順調にいっているけれど、転写すべき設計情報の中身に関する戦略が明確でない、ということです。

要するに、「何に使うかは個別企業で勝手にお考えください」ということでは、結局、戦略構想力に難のある日本企業は個別撃破されてしまうのではないでしょうか。せっかく実装技術は世界一になっても、結局はアプリケーションのロードマップをちゃんと描けている欧米企業の下請けになるのではないか、という心配があるわけです。その点では先の三輪晴治さんも、システム全体をチップに転写するSoCの時代であるのに、日本の半導体戦略は「WHAT」つまり何をつくるかが明確でないと警鐘を鳴らしています。

本来、個別の顧客ニーズへの密着は日本企業の持ち味のはずです。自動車用の車載半導体や、デジタル家電用のマイコンなどの分野で、顧客との情報共有やニーズの先取りというような、日本企業が本来持っていた組織能力を取り戻せば、おおいにチャンスは出てくると思います。しかし、顧客からもらった論理設計を物理設計に翻訳する受け身のビジネスが主流であったとされる多くの半導体メーカーの場合、それは自動的に得られるものではありません。むしろ、たゆまぬ努力の末にようやく得られるものだと考えるべきなのでしょう。

以上の議論をまとめましょう。まず、半導体に関しては、「製品アーキテクチャ」と「生産プロセス（工程）アーキテクチャ」と「開発プロセス・アーキテクチャ」の話をきっちり分けて論じること。日本企業はまず「統合型ものづくり」能力の再構築から地道に始めること。そのうえで、上記いずれかの意味で「擦り合わせ型アーキテクチャ」である半導体に当面の活路を見出すこと。しかし一方で、必要に応じてモジュラー化の努力も行う両面戦略でいくこと。最終製品のアプリケーションを明確に意識し、擦り合わせシステムの一部としてのカスタム設計指向の多品種少量タイプの半導体で当面は勝負すること。今、申し上げられるのは以上です。

ソフトウェアのアーキテクチャ

次に、ソフトウェアのアーキテクチャを考えてみましょう。日本のソフトウェア産業は国際競争力が弱い、という話をよく聞きます。確かにそういう面はありますが、そもそも「ソフトウェア産業」という括りは大雑把すぎて、この括りで産業競争力を云々するのは難しいかな、という素朴な疑問が残ります。

たとえていうならば、「日本のハードウェア産業は強いか弱いか」と聞かれれば、「そんな大雑把な話は困る。ハードといっても自動車もパソコンも鉄も石油化学もあるのだから、もっと細かく見なければ」というのが真っ当な答えでしょう。ソフトウェアだって、恐らく括りとすれば大雑把すぎるのです。同じソフトといっても、かなり違いがあるはずです。

アーキテクチャ論の観点から見ると、ソフトウェアの歴史はモジュラー化の歴史だったと言えるかもしれません。初期のころは、いわば短編小説のように、個人の才能に依存する分割不可能な塊であったソフトウェアが、次第に分節化し、「再利用可能なソフトウェア部品の組み合わせ」という方向に向かって徐々に動いてきたようです。しかし今のところは、いろいろな会社がつくった「ソフトウェア機能部品」を集めればソフトウェア製品ができる、というほどにはモジュラー化していないのが現状でしょう。

ソフトの中でもここ十数年、比較的モジュラー化が進んだといわれているのは、マイクロソフトのウィンドウズに代表されるようなパソコンのOS（基本ソフト）など、いわゆるパッケージ・ソフトです。このあたりは、友人のマイク・クスマノMIT教授やマルコ・イアンシティ・ハーバード大学教授といった経営学者が盛んに主張してきたところです。パッケージ・ソフトのアーキテクチャがモジュラー化するのと並行して、ソフト開発のプロセスや組織も、社内の小さな自律チームが多数連携して同時並行的に動く「モジュラー的な開発体制」に変身してきた、というのが彼らの主張です。

これに対して、「マイクロソフトは全然モジュラーじゃない」というソフト専門家の声も聞かれますが、これは何と比べるかで評価が違ってくるということでしょう。「初期のマイクロソフトの製品に比べれば、今のはずいぶんモジュラーだ」という人と、「リナックスや他のユニックス系やトロンなどに比べれば、ソース・コードをオープンにしていないウィンドウズなんか全然モジュラーじゃない」という人がいるのは、決して矛盾しません。

リナックスというのは、ご存じのとおり、ウィンドウズのライバルとして台頭してきたパソコンのOSです。ヘルシンキ大学の学生リナス・トーヴァルズが一九九〇年に自らつくってネット上で公開したソフトをコアにして、百人、二百人のハッカー的な腕のよいプログラマーたちが面白がっていろんなコードを持ち寄ってくっつけていたら、いつの間にか立派なOSになっていたというものです。しかも、当初はみな趣味でやっていたので、使用料が無料の、いわゆるフリーソフトウェアです。その結果、今ではマイクロソフトのウィンドウズを脅かす存在にまでなってきました。ソフトウェアの世界では、ソース・コード公開で、最もオープン・アーキテクチャ寄りにあるものがこれでしょう。

リナックスの中枢に深く関わっている産業技術総合研究所の新部裕氏のお話をあるとき伺ったのですが、それで私が連想したのは学術誌の編集作業です。例えて言うなら、非常に厳しい学術雑誌の編集委員会をトーヴァルズ以下少数の人がやっていて、世界中からコードの「投稿」を受け付けている、というようなイメージです。そこへ世界中の腕自慢が「自分の作品を採用してくれ」といってくる。これを「編集委員会」が厳密にチェックして、採用されたコードを組み込んだ新しいバージョンが公表される。しかし実は、不採用のコードを含む「非公式バージョン」も無数に存在します。これに比べれば、マイクロソフトのソフトはある程度モジュラーではあってもオープンではない。むしろ囲い込んでいるわけです。

これに限らず、近年シリコン・バレーなどで話題になったソフトウェア製品は、概してモジュラー的なものが多いと思います。特に最近では、インターネットを使ったタイプの商品が出てきていますが、まさにインターネットは汎用インターフェースそのものです。ここにそれぞれの会社がいろんなものを持ち寄ると、それが全部つながって、まさに結晶が成長していくように多種多様な製品ができていく。どの会社がリーダーシップを取っているというわけではないのですが、誰も予想しなかったようなものがどんどん進化していく。これがある種のモジュラー的な製品、特にオープンな製品の特徴です。

さて、ここまで話してきたソフトは、確かにモジュラー寄りのソフトであり、日本のソフト企業が活躍できていない分野、すなわちアメリカ企業などに圧倒されている分野ということになります。しかし一方、すべてのソフトがそういうモジュラー寄りの構造かというと、そうでもありません。

例えば、日本のソフト企業が得意としてきたといわれる、銀行のオンライン・システムなどに代表される、一品一様の大きな「受注ソフト」が今でも数多く開発されています。それらは基本的には、徹底的に全体の調整を図りながら開発する「擦り合わせ型のソフトウェア」です。「モジュール化が進んでいないソフト」という言い方もできるでしょう。マイクロソフトの研究で名を馳せたクスマノ教授も、かつてこの種のメインフレーム用の受注ソフトウェアの開発生産性などの日米比較をしましたが、「日本企業もやるじゃないか」というのが彼の結論でした。

自動車に限らず、こういう複雑な擦り合わせ製品の開発では、日本のメーカーは少なくとも「裏の競争力」は意外に強いのです。実際には、もっとシステムをモジュラー化する工夫が必要なのでしょうが、受注ソフトが概して擦り合わせ寄りであるという傾向には変わりがないでしょう。つまり、ソフトウェア産業の中でも、日本企業が比較的強い可能性が高い分野なのです。

ただ、業界の重鎮である富野壽氏や鶴保征城氏のお話では、国内中心であった受注ソフトの業界は、国際競争で鍛えられた自動車のように、能力構築競争の前提となるしっかりした「裏の競争力」の指標（メトリックス）が確立していないそうです。また、単に労働力を売るきわめて古いタイプの下請けがまだ多く、自動車産業のような「ソフトウェア機能部品メーカー」が充分に育っていません。自動車のように国際競争を貫徹させてきた業種から学ぶことはまだまだ多いようです。実際、西村清彦氏と峰滝和典氏の最近の研究では、日本のソフトウェア業界では外注化が生産性の向上にまったく貢献していないことが明らかになっています（『情報技

術革新と日本経済』西村・峰滝2004)。

日本の企業が得意とするもうひとつのジャンルは、「埋め込みソフト」とか「組み込みソフト」、あるいは「ファームウェア」と呼ばれる分野です。家電製品や自動車用の半導体に焼き込まれる、ハードウェアと密接に連動するソフトのことです。東京大学の坂村健教授が開発した「トロン」というOSが活躍している分野でもあります。これなどは、ハードと密接に連動しなければいけないのでカスタム性が高く、またコストの制約や圧縮の必要性が大きいので、パッケージソフトなどに比べれば「擦り合わせ」寄りのソフトになります。

「埋め込みソフト」は文字通りハードウェアと一体なので、貿易統計には現れませんが、明らかに日本のハードウェア製品の国際競争力を支えており、その意味では間接的とはいえ、日本企業が競争力を持っていると言えます。経済産業省の最近の推計では、約五十兆円といわれる日本のエレクトロニクス産業の中には、内製部門として約二兆円の「組み込みソフト」が、文字通り埋め込まれているようです。この部分は、日本の隠れた競争力です。

もうひとつ、日本企業が強いといわれる分野に、ゲームソフトがあります。ゲームのタイプにもよりますが、多くは開発の最後で「ゲーム・バランシング」というまさに微調整をして、全体としてのまとまりをつくり出す部分があります。ゲームソフトの主力商品は、数十人ぐらいのチームで開発することが多いようですが、ちょうど小型編成のオーケストラみたいな形で、多くの場合、強力な開発リーダーが束ねています。

任天堂などでは、非常に安定的な陣容の開発チームを、伝説のクリエーター宮本茂氏をはじめとする強力な開発リーダーが引っ張っていく体制でヒット作を連発してきました。当たるゲームソフトは、「ワクワクする」ことと「イライラしない」ことが二大要素だといわれますが、自身もクリエーター出身である岩田聡社長のお話を伺う限り、まさに開発リーダーの宮本氏の個人的才能が前者、任天堂開発チームの組織能力が後者を生み出してきたということのようです。

いずれにしても、この開発のやり方は自動車の開発に似ており、マイクロソフトがパソコンソフトをつくる場合とはかなり違います。同じソフトウェアといっても、ゲームソフトはインテグラルに近く、パソコンソフトはモジュラーに近いということでしょう。ソフトウェアの場合も、既存の産業分類はこの際どうでもよく、設計思想を共有しているかどうかがものづくりの戦略論にとっては重要なのです。

繊維・アパレルのアーキテクチャ

半導体の項でも話しましたが、一口に同じ日本の企業といっても、どの時代に決定的な原体験を持っているかによって、産業の性格も会社の組織能力も違ってきます。組織能力は畢竟、歴史がつくるのだと私は思っています。そのように考えるとき、私がいつも思い出すのは日本の繊維・アパレル産業です。この産業は自動車などと違い、戦前に「産業の青春期」を過ごした産業です。このように歴史体験が違えば、同じ日本企業でも、そこで形成される組織能力は違ったものになってくるのです。

戦前の繊維といえば、先導的な輸出産業であると同時に、「女工哀史」的な低賃金労働力への依存という悪いイメージもつきまといます。しかし、神戸大の桑原哲也教授や拓殖大の松井幹雄教授の論考をうかがっていると、戦前の紡績や織物のメーカーは、生産管理という意味でも先進的だったのではないかと思えてきます。

トヨタ方式の大野耐一氏が豊田紡織出身という話はよく知られていますが、二十年前に法政大学の下川浩一先生と直接お話をうかがったとき、「初めて自動車工場を見たとき、なんと遅れた現場管理かと思った」「豊田紡織より生産管理の進んだ日本の紡績会社をベンチマークして、一個流しや品質つくり込みのコンセプトを学んだ」などとおっしゃっておられたのを思い出します。当時の紡績や製織は、世界的に見ても先進的なものづくりシステムを、それなりに確立していた可能性があるのです。この点は、今後も研究が進むでしょう。

しかしその反面、糸から衣服まで一貫した体制というのはなく、糸は糸、布は布、服は服というように垂直分断され、間に問屋や商社が介在する、モジュラー的なビジネス形態が戦後も続きます。そして、糸を輸出し、布を輸出し、ブラウスを輸出してきたのです。

かつて原料や製品の相場が乱高下した時代には、加工段階別に特化した生産者を問屋や商社がつなぐ垂直分断的なビジネスシステムも、リスクを分散するという立派な機能を持っていたと考えられます。しかし時代が変わって、顧客がインテグラルなものを要求するようになったとしたらどうでしょうか。ジャンルによっては、もっと「統合型」に近いものづくりが必要になってくるのではないでしょうか。

一般に、衣服をお客さんに供給する繊維・アパレル産業は、綿や羊毛や合成繊維といった「繊維」から始まって、紡績を経たいわゆる「糸」、織布・染色・仕上げを経たいわゆる「布」(テキスタイル)、その裁断・縫製を経た最終的な「衣服」、そしてその販売という経路をたどって、消費者の生活、つまりファッションライフの中に入っていきます。つまり、ファッションライフの「部品」としての衣服、その部品である布、その部品である糸、という階層構造になっているのです。その点は自動車と同じですから、衣服に関しても、布、糸、繊維などがどの程度、特殊設計になっているか、あるいは標準設計になっているかというような「アーキテクチャ論」を考えることができます。

ここでは紳士服に絞ってアーキテクチャを考えてみましょう。かつて日本の街にはテーラーがあり、例えば東京神田岩本町の切り売り問屋から布地を買い、顧客ごとに採寸して特注でスーツをつくっていました。個々人のファッションライフはかなり画一的でしたが、体型に合わせるという意味では、洋服は特注だったのです。他方、そのための布地は見込み生産された在庫品でしたし、糸も番手の決まった標準品でした。つまり、「街のテーラー」時代の日本の紳士服ビジネス・アーキテクチャは、特注で採寸するという意味では「顧客に対して擦り合わせ的」だったが、生地など中身の面では相当にモジュラー的だったといえます。

例えば自動車の車体と比べれば、違いは明らかです。どちらも布と鋼板という二次元的な材料を切って取って縫い合わせ、三次元化するという点では似ています。しかし、車体はユーザーの体に合わせてテーラーメードにはしてくれませんが、鉄はモデルごとに特殊仕様の鋼板を発注します。逆にテーラーの服は、体に合わせて特注生産してくれますが、布のほうは店売りの見込み生産品だったのです。つまり、パターンが全く逆です。

その後、既製服、いわゆる「吊るし」の時代になると、ファッションライフはそれなりに個性化が進みますが、その「部品」である「衣服」は規格設計品となります。

問題は、その服のために特注設計の布、染料、仕上げ、糸、芯材などを使うかどうかです。もともと問屋や商社が介在する「垂直分断的な業界構造」でやってきた日本は、糸から服まで一貫した製品開発体制があまりできていません。結局、テーラー時代の歴史を引きずる日本は、既製服の時代になっても、服も布も糸も見込み設計の標準品という、モジュラー的なビジネス・アーキテクチャからなかなか出られていないように見えます。

以前、尾張一宮の毛織物産地と紳士服メーカーを調査したことがありますが、その際感じたのも、テキスタイルの人は引っぱり強度だ収縮率だと物性品質で語り、ファッション・アパレルの人はコシだヌメリだドレープ性だと感性品質で語り、言葉からして共通化していないという印象でした。個別に見れば、先進的な紡績メーカーや織物メーカー、染色整理メーカーは、顧客ニーズの多様化とか洗練化は意識していて、立派な製品開発体制をつくっているのですが、お互いに需要の探り合いのようになってしまい、自動車メーカーのプロダクトマネジャーのように、上流から下流まで一貫してまとめ上げる開発リーダーがいないようです。

機屋さんは、手探りでいろいろな布を見込み開発して膨大な数の見本を用意する。アパレル屋さんは、そこから「これとこれ」というように注文していく。つまり、特注開発になっていません。しかし、末端の小売り段階には、「発注しても未引取り自由、返品自由」という古い商慣行が残っていますから、川中が一生懸命ニーズ多様化に対応しようとしても、結局は在庫の山を抱えることになり、製品の「インテグリティ」（首尾一貫性）もイタリアなどと比べると今ひとつ、となってしまいます。

また、私の見たところ、テキスタイルの技術情報と市場情報が集中するポイントは染色・仕上げなのですが、商慣行的にはこの人々は自分で商品を持たない賃加工業なので、開発のリーダーシップを取りにくいようです。つまり、「設計情報の流れ」と「取引の流れ」が、ちぐはぐになっている印象があります。

これに対し、イタリアの紳士服は、衣服そのものは多くが見込み設計だが、それを開発する際に一貫した開発リーダーがいるようです。例えば「インパナトーレ」と呼ばれる専門のプロデューサーです。一気通貫を指向する点では、むしろ日本の自動車開発リーダーにちょっと似ているかもしれません。それも含めて、イタリアでは衣服ごとに布や糸や芯材を特殊設計するインテグラル傾向が強いようで、そのあたりが「イタリア製はどこかが違う」と言われる一因のように思えます。

私は、「擦り合わせ日本」のファッション・アパレルは、やはり「擦り合わせ勝負」が基本ではないかと思っています。個々に見れば、川上には自在に糸の断面形状をつくる新合繊メーカーがあり、川中には独自の技術を持つ手練の機屋さんやニット屋さんや染色整理屋さんがいる。マーチャンダイザーなどを開発リーダーに糸からの一貫開発を志向するアパレルメーカーも中にはある。これだけ揃っているのだから、あとは、それらを一貫してまとめ上げ、ジャパン・ブランドにつなげるプロデューサーがどんどん輩出される土壌づくりではないでしょうか。

そもそも、森英恵、川久保玲、三宅一生といった世界的な日本のデザイナーは、素材から一貫してデザインすることが持ち味といわれています。先日、同じくインテグラルな日本型アパレルを考えているファッション・ビジネススクールの尾原蓉子学長のお供で、三宅一生さんにお会いしましたが、この人は、世界的デザイナーであるだけでなく、新しいビジネスシステムを仕掛ける産業人としても凄いと思いました。「無縫製」で糸から一気に三次元の衣服を立ち上げる「一枚の布」という三宅氏のコンセプトは、まさに日本が仕掛けるべき、インテグラルな「アーキテクチャ革新」なのではないでしょうか。

鉄のアーキテクチャ

次に、プロセス産業の典型例として鉄の話をしましょう。化学品や鉄鋼製品やガラスのような「プロセス産業」の場合、部品が組み合わされて製品になっている機械ものとは違い、製品アーキテクチャが定義しにくいところがあります。

強いて言えば、ある機能aを持った原料Aと、別の機能bを持った原料Bとをまぜて炉で反応させ、製品Cを合成したとき、単に機能aと機能bを兼ね備えたものができるのであれば、それは「混ぜもの」に近く、モジュラー的と言えます。逆に、微妙なプロセス・コントロールの結果、機能aとも機能bともまったく異なる機能cを持った製品に化けたとすれば、まさに「化学反応」が起こったわけで、先の定義からすればインテグラル的と言えます。

しかし、こうしたプロセス産業製品では反応は連続して起こるので、部品やインターフェースの設計をどこまで標準化するか、というような「機械もの」の製品アーキテクチャの話はどうもしっくりきません。むしろ、部品に当たる中間製品は製造工程の制御を通じて間接的につくり出すわけですから、製品そのものの設計より、工程の制御プロセスの設計に目を向けたほうがよいのです。つまり、「製品アーキテクチャ」より「工程アーキテクチャ」に着目したほうがいい、と私は考えています。

さてそこで、鉄の工程アーキテクチャの話です。今から考えると、私がそれとは意識せずにアーキテクチャ発想をしていた初めてのケースは、実はこの鉄の話だったのではないかと思います。それは一九八〇年、かけ出しの民間調査マンだった私が、韓国への鉄鋼技術移転の現地調査をするためにソウルに滞在したときのことです。

当時韓国では、浦項製鉄（POSCO）が、日本などからの技術移転や設備導入を活用し、規模をどんどん拡大してきました。あのころ、日韓関係の発展という政治的な課題も背景にあり、日本側は新日鐵と日本鋼管で「ジャパングループ」をつくり、現場の技術者が現地で丁寧な操業指導をしていました。設備も、POSCO第一期は全部日本製で、新日鐵の君津製鉄所のクローンだといわれたほどです。

ところが、そうこうするうちに、POSCOはあっという間に強くなって、コモディティ（汎用）グレードのホットコイルや建設用の厚板などでは、POSCO製品が東南アジアの市場などで強敵となってきました。日本市場でも、ユーザーが相対取引でカスタム仕様（スペシャル・グレード）の鉄をつくってもらう「ひも付き」市場はまだ安泰としても、規格品を商社が見込み販売する「店売り」市場には早晩韓国製品があふれかえるのではないか、それは結局「ブーメラン効果」ではないか、お人好しに技術移転している場合ではない、と日本のメーカーはピリピリしていたのです。

私はそのとき、ある政府系機関の助成による報告書で、日本の鉄鋼メーカーはしばらくは大丈夫だというレポートを書きました。その理由は二つありました。ひとつは、ソウルオリンピックまでは韓国の内需が拡大するから、そこに吸収されて輸出が溢れ出すことはないということです。そしてもうひとつは、今から考えると「アーキテクチャ論」による得意・不得意の予想でした。

当時の浦項製鉄は、確かにコモディティ・グレードのもの（例えば建設用の棒鋼や厚板など）ではあっという間に強くなりましたが、スペシャル・グレードの製品（自動車外板用の冷延鋼板など）は苦手としていました。そのころ、私は韓国開発研究院（ＫＤＩ）の臨時研究員としてソウルに滞在していましたが、少しだけハングルを勉強していたので、ＫＤＩの図書館でいろんな資料を漁ったのです。すると「なぜ汎用グレードの鉄ではあっという間に強くなったのに、防錆鋼板とか冷延鋼板になると日本製品のようにうまくつくれないのか」といったことを研究した分厚い報告書がいくつか出てきました。

そのとき私は、鉄にも二種類あり、設備を寄せ集めればできるタイプと、設備を超えた一貫品質管理をしないとできないタイプ（今にして思えば擦り合わせ型）の鉄があることを知りました。韓国企業は設備寄せ集め型は得意だが、一貫品質管理型は意外に苦手だと考え、そのようにレポートしました。報告書は、日韓で借款問題など微妙な話もあったため半年ほど塩漬けになりましたが、ようやく公表したところ、その日のうちに某鉄鋼メーカーから電話で「しばらく大丈夫だとは何ごとか」と怒鳴り込まれました。逆に浦項製鉄の東京事務所からは「よく書いてくれた」と言われ当惑したのを覚えています。それはともかく、ここで結論の決め手になったのは、今から考えれば「アーキテクチャ論」だったのです。

幸い、その後の展開は、おおむね私の予想した方向となりました。また、浦項製鉄が世界一級の鉄鋼企業に成長した現在も、どちらかといえば「擦り合わせ型の鉄は苦手」という事情は変わっていないようです。例えば、私は二〇〇一年の暮れに、学生を引き連れて韓国現代自動車の最新鋭の牙山《アサン》工場を見学してきました。ここは最新鋭設備を並べた勢いのある工場でしたが、まずプレス工場に行って置いてある原料の鋼板（コイル）を見ると、日本の某製鉄メーカーのものでした。つまり、世界のＰＯＳＣＯであっても、自動車の外板用の薄板になると、この時点ではまだ日本製の鉄を入れざるを得なかったのです。結局、自動車用の防錆鋼板（溶融亜鉛メッキ鋼板など）は擦り合わせタイプの鉄鋼製品だからなのでしょう。

一般に、建設用の厚板などコモディティ・グレードの鉄鋼製品は、最新設備を並べ、基本の操業方法をマスターすれば、それで勝てる製品です。つまり、これはモジュラー型の工程アーキテクチャであり、そこでは一貫品質管理はそれほど重要ではないのです。こうなると韓国のメーカー、しかも規模が大きく稼働率が非常に高い韓国のメーカーは当然強いわけです。まさにそれは、韓国企業の得意技です。第5章で説明する、三星電子がDRAM半導体やパソコンモニター用液晶で天下をとったときの勝ちパターンも、基本的にはこれです。

ところが、自動車用の防錆鋼板や家電用の電磁鋼板などはそうはいきません。完璧なスペックを出すには、一貫した品質管理をしなければならない、擦り合わせ型工程アーキテクチャの製品です。私も何度か新日鐵を訪ね、製鉄所全体の工程制御をする計装ルームも見学していますが、そこでは製品別の工程コントロールのプランが、まるで列車のダイヤのように表示されていました。製銑工程は別としても、少なくとも製鋼工程、つまり転炉の段階から下流は完全に一貫品質管理をやっているのです。

あるチャージがあって、転炉から出てきた鋼鉄は、それが最終的に例えば日立造船の造船用の厚板、品番でいえば何番になるというところまで全部決まっていて、全体で一貫品質管理が行われています。材料の配合比率や温度やタイミングなどを含めて全てを完璧に、微妙に管理して、初めて狙いどおりの品質ができるのです。

自動車用の溶融亜鉛メッキ鋼板の場合も、製鋼工程でppm単位の不純物制御を行い、それを前提に次の連続鋳造工程で溶解した鉄の状態ををピンポイントで最適制御しないと、狙った加工性と防錆性を両立させる鉄はできないそうです。まさに、日本の「工程擦り合わせ」の面目躍如たるところです。

しかし韓国のメーカーは、鉄にも実は「擦り合わせ型」と「モジュラー型」があるということに、当時は気がつかなかったのではないかと思います。振り返ってみると、POSCO一期工事では、確かに新日鐵君津製鉄所のクローンのようなプラントをつくって、「ジャパングループ」が懇切丁寧に技術移転を行いました。現場では契約にないノウハウの部分まで教えた、という話も当時は聞きました。ところが二期工事になると、韓国側は「このまま日本メーカーに一方的に依存するのはよろしくない。むしろ世界中から最新鋭設備を寄せ集めて並べれば、新日鐵君津製鉄所よりいいものができるのではないか」と考えたようです。まさにモジュラー型工程アーキテクチャの発想です。

しかし、ここにひとつの見落としがありました。それは、自動車用冷延鋼板のような擦り合わせ型の製品で完璧なスペックを出すには、工程を超えた一貫品質管理をしなければだめだ、ということだったのです。ところが、POSCOは世界中から最新鋭設備を集めて並べたがゆえに、日本メーカーは一貫品質管理の操業指導ができなくなってしまい、「ジャパングループ」も手を引いてしまいました。その結果として、韓国製鉄メーカーは一貫品質管理のノウハウを学ぶ機会を失い、それから二十年以上にわたって、そのときのツケが尾を引いたのです。まさに、アーキテクチャの見切りを誤ったということです。

これとほぼ同じパターンの話が、今度は中国から出てきました。二〇〇三年の夏、新日鐵と上海宝山製鉄が、五〇％ずつの合弁で上海に自動車用防錆鋼板の工場をつくる、という新聞記事が注目されました。これも、アーキテクチャ論である程度説明できる話です。まさに歴史は繰り返している感があります。

関係者の話をまとめると、次のような流れです。上海宝山製鉄は、初期のＰＯＳＣＯと同様、新日鐵と同じ設備をずらりと並べ、国家スケールでものを考える会社である新日鐵も日中友好を前面に出し、それなりに相当な技術移転を行ったと想像されます。ところが、戦略発想の強い中国側はしたたかですから、新日鐵の技術はもはや吸収したと判断したのか、自主路線に移行してしまい、新日鐵は中国への足場を失いかけました。

ところが、いざ自動車産業が立ち上がり、そこに良質の鋼板を供給するという段になって、例の「擦り合わせの鉄」という問題が出てきたのです。宝山はＰＯＳＣＯと比べても、ものづくりの実力はまだ落ちますから、新鋭設備が並んでいても、それだけでは自動車用の防錆鋼板はうまくできません。それに気づいた中国側は、新日鐵に「もう一回教えてほしい」と言ってきたことが容易に想像されます。それに対し新日鐵側は恐らく、「教えてもいいけれど、うちもそうそうお人好しではない。コアの技術を教えるからには、資本を入れさせてもらいますよ」というような返事をしたのでしょう。出資比率に関するぎりぎりの交渉の末、五〇%で手を打ったということのようです。

生産量二億トンを超える世界最大の鉄鋼生産国になった中国も、その大半は鉄筋コンクリートの棒鋼など、簡単な設備の寄せ集めでできる鉄です。擦り合わせの鉄、特に自動車用の防錆鋼板や家電用の電磁鋼板は、そう簡単にはいかないのです。

お酒のアーキテクチャ

もうひとつ、少し変わったプロセス系産業の例を出しましょう。お酒のアーキテクチャです。例えば、ウイスキーと「カクテル酒」を比べてみましょう。この二つは同じお酒ですが、アーキテクチャが異なり、したがってビジネスモデルがまったく違います。ウイスキーやワインや日本酒、あるいはビールは、じっくり仕込んで狙った味をピンポイントで達成する「仕込みもの」の製品であり、いわば「擦り合わせ型」のお酒です。

一方、カクテル系とかチューハイ系とかの製品は、ジンやウオッカや甲種焼酎のような、基本的に非常に汎用的なベースがあり、それに対して「何をまぜようか」と企画会議でアイデアを出し、いけるとなれば市場に向けて急速展開し、不発ならすぐに引っ込めて次の企画に移行する、というアイデア出しとスピード勝負の世界のようです。既存の成分を寄せ集めると製品ができるという意味では「モジュラー型の酒」とも言えます。そしてこういうお酒は、企画期間も開発期間も「仕込みもの」よりずっと短い。ウイスキー事業とカクテル酒事業では、流れている時間のスピードがまったく違うのです。

それでは、仮にあるお酒のメーカーが、ウイスキーとカクテル酒と清涼飲料水の三つのビジネスを、二つの事業グループに分けて展開しなければならないとしたら、どのように事業グループを二分すべきでしょうか。既成概念に囚われた産業分類でいけば、当然ウイスキーとカクテル系が一緒で清涼飲料水は業界が別だ、となります。同じ業界団体であるし、監督官庁も同じだから事業は業界の括りで分ける、というわけです。

ところが、アーキテクチャ発想で分けるならば、「仕込みもの」対「混ぜもの」ということになります。一方は「混ぜもの＝モジュラー品事業部」であって、カクテル系も清涼飲料水も「混ぜもの」、つまりモジュラー的な製品です。

他方は「仕込みもの＝擦り合わせ品事業部」です。こちらはじっくり時間をかけて、「これだ」という製品をピンポイントで狙い、一旦市場に出したら、不退転の覚悟で粘る製品です。

つまりこの例では、事業グループを編成するときに、既存の産業分類にはこだわらないほうがよい、むしろ素直に製品の設計思想を見たほうがよいということです。

このように「アーキテクチャ発想の産業論」というのは、既存の産業分類、業界団体、監督官庁が同じである、あるいは形や成分が似ている、といった次元の話を一旦棚上げし、虚心坦懐に現場で展開しているものづくりやその設計思想を見直してみるということなのです。例えばオートバイと自転車。ウイスキーとカクテル系。これらはいずれも、既存の産業分類で言えば非常に近いもの同士ですが、実はアーキテクチャ的には非常に離れているのです。

もちろん、前にも述べたように、既存の産業分類はひとつの制度であり、業界団体も監督官庁も企業組織も業務の仕組みもそれに合わせてできています。それを全部壊せと言っているのではありません。しかし、既存の「業界」という固定観念だけでは、もはやメリハリのきいた経営戦略や産業政策はつくれないのではないか、と言っているのです。「業界」という概念だけにどっぷりつかっていると、自社の強み・弱みも外にある事業機会もよく見えないことがあります。ですから、現場発の戦略論を考えようという方々には、「アーキテクチャ論」というひとつの新しい発想をお勧めしたいのです。

【第４章解題】

産業分析のＣＡＰのうち、第1章で競争力のパフォーマンス（Ｐ）、第2章で、ものづくりの組織能力（Ｃ）を論じ、第3章では、製品の設計思想、つまり、「アーキテクチャ（Ａ）」について述べた。

本書の原著が刊行された二〇〇四年前後は、私のＣＡＰ産業分析フレームワークのいわば成立期でもあったので、ここでは、私のここまで約四十数年の研究遍歴のなかで、「設計」という概念がどのようにして大きな意味を持ってきたかを、この際お話しするので、しばらくお付き合いいただきたい（『オープン＆クローズ戦略』小川2014を参照）。

私が、産業や産業現場の分析に「設計情報」という概念を導入したのは、研究歴の初期のころ、三菱総合研究所の社員として自動車産業、造船産業、電子産業等の調査を行っていた一九八〇年から八三年ごろである。突然アイデアが天から降ってきたという話ではなく、多くの工場を見ているうちに、いつの間にか浮上してきた着想であった。

自動車部品の切削加工工程であれ、半導体の露光工程であれ、原料や仕掛品が変形し、付加価値を増す「生産工程」とは、要するに工程にあらかじめ配備された設計情報が工程側から製品側に「転写」されることに他ならない。こう考えると、生産工程で観察される部品一個一個の加工工程が、単なる物の変形だけではなく、設計情報の転写という無形の流れに見えてくる。見えない設計情報の「流れ」が見えてくるのである。このような経験は、現場に何度も行かないと得られないものであったかもしれない。

ちょうどそのころ、つまり本書原本刊行のさらに二十年程前、大学のゼミの恩師である土屋守章東大教授から、「一九八三年一月に伊豆で『経済・経営問題に関する研究者国際交流会議』が開催されるので、英文論文を一本書け」と指示された。大学を出て民間企業に就職するときも「大学院に来い」とは一言もおっしゃらなかった恩師が、このときばかりは「いいから書け」と命令調であった。会社の仕事も順調で残業が増えていたので、仕事と執筆の両立は相当きつかったが、電動タイプライターで夜中に書いたのが「テクノロジー・システムに関するノート」という英文論文であった。そして、ここには既に、「生産とは設計情報の転写である」という概念が明示されている。

残業と深夜の論文執筆でへとへとになったが、完成した英語の論文を提出して、伊豆のコンファレンスに行くと、そこには(敬称略)、恩師の土屋守章をはじめ、野中郁次郎、伊丹敬之、加護野忠男、奥村昭博、竹内弘高など、本や論文を通じてしか知らなかった日本経営学の巨匠が当たり前のように歩いていた。マイケル・ポーター、キム・クラーク、スティーブン・ホイールライト、マイケル・スペンスなど、海外のスター経営学者もそこにいた。後に同世代の研究者として交流した米倉誠一郎、金井壽宏、金井一頼などもいた。

論文発表者のうち、学者じゃないのは私だけで、小さくなっていたが、私の論文発表のコメンテーターは、偶然にも、後に私の師匠となるハーバードのキム・クラーク教授で、彼が「この論文はインポータントだ」とコメントした瞬間に、一サラリーマンであった私の前に学者という道が開けた。あるいは、恩師・土屋先生はそこまで見通しておられたのかもしれない。

この論文では、製品技術・生産技術の両方を含む産業技術をテクノロジー・システムと呼び、既に「生産とは情報転写であり、生産性とは情報転写効率のことである」と述べている。私がその約四十年後の二〇二四年に産業経営学の中心概念として言っている「生産とは付加価値を担う設計情報の転写である」という命題と、基本的にはまったく変わりがない。

そういえばある時、大先輩の野中郁次郎先生が、「藤本君、学者が一生のうちに本当に発信できるメッセージは、せいぜい一つだよ」とおっしゃったが、本当にそうだと思う。私の場合はおそらく「生産は設計情報の転写だ」という概念がそれだろう。

この一九八三年論文の段階では、私は「設計情報」という言葉をまだ使っておらず、生産を単に「情報の転写」と呼んでいたが、実際にはそれは、「製品企画→製品設計→工程設計→実物工程→実物製品」をつなぐ設計情報の流れであり、それが、私にとっては、付加価値の流れとしての産業の本質であった。

その後、一九八四年にハーバード大学に留学した私は、この「流れ」の上流にある製品開発プロセスの国際比較研究に集中し、ハーバードの恩師であるキム・クラーク教授と共著で一九九一年に『*Product Development Performance*（製品開発力）』（Clark & Fujimoto 1991）を書いた。しかし、この段階ではまだ、私の興味は設計情報の「流れ」にあり、設計情報の「構造」（アーキテクチャ分析）のほうにはなかった。

ところが、ちょうどその頃から、アメリカのデジタル・エコノミーの急拡大が本格化し、やがて、「日本は自動車産業やアナログ家電産業は強いが、デジタル産業はあまり強くない」という国際的な評価が広がっていった。一九九〇年代の半ば頃のことである。

したがって、自動車産業の製品開発や生産における日本の「統合型ものづくり組織能力」（例えばトヨタ生産方式）の競争力を実証的・理論的に分析していた私の研究も、「日本は自動車は強いがデジタルはダメじゃないか、どう説明するんだ」という質問に正面から答えなければいけなくなってきた。「自動車産業では」と言っているだけでは、日本の産業競争力の一般的な説明としては不充分になってきたのである。

一方、ちょうど一九九〇年代のアメリカでは、ハーバードの隣にあるＭＩＴで、設計学、機械工学、電子工学、ソフトウェアなどの研究者を中心に「アーキテクチャ」の研究が盛んになった。アーキテクチャとは、本書でも説明しているように、製品や工程などの人工物の設計を「機能要素と構造要素の対応関係」（一対一対応、多対多対応など）によって抽象的に示す考え方で、抽象的であるがゆえに、複数産業にまたがる比較分析が可能な分析ツールであった。

デジタル産業が大成長したアメリカでは、当然デジタル産業の強みを説明する道具として「アーキテクチャ論」が活用され、機能完結的な部品を標準的なインターフェースでつなぐ「モジュラー型アーキテクチャ」の強みが盛んに強調された。

しかし、これをデジタル経済で成長するアメリカからではなく、アナログ経済で停滞する日本から眺めていると、別のコンセプトが見えてくる。すなわち、「アーキテクチャの比較優位論」あるいは「設計の比較優位論」である。

すなわち、一九九〇年代以後、デジタル経済が急成長するアメリカにおいて、「アーキテクチャ論」は、もっぱらモジュラー型デジタル製品の競争優位性を説明するために利用されていたが、これでは、一九八〇年代の日米で、インテグラル型アーキテクチャの自動車産業やアナログ家電での日本の強さを説明し、「だから日本はすべての製造業で強い」と、過剰に単純化して主張していたのと同じような「比較優位バイアス」があるのではないか。つまり、各国の経済学・経営学は、自国が強い産業を説明することにおいて、バイアスがかかっていたのではないか。

とすれば、自動車産業のトヨタ的組織能力が、あらゆる産業で競争力を発揮するわけではないのと同様に、逆にモジュラー型アーキテクチャの製品設計があらゆる産業で競争力を発揮するわけでもない。結局、競争力は、①歴史的に形成された一国の産業現場群が持つ組織能力と、②その組織能力と適合性の高いアーキテクチャの製品、この二つの動態的な適合性が高いときに、ある国のある産業が「設計の比較優位」を発揮するのではないか。

例えば、なんらかの歴史的な理由で「調整型組織能力」が発達した戦後日本のような国では、設計や生産において調整集約的なアーキテクチャの製品、すなわち擦り合わせ型製品で競争力を発揮する。逆に、別の歴史的な理由で「分業型組織能力」が発達しているアメリカや中国のような国では、調整節約的なアーキテクチャの製品、すなわちモジュラー型製品が強いのではないか。

このように、製品アーキテクチャ論自体は、まずアメリカで論じられてきたが、それは多くの場合、自国が強いモジュラー型製品の強さを説明するために使われてきた。そこには、よりニュートラルな「比較優位論」にアーキテクチャ論を結びつける発想はあまりなかったように思われる。

それに対して、アーキテクチャ論と産業論を結びつけて「設計の比較優位説」を論じるという発想は、おそらくは、私が言い出したことのようである。それは、一九八〇年代にインテグラル型製品の産業競争力論、九〇年代にインテグラル型製品の組織能力論を考えてきた、私の研究遍歴の特異性がもたらした発想であったのかもしれない。これが、「組織能力とアーキテクチャの適合が比較優位を産む」と考える「設計の比較優位説」の背景である。

このように、「設計」という概念は、私の研究遍歴の中で、一九八〇年代前半の設計情報転写論（テクノロジーシステム論）、八〇年代後半の設計情報創造論（製品開発論）、九〇年代の組織能力進化論を経て、二〇〇〇年代の初め、ちょうど本書の原本の発刊前後に、「製品アーキテクチャ論」にたどり着くのであるが、私の考えるアーキテクチャ論は、このような研究遍歴を背景として、「アーキテクチャの比較優位論」という形をとったのである。

そして、これによって、産業競争力の変遷や産業の進化を論じるうえで、私が採用した「CAPアプローチ」の最後のピースであるアーキテクチャ、すなわち人工物の設計思想が加わり、このCAP三角形が完成した。

CAPアプローチは、いろいろな産業に応用が可能であったため、その後の私の産業研究の多くは、この分析フレームワークを応用することで費やされた。私が「東京大学ものづくり経営研究センター」のセンター長、組織学会長、進化経済学会長、日本学術会議会員であった時期が、ここにほぼ重なる。

一研究者として考えた場合、産業研究の実証社会科学者としての私の中心的な仮説は、「ある国のある産業において、設計情報の良い流れを生み出すものづくり組織能力が、それと適合的なアーキテクチャ（設計思想）の製品をつくり出すとき、その国のその産業は、長期安定的な比較優位を生み出す」というものであった。

その後、私は、多くの研究者仲間と一緒に産業の現場を回り、設計情報の流れを観察し、製品の設計思想（アーキテクチャ）を推定し、それらの進化の歴史を聞き取ることにより、このCAP仮説が、大枠においてそんなに間違っていないことを、およそ二〇〇四年から二〇二四年の間、延々と検討し続けてきた。その二十年は、したがって、私の研究遍歴の中では「アーキテクチャ産業論の地味な刈り取り期」として認識されるものだったかもしれない。

第5章　アーキテクチャの産業地政学

1　組織能力は歴史がつくる――日米比較

日本企業は擦り合わせ型が得意？

さて、このように「擦り合わせ型（インテグラル型）」と「組み合わせ型（モジュラー型）」、あるいは「オープン型」と「クローズド型」といったアーキテクチャの基本タイプをあれこれ調べてみると、ちゃんと競争をしてきた日本のものづくり企業には「相性のよい得意なアーキテクチャ」がありそうだ、という直観的なイメージが湧いてきます。要するに、日本企業が得意なのは概して「擦り合わせ（インテグラル）度」が高いタイプの製品であるように見えるのです。反対に、製品の「組み合わせ（モジュラー）度」が高くなるにしたがい、アメリカあるいは後述の中国や韓国などの企業が得意とする製品が増えてくるように思えます。

「戦後日本企業は概して擦り合わせが得意だった」というこの仮説は、ある程度理屈に合っている、腑に落ちるところがある、納得性の高い実例が少なからずあるということで、一部の産業人や官僚、研究者の方々が既に興味を示しています。

ここで、学者としての立場からあらためてお断りしておきますが、以下の議論は、まだ測定手法がちゃんとできておりませんので、あくまでも印象論的な仮説提示の段階だということです。つまり、統計的に精緻な議論は、まだあまりできない段階なのです。ゆくゆくは、全産業についてきっちりと各製品のアーキテクチャを測定し、それが例えば製品別の貿易収支、生産性、企業の業績などのパフォーマンスにどう影響をしているかを統計的に検証しなければならないでしょう。現在は、まだ事例研究と傍証の積み重ね、という段階であり、体系的な測定は今後の課題です。

以上を前提にしまして、もう一度復習しておくと、「擦り合わせ型」（クローズド・インテグラル）アーキテクチャの製品というのは、部品あるいは生産工程の設計パラメータを相互に調整して、最適設計された専用部品あるいは自前の専用工程を揃えることで初めて、全体として優れた製品性能が出る、というタイプの製品です。汎用部品や汎用設備を寄せ集めただけでは、うまくできません。

こうした擦り合わせタイプの製品を開発し生産するためには、現場に高度な統合力（インテグレーション能力）が要求される、ということが予想されます。すなわち、多くの戦後日本企業が培ってきた「統合型ものづくりの組織能力」と「相性」がよかったのではないか。日本企業が国際競争力を発揮しやすかったのは、概してこうした分野だったのではなかったか。そして、日本企業が「擦り合わせ型製品」に強いという仮説は、なにも自動車や家電といった「機械もの」だけではなく、鉄や化学製品のようなプロセス産業の世界、あるいはソフトウェアの世界でも、さらには繊維産業のような古い業種でも、同じように当てはまるのではないか。これが、アーキテクチャに関する「比較優位」の予想です。

それでは、そもそもなぜ、戦後日本のものづくり企業は「統合型ものづくり」の組織能力を持っていることが多かったのでしょうか。ここで私は、「日本人は和の精神があるから」「単一民族国家だから」あるいは「日本は仏教の国だから」というような、文化論や風土論を持ち出すつもりはありません。それらは確かに一理あるのですが、「統合型ものづくり」が日本企業の十八番になるのは、一部の例外を除けばほぼ戦後、つまり二十世紀後半のことですから、昔からあった和の精神や仏教では説明の決め手になりません。

また、「日本的経営の原型は江戸時代の商家、もっと一般的にいえばイエだ」「いやむしろムラだ」「日本型ものづくりの原型には、侍が手の汚れる職人仕事を厭わぬ実学系儒教の伝統があるんだ」といった、古いところに源流を求める説も、個人的には好きなのですが、戦後の

「統合型ものづくり」を説明しようとなると、やっぱり直接的とは言えないと考えます。

また経済史の世界では、同僚の岡崎哲二教授などが「一九四〇年代の戦時統制経済が戦後の日本型システムの源流だ」という魅力的な説を展開し、今や定説の感もあります。しかし私の印象では、これがうまく当てはまるのは現場のシステムというよりも、むしろ本社のガバナンス（統制の仕組み）や系列システム、金融システムなのです。

したがって「統合型ものづくり」に関する限り、私の考えは「確かにタネは日本の風土や文化や江戸時代や戦前にあったかもしれないが、そのタネが多くの産業、多くの企業でいっせいに芽を出したのは、やはり戦後の継続成長期、つまり一九五〇年から八〇年ごろの共通経験だったのではないか」ということになります。

先にも説明したように、「人が足りない、モノが足りない、おカネが足りない、という中で競争し成長せざるを得なかった」ので、「雇った人は大事にしましょう、確保した下請けさんは大事にしましょう」というやり方が経済合理的だったという解釈です。

そのため、長期雇用や長期取引が支配的な慣行となり、「ツーカーの関係」「あうんの呼吸」「情報の共有」「濃密なコミュニケーション」「緊密な連携調整」といったものが、戦後日本の企業の中では自然に発達しやすかったのです。その結果として、日本企業の多くが、少なくとも諸外国の企業に比べて、いわゆる「まとめ能力」で優れるようになったというのは、ごく普通の経済合理性から考えても、理の当然ではないかと思うのです。むろん、すでに説明したように、ただのぬるま湯的、もたれあい的な「長期関係主義」であれば競争力には結びつきませんが、長期雇用や長期取引が、内外での厳しい「能力構築競争」と結びつくとき、それは「長期能力主義」に基づく「統合型ものづくり」として結実するのです。

戦後日本企業の多くが、「まとめ能力」「チーム力」「統合力」などを営々と蓄積してきたとすれば、そうした企業と相性のいい製品は、やはり「モジュラー型」や「オープン型」より「擦り合わせ型」、つまり部品も設備も、ただ「ありもの」を寄せ集めるだけではお客さんが喜ばないタイプの製品になります。したがって、少なくとも二十世紀後半から二十一世紀初頭の今日まで、日本は「擦り合わせ大国」だった、というのが本書のひとつの結論です。こうした産業地政学的な認識から出発して、次の手を考えるのが、私が考える「組織能力とアーキテクチャによる比較優位説」であり、「現場発の戦略論」なのです。

アメリカ企業はオープン・モジュラー型が得意？

これに対し、「組み合わせ（モジュラー）型」、特に「オープン・モジュラー型」の製品になると、アメリカ企業が得意とするものが多くなるようです。

例えば、パソコンやその周辺機器、パッケージソフト、インターネット接続機器などにより構成される「デジタルネットワークシステム」系の製品群は、機能完結的なモジュールを業界標準インターフェースでつなぐ、典型的なオープン・モジュラー型のアーキテクチャで知られています。簡単に言ってしまえば、九〇年代を席巻したデジタル情報革命の結果、まさにそうしたオープン型のデジタルネットワーク製品群が国民経済に占める比重が高まったことが、それを得意とするアメリカ企業の繁栄をもたらしたわけです。特に、シリコンバレーのように元気なベンチャー企業が多く集まって緩やかな水平分業ネットワークを形成するような場所に、オープン・アーキテクチャはぴったりだったのです。

では、なぜそもそも、アメリカ企業はオープン・モジュラー製品に対して、ある種の比較優位を持つ傾向があるのでしょうか。やや乱暴な仮説ですが、それはアメリカが本質的に「移民の国」だったからではないか、と私は考えています。これは、厳密に社会科学的な仮説というより、数年アメリカに住んでみての実感に近いものですが。

思うにアメリカは、建国以来二百年以上、野心とやる気と能力のある人材を世界中から移民として取り込み、中のルールを押し付け、そのルールで競争をさせ、厳しく選別し、ルールを守り能力のある者は即戦力として使うというような国是で、ついには世界一の国力を持つようになったのです。

野球でいえば野茂やイチロー、両松井のように、アメリカという国は全世界から優秀な人間を即戦力として集め、ルールさえ守ってくれればその日から活躍してもらう、そういうことで発展してきたのです。私が属した学者の世界も、ビジネスの世界も、基本は同じです。そして、そういう風土だからこそ、移民が一代で大富豪になるようなアメリカン・ドリームも生まれてきたのです。特に、エリートの世界でその傾向が強かったと言えるでしょう。

もちろん、その裏には差別の暗黒史も流れています。往々にして競争における非成功者が極端な差別に走る傾向は根強くありましたし、先に来た入植民や移民があとから来た移民を差別するという構図も常に見られました。競争と差別はこの移民社会の明と暗です。しかし、アメリカの表の歴史を動かしてきた原動力は、あくまでも「ルール、競争、即戦力」というパターンだったと私は考えます。そして、そうした社会の成り立ちと相性がよかったのが、市場メカニズムであり、オープン・アーキテクチャだったのです。

このようにアメリカ（とりわけそのエリート層）は、社会の成り立ちからして「ルールというインターフェースを事前に決めて、ルールが守れて機能を発揮できる人材は、すぐに自分のポジションを得ることができる」という意味で、モジュラー的なのです。そして、こういう「モジュラー社会」で必要とされる能力は、個人であれ組織であれ、まずは事前にうまいルールやシステムを構想し、それを押し付けて普及させる力です。また、あらかじめルールに則って人材や製品を評価する能力も大事です。さらに、与えられたルールをすぐに習得し、自分の能力を人に分かりやすく表現できるプレゼンテーション力も重要です。事前のシステム構想力、事前の評価能力、プレゼンテーション力、押しの強さ……、これらはどれも、平均的日本人はやや苦手とする能力かもしれません。

いずれにしても、アメリカ社会は、まずは「つなぎのルール」を考え、明示することで、そのあとの「擦り合わせ」はなるべく減らし、よいアイデアをそのまま実現できるようにする、ということをずっと考えてきたように思います。そしてこの発想は、アメリカの「ものづくり」の思想や組織能力にも反映しているように思います。

そもそもアメリカ型「ものづくり」システム（American System of Manufacture）の歴史はおよそ二百年ですが、十九世紀の先進的なアメリカ製造企業では、組み立て作業の前にやすりで事後修正をするという生産現場の「擦り合わせ作業」を減らし、いわゆる「互換部品」を増やそうとしてきました。

「互換部品」というのは、例えば加工済みのボルトとナットを百個ずつ用意し、目をつぶってボルトとナットをひとつずつ取り出してくっつけても、それらが必ずぴったり合うぐらいに機械加工の寸法精度が保たれている部品のことで、これは現代の大量生産方式の大前提です。しかし十九世紀のアメリカの企業、例えばミシンのシンガーや拳銃のコルトなどは、「互換性部品を実現したい」「うちは実現した」と口では言っていたのですが、現実にはそれほどできていませんでした。本当の意味で「互換性部品による大量生産システム」を実現したのは、二十世紀初めの有名な「フォード生産システム」だったと、前述のカーネギーメロン大学のハウンシェル教授は主張しています。

こうして、生産現場における擦り合わせ（やすりかけ）を不要としたアメリカ型の大量生産方式は、二十世紀前半、世界を席巻しました。しかしその後、世紀後半になると、アメリカ製造業は自動車や家電など「擦り合わせ型」製品の領域で、現場の統合力を培っていた日本のメーカーに対し劣勢に立ちました。自動車や小型家電など、「擦り合わせ」系の製品が貿易の主役となった七〇年代から八〇年代には、「擦り合わせで勝負だ」という日本の優良ものづくり企業が、「擦り合わせはなるべくなくそう」という思想でやってきたアメリカの企業を圧倒する局面があちこちの産業で現れたのです。一九八九年、アメリカのものづくりの総本山ともいえるMITの産業競争力センター（IPC）がまとめた『メイド・イン・アメリカ』という本は、まさに「アメリカ式ものづくりは限界にきた」という真摯な自己批判の書だったといえます。

ところが九〇年代に入ると、先ほど説明したとおりインターネットに代表されるオープン・モジュラー型のデジタルネットワーク財が経済を牽引する時代となり、これと相性のよいアメリカの企業、そして経済は再び強くなったのです。当時の統計を見ても、九〇年代後半のアメリカ経済復活の背景には、設計面での「擦り合わせ」が少なくて済む「モジュラー型」のデジタル製品（パソコンのハード、ソフト、インターネット製品など）が国民経済に占める比率が高まったことがあるのは明らかです。

この情報革命によって、情報通信、金融、そして軍事を含めて様々な製品やシステムが急速にデジタル化しました。この世界では、多くの製品が、単に「モジュラー」なだけでなく、インターフェースが業界標準化した「オープン・アーキテクチャ」になっています。

だから、シリコンバレーなどで勃興してきた元気なベンチャー企業や、大胆に変身した老舗企業が、業界標準インターフェースという事前のルールを守りつつ、あとは自在に新製品を世に送り出すことによって、すごい勢いで最終製品を変化させ、またバリエーションを増やしてきたのです。

これに関しては、東京大学の西村清彦先生らの最近の研究でも、アメリカでは九〇年代後半、IT生産産業だけでなくサービスなどIT利用産業でも広範な生産性向上が見られること、日本の非製造業（IT利用産業）ではそうなっていないことを指摘しており、計量的な裏付けになっていると思われます（『情報技術革新と日本経済』西村・峰滝2004）。

オープン製品の場合、擦り合わせに余計なエネルギーを使わないので、製品やビジネスモデルのアイデアのよさがストレートにモノを言います。だから、アメリカ企業お得意の戦略構想力やシステム構築力で勝負できるのです。アメリカの優良企業はそうした持ち味を駆使して、様々なモジュラー型のデジタル財を開発し、それによって儲けるビジネスモデルを創造し、事業を急速展開させ、利益を上げていきました。それが九〇年代のアメリカ経済だったのです。

アメリカの製造業は、二十世紀の初めに、生産現場から擦り合わせをなくすこと、つまり互換部品の大量生産を基本とするフォード・システムで世界を席巻しました。そして、その後の低迷期、つまり「統合優位・擦り合わせ優位・日本優位」の時代を経たあと、世紀の最後の十年間、今度は設計開発の現場から擦り合わせをなくすオープン・アーキテクチャで再び世界を席巻したのです。それが私の考える、アメリカにとってのデジタル情報革命の意味です。

つまり、世紀の初めと終わりに起こったこの二つの事件は「擦り合わせをなくすとアメリカは強い」という、ひとつの共通点を持っています。逆に言えば、擦り合わせ製品（例えば自動車）の「裏の競争力」を見る限り、九〇年代を通じて日本企業はあまり負けていなかったのです。戦略やブランド、国内販売など、補完的な活動が下手だったために儲かっていなかっただけです。

青木理論とアーキテクチャ戦略

以上、「日本は擦り合わせ（インテグラル）が得意、アメリカはオープン・モジュラーが得意」という仮説と、その背景にある「組織能力は歴史がつくる」という考え方を説明しました。私は、どちらかというと現場観察の積み重ねから、徐々にこの発想を得たのですが、これに近い理論や仮説は、これまでにもあったと思います。

私が思いつく最も明晰な分析のひとつは、スタンフォード大学の青木昌彦先生による「V産業とM産業」という議論です（例えば『経済システムの進化と多元性』青木1995)。青木先生はここで、「機能的技能」を活かす「機能分化型組織」と「文脈的技能」を活かす「情報共有型組織」を分け、前者は要素技術や活動の間の相互依存性が高い「V産業」、後者はそうした相互依存性の低い「M産業」と結びついたときに最適であることを示しています。今考えると、青木先生のV産業とM産業は、明らかにインテグラル型とモジュラー型の区別と似ています。つまり、組織能力とアーキテクチャの間の相性を見ておられるのです。

青木先生の場合も、歴史的条件により、アメリカに「機能分化型組織」、日本に「情報共有型組織」が偏在している状況を暗に想定していますが、両国にV産業とM産業の両方が存在する状態、つまり日本もアメリカも得意産業と苦手産業の両方を抱え込んだ状況も、ある種の「膠着状態」（ゲーム均衡）として存在しうる、ということを進化ゲーム論の枠組みで説明しておられます。

私がこの本で行ってきたのは、あくまでも現場観察をベースに組み立てた戦略論ですが、青木先生の比較制度分析は、アーキテクチャの日米比較論を考えるうえでも大変参考になるのです。

2　アーキテクチャの比較優位論

組織能力の偏在が各地域の「得意技」を生む

以上のように私は、設計者がそれぞれの製品・サービスの設計情報を生み出す際の「基本的なものの考え方」、つまりアーキテクチャを虚心坦懐に見切ることが、各国企業の得意分野と不得意分野を見分けるヒントになると考えています。なぜなら、主に歴史的な理由により、ある特定のタイプの組織能力（例えば統合型ものづくり能力）を持った企業が、特定の国に集中して現れる、つまり偏在する傾向があると考えるからです。

ここまでは日本とアメリカについて簡単に説明しましたが、日米に限らず、地域ごとに似たような組織能力を持った企業が集中して現れる傾向は、あちこちで見られるように思います。要するに、歴史の積み重ねが組織能力の偏在をもたらす、ということです。ある国で、ある時期に、同じような経験をしてきた一群の企業、特に会社がまだ若くて小さいときに同じような「青春体験」をしてきた一群の企業は、似たような鍛えられ方をして、似たような組織能力を持つ傾向があるのではないでしょうか。それが、日本企業であれば現場の統合力だったわけです

表1　組織能力の偏在と得意アーキテクチャ：印象論的仮説

地域(国)	偏在する組織能力	得意な(相性のよい)アーキテクチャ
日　本	現場の**統合力**が偏在	オペレーション重視の擦り合わせ型製品
欧　州	対顧客の**表現力**が偏在	デザイン·ブランド重視の擦り合わせ型製品
米　国	システムの**構想力**が偏在	知識集約的なオープン·モジュラー製品
韓　国	資金と意思決定の**集中力**が偏在	資本集約的なオープン·モジュラー製品
中　国	出稼ぎ労働者の**動員力**が偏在	労働集約的なオープン·モジュラー製品
ASEAN	?(安価な多能工?)	労働集約的な擦り合わせ型製品?

し、アメリカではシステムの構想力のようなものだったのです。

つまり、そうした「国に偏在する組織能力」と相性のよいアーキテクチャを持った製品は、その国の得意製品となり、それが貿易統計などに現れるのかもしれません。いわば、「アーキテクチャの比較優位論」です。これも、まだ厳密に統計的な検証ができているわけではなく、主観的判断に基づく印象論の域を出ないのですが、思考実験としては面白いのではないかと思っています。もちろん、以下に示すのはある意味で単純すぎる図式ですが、私には、表1に示したようなおおまかな傾向が感じられます。

すでに気づかれていると思いますが、ここでは、「労働集約・資本集約」という伝統的な経済学における比較優位の考え方と、アーキテクチャという新しい考え方を併用しています。繰り返しますが、伝統的な経済学のツールが役に立たないなどと言っているわけではありません。むしろそれを補完する形で、アーキテクチャという概念を入れると、説明力がさらにアップするだろうと提案しているのです。

表現力のヨーロッパ企業はデザイン・ブランド勝負の擦り合わせ

ヨーロッパは、日本と並んで、擦り合わせアーキテクチャに強い地域です。しかし、その強さの内容が日本とは少し違います。ヨーロッパ企業は、デザインやブランドといった「表現力」で勝負するタイプの擦り合わせ製品で、特に強い傾向が見られるのです。機械製品はどちらかと言えば北ヨーロッパ（スカンジナビアからドイツにかけて）、アパレルや食品など軽工業製品は南ヨーロッパ（フランス・イタリアなど）と場所が違いますが、どちらもデザインやマーケティングやブランド構築など、顧客から見える「表の競争力」の部分で周到な擦り合わせをします。

つまり、同じ「擦り合わせが得意」でも、ヨーロッパの「優良ものづくり企業」の場合、日本企業のような製品の細かい部分での擦り合わせというよりはむしろ、会社全体としての顧客に対する一貫性を重視し、マーケティング的な要素のベクトルがぴったり合っているということ、つまり「ブランド」で勝負する傾向があります。よい細工のものをつくっている割にブランドが弱い日本製品とは、ある意味で対照的です。

例えば、フォルクスワーゲン、ダイムラー、BMW、ポルシェといったドイツの民族系の乗用車メーカーは、ブランド差異化を徹底的に追求し、そのためにわざわざ人件費の高いドイツで車をつくることにこだわりつづけています。この点に詳しい明治大学の風間信隆教授のお話によれば、およそ以下のような展開だったようです。

九〇年代初頭のドイツは、八〇年代末からハンガリーやチェコやポーランドといった旧東欧諸国が市場経済化し、すぐ隣にはるかに低コストな工業立地が突如開けたことによって、まさに「産業空洞化」の危機に瀕しました。こうした中で、ドイツの自動車メーカーは、ブランドさえ確立されていれば多少高くても車は売れるということを重視し、「メイド・イン・ジャーマニー」ブランドに支えられた高付加価値・高品質の乗用車を、あえて高コストのドイツでつくってドイツから輸出するという道を選んでいきました。

すなわちドイツのメーカーは、アメリカなど海外の新しい生産拠点では本国の生産拠点で生産していない新しいジャンルのモデル（例えばスポーツカーやスポーツユーティリティ車）の生産やCKD組立を手がけ、ドイツ国内の製造拠点では依然として伝統とブランド力の強いセダン系のモデルに集中する、という戦法をとったのです。その結果、ドイツ・ビッグ3は九〇年代前半の「空洞化」の危機を乗り切り、九〇年代を通じて概ね好調な業績を維持しました。

そして工場の海外移転どころか、むしろ国内に新工場を設立する動きを相次いで表明していたのです。

日本企業が中国企業との競争を考える際にも、低賃金国の競争圧力に対して、価格ではなくブランドで攻めの勝負をするという、このドイツ企業の発想に学ぶべき点は多いでしょう。近年、軽工業製品のブランド戦略で成功しているイタリア企業も同様であり、特に日本の産地の中小企業にとっては、小さい会社の多いイタリアはおおいに参考になるでしょう。

とはいえ、ブランドというのは、ある意味で「見てくれで勝負」とか「自分の価値観を押しつけて顧客を納得させてしまう」といった、強引であざといところがあり、デザイン・センスや職人仕事といった地道な能力に加えて、「口八丁手八丁」的な手練手管が要求されます。そのあたりが、日本企業の苦手なところです。あくまでも良いものをつくるのが大前提ですが、そのうえで、日本企業もしたたかなブランドづくりの組織能力をヨーロッパ企業から学ぶ必要がありそうです。

では、そもそもなぜ欧州が「表現力」なのか。何世代もかけて磨いたセンスとしか言いようのないところもありますが、少なくとも、この地域には、昔から力の拮抗した国や地域や都市が紛争や競争を繰り返してきた歴史があり、そこでは、交渉力も含めて「アピールしなければ埋没する」という圧力が常に存在したようにも感じます。学術的ではない印象論なので、このくらいにしておきましょう。

集中力の韓国は資本集約的なモジュラー製品に強い

次に韓国です。先年のサッカー・ワールドカップでも実感しましたが、この国の強みはやはり、大きなことを行うときの集中力ではないか、と個人的には思います。私も韓国の大メーカーの経営者とのお付き合いがありましたが、トップの意思決定が本当に早い。集中して、その場でぱっと決めてしまう。それだけに、とんでもなく間違えることもあり、リスクも大きいのですが、反対に波に乗るとすごいものがあります。「これをやれば勝てる」と確信を持ったときに、韓国の優良企業は非常に強い傾向があります。そして、その背後には大企業、特に財閥を軸にした韓国経済の歴史があると思います。

韓国のエレクトロニクス産業では、目下のところ三星電子が突出しています。三星電子の一人勝ちがちょっと極端で、韓国企業全体をこれで説明するのはそれこそ十把ひとからげで危ないのですが、その他の成功例を含めて考えてみても、少なくともこのケースが「韓国的な勝ちパターン」を体現しているとは言えそうです。つまり、韓国の財閥の歴史が示す大企業の資金集中力と、本社の戦略的意思決定の集中力が相乗効果を見せたとき、特にある種の製品タイプで強さを発揮するように見えるのです。それは、いわば「資本集約的なモジュラー製品」においてです。

三星電子は現在、DRAM半導体やパソコンモニター用の汎用液晶などいくつもの製品で世界のトップですが、二年ほど前にその主力である巨大な器興の工場などを訪問し、話を聞いた限りでは、DRAMや汎用液晶の生産工程はかなりモジュラー的です。

よく言われることですが、製造装置の中に生産技術の要諦が体化しており、また設備に体化していない人的なノウハウも、設備メーカーから集めれば、ほぼ再現できると言われます。つまり、個々の設備がかなり機能完結的になっているのです。だからトップの迅速な戦略判断によって、他社の機先を制して三千億円なりの設備投資をタイミングよく行い、最新鋭の設備を寄せ集め、圧倒的な規模とスピードで次世代半導体の生産ラインを組んでしまえば、そこでほぼ勝負がついてしまいます。

このように、「ここを攻めれば勝てる」という目処が立ったときの韓国のベストプラクティス企業は、資金面でも戦略的意思決定の面でも、集中力がすごいのです。これは造船や鉄鋼など、他の分野でも歴史的に繰り返されてきた、いわば韓国企業の「勝ちパターン」と見ることができます。もちろん、失敗したときの損害も大きく、同じ産業の中でも会社や時期によって好不調の波が激しい傾向はありますが、少なくとも韓国のベストプラクティス企業に見られるトップのスピーディな意思決定力には、日本企業も学ぶべきところがあるように思われます。

ただし、仮に韓国の強みが「資本集約型のモジュラー製品」だとすると、今後資本蓄積が進んでくると見られる中国の大企業と、得意技がオーバーラップし、彼らとの競争が厳しくなる可能性はあるでしょう。今後、韓国企業があくまでも現在の勝ちパターンで突き進むのか、あるいは新たな能力構築に乗り出すのか。それは韓国の産業・企業の戦略構想次第でしょう。

動員力の中国は労働集約的なモジュラー製品で強い

中国については分析すべきことがたくさんあるので、章を改めてもう一度論じることにしますが、一言で言うなら、この国のものづくり企業も、アメリカとはまったく違う歴史的な理由で「オープン・モジュラー型」の製品が得意だ、というのが、私のおおまかな仮説です。

ただし、中国の外資系や地場系の工場が得意としているのは、事前に周到に設計された、例のシリコンバレー・タイプの「真正オープン・アーキテクチャ」だけではありません。あとで詳しく説明しますが、むしろ私が「疑似オープン・アーキテクチャ」と呼んでいるもの、つまりコピー部品やその改造部品を事後的に寄せ集めてつくるタイプの製品も相当あります。むしろ、地場企業はこっちが多いようです。

なぜ中国の製品がコピー部品や改造部品の寄せ集め、つまり「疑似オープン」になりやすいのかについては厳密な実証研究はされていませんが、私はここでもやはり、産業の初期条件やその後の進化経路といった歴史的な要因が効いているのではないか、という仮説を持っています。

中国で模倣品が氾濫しているのはまぎれもない事実ですが、それは中国企業に根源的な開発能力がないからだとか、もともと模倣の性向があるからだとか言うのは、ちょっと失礼だし、当たってもいないだろうと思います。私の仮説は、ここでも歴史起源説です。具体的に言うなら、戦後中国が「ソ連型の研究開発システム」から出発した、という歴史的ないきさつに、私は注目します。「ソ連型」とは、国家が中央集権的にR＆Dを集中的に行い、その成果である設計図などを、いわば「公共財」として全国の工場に支給するというシステムのことです。

ですから、中国全土に散らばる工場は、もともと研究開発機能を持っていなかったわけです。ソ連型ですから、ある意味では国家レベルのR＆Dのレベルは高く、有人衛星を飛ばすのも何ら不思議はないのですが、個々の企業の研究開発能力はまったく別の話です。たまたま国家の研究所を引き継いだ第一自動車や東風自動車のような国営大企業を例外とするなら、ほとんどの中国企業は歴史的な理由で研究開発資源が欠如した状態にあったのです。

そんな状況からスタートして、いきなり「改革開放」で多くの産業が勃興し、企業も製品設計情報を何とか手に入れて成長する市場機会に対応しなければならなかった。となれば、とりあえずは研究開発資源を節約しながら、何がしかの製品をつくって売る方式を考えざるを得ません。

そのやり方とは、大きくいえば三つです。第一は、外資からライセンスなどで正式に外国設計を導入すること。第二は、非公式（あるいは非合法）に外国製品などをコピーすること。そして第三に、もう少し製品にオリジナリティを出したいと考える企業が少ない開発資源で市場ニーズに対応しようとすれば、コピー・改造部品を寄せ集めて新製品を「開発」する「疑似オープン」化が近道だったのです。

むろん中国産業の知財軽視を弁護するつもりはありませんが、少なくとも、そうした歴史的事情でコピー製品やコピー部品が全国に広まってしまったわけですから、この現実から出発し、そういう「疑似オープン製品」と中国市場や世界市場で競争するにはどうすればよいか、あるいはそれを逆手に取って利用する算段はないか、といったしたたかな「アーキテクチャ戦略」の視点を日本企業も持つべきだと考えています。

このように、意図していたかどうかは別として、結果的には「疑似オープン・アーキテクチャ」を選択した中国企業が多いわけですが、いずれにせよ、その強みは何といっても事業展開のスピードです。反面、独自の要素技術がなかなか育たず、差別化が不充分な企業が多数参入して誰も儲からなくなり、それで次の技術投資もできなくなる、という悪循環が弱点です。私はこれを「技術的ロックイン」と呼んでいますが、それについては次章で改めてお話ししましょう。

中国地場の家電産業やオートバイ産業は、既にずいぶん前からそうした「疑似オープン」状況になっています。

例えばオートバイの場合、ホンダCG125のようなオリジナルモデルがライセンス生産や輸出という形で中国市場に出ると、その部品が無断コピーされ、その結果全国で出てきた「ホンダCG125まがい」のコピー・改造部品を組み合わせることによって、非常に安い「ホンダCG125まがい」のオートバイが中国全土で、多数の地場のオートバイ組立メーカーによって生産されるようになります。

中国のオートバイ市場は一千万台レベルで世界一ですが、その大半は「本田まがい」製品と言えるでしょう。皮肉なことに、ホンダは自らの「まがい製品」の低価格に圧倒され、二〇〇〇年ごろにはわずか三％のシェアしかとれなかったと言います。これなど「疑似オープン・アーキテクチャ」の典型であり、そこで苦戦したホンダは、「擦り合わせは得意だが寄せ集めになると弱い」という日本企業の典型的な姿だったとも言えましょう。

家電の場合も似たような状況です。例えば、中国のカラーテレビは二〇〇二～三年ごろには数千万台を百社ぐらいで入り乱れてつくっていたといわれますが、ソニーのようにブラウン管から自社独自のものをつくって、要素技術から差別化している中国企業があるかというと、ほとんどありません。冷蔵庫も洗濯機もエアコンもそうですが、中国の家電の多くは、もともと日本などの擦り合わせ製品の一部であった部品設計や要素技術を、あたかも汎用部品のように寄せ集め、あるいは「お手本」にして短期勝負で開発する「疑似オープン・アーキテクチャ」の製品なのです。大手メーカーはさすがに外観デザインや組み合わせの妙で新味を出すこともありますが、全体として寄せ集め的であることには変わりありません。

さて、オリジナル設計部品であれ、ライセンス部品であれ、無断コピーの部品であれ、こうした「既存設計部品」の寄せ集めでつくれるオープン・モジュラー製品を組み立てるとなると、経済特区とも言える広東省など華南地域に典型的に見られる、一種の「出稼ぎ・単能工型の労働供給モデル」がものを言います。つまり、中国の企業システム、特に「華南モデル」の強みは、その「動員力」にあるのです。

経済学ではこれを「無制限供給」といいますが、一橋大学の関満博教授や神戸商科大学の安室憲一教授からお聞きした話を総合してみると、例えば人口四億人（四川省だけで二億人）ともいわれる中国内陸部の農村から、十八歳から二十一歳ぐらいの、主に女性の出稼ぎ労働者予備軍が、単身でまさに無制限に出てくるのです。彼女たちは概して非常に優秀であり、視力が三・〇というような人が普通にいて、モチベーションも高く、日本円で言えば月に一万円ほどで一生懸命に働きます。しかも何といっても供給量が多いので、工場は優秀な者だけを選抜してラインを組むことができるのです。

中国は、農村戸籍の人は大都市に居住できない、という江戸時代みたいなことを今でも続けていますが、彼女たちはいわば例外措置のような形で、一年契約でつなぎながら都合三年ほど雇われ、その期間が過ぎれば故郷に帰っていきます。それまでに二十万円ほどたまるそうですが、故郷の村に帰ればそれで立派な家が建つということです。それをうらやましがったほかの家が、今度は自分の子供を華南に送り出す。こうして労働力が無制限に供給されますから、平均年齢はいつまでたっても二十歳以下です。

賃金もこの十年、ほとんど上がっていません。しかも、すぐに帰ってしまう短期就労ですから、福利厚生費も退職金も非常に安い。結局、福利厚生費も含めた人件費で日本と比較すると、時間当たり二十倍以上の格差になるといわれます。この調子でやられたら、日本の生産現場は絶対にかなわないと思う経営者が多かったのも無理もありません。

しかし、この本で繰り返し指摘しているように、日本でも中国でもアメリカでも、どこの国でも相対的に得意な製品と苦手な製品があるというのが、貿易論における「比較優位」という考え方の基本です。こうした「出稼ぎ・単能工型の労働供給モデル」の場合も、それと相性がよいのは、人海戦術で単能工をたくさん並べて大きなロットでどんどん生産する、労働集約的でしかも比較的単純なモジュラー製品、特にオープン製品なのです。

例えば、十八歳で来て二十一歳で国に帰ってしまう人たちに、自動車を効率よくつくれる多能工になってと言っても、それは無理があります。なぜなら、法政大学の小池和男先生が鋭く指摘しておられるように、自動車の組立ラインの多能工というのは、たんに複数の持ち場で標準時間に遅れずに作業ができる、という人のことではないからです。少なくとも日本の「統合型」の自動車生産現場における多能工とは、生産現場で始終起こっている異常や不具合に即応する能力を備えた人のことを言うのです。具体的に言うなら、ラインで発生するほとんどの問題を発生した瞬間に見つけ、あるいは発生する前にその兆しをつかみ、即座に対策を考え、一分、二分というサイクルタイムの間にそれを実施してしまう、という異常対応能力を、十数人の生産職場のどこででも発揮できるような人のことです。

こういう人を育成するのには、それこそ何年もかかるのです。自動車の場合、そういう人が職場の大半を占めていないと、競争力のある生産現場はできない、と小池先生は喝破します。「統合型ものづくり」は、そういう意味での多能工が支えているのです（『もの造りの技能』小池・中馬・太田2001）。これについては後述します。

このように、自動車や自動車部品のような「擦り合わせ型」の製品を、多品種少量あるいは変種変量で、しかも十分な生産性と品質でつくるということになると、よい人材を内部で育成し、外部から引き抜かれないようにしなければなりません。そうなると、中国の人件費といえども、そうそう安くはありません。日本との人件費の差はぐっと縮まります。上海地域やその南の浙江省あたりの工場を調査した限りでは、こういう優秀な人を雇って生産することは可能ではあるが、コストはずっと高くなります。

中国でも、多能工を使った複雑な擦り合わせ製品の生産は可能だし、上海ＶＷや広汽本田の製品を見ても、その品質は立派なものです。しかしそこで働く労働者の人件費は、すでに四万円、五万円というレベルであり、決して「日本の二十分の一」などではありません。

やはり中国製造業の強みは、「出稼ぎ・単能工」による人海戦術を活かした、大ロットの大量生産ラインに乗る、労働集約的なモジュラー製品にあります。そしてこのビジネスモデルは、少なくとも自動車のような複雑な擦り合わせ型製品には、必ずしも合わないのです。この辺りの話は、次章でもう少し細かく見ることにしましょう。

ＡＳＥＡＮは低価格帯の擦り合わせ製品で対中棲み分けか

次に、ＡＳＥＡＮ諸国について考えてみましょう。ＡＳＥＡＮは国によって所得水準も市場特性もかなり異なるので、一概には言えません。しかし全体として、中国とどう競争するかという問題に直面していると言えましょう。

賃金水準で言えば、ベトナムはまだ中国の華南などよりも安い。一方、タイなどはやや高めになります。中国のように内陸部から若年労働力が無制限供給、というわけにはいきませんから、単能工の賃金の低位安定という点では、長期的には不利でしょう。また、中国と比べた場合、ASEAN全体として、地場企業の設計能力、素材産業の発達、管理職クラスの人材、などといった点で弱点があるといわれています。労働争議のリスクも場所によってはあります。

しかし少なくとも、一九九七年のアジア経済危機以降の数年間は、労働者の定着率はかなりよかったようです。つまり、労働者が長期的に企業に定着し、比較的安価な多能工が育つ土壌が、ここ数年はあったということです。

このあたりのことは、危機以前のレベルにほぼ復帰し、またぞろバブルの匂いがしてきたタイなどでは、再び雇用が流動化してしまう可能性もあるので、予断を許しません。しかし当面、ASEAN諸国で、比較的安価に従業員を引き止め、多能工教育にのせることができる余地があるならば、日本企業の設計アーキテクチャに乗った形で、価格的にはローエンドの労働集約的な擦り合わせ製品の生産基地にしていく、という戦略も考えられます。特にタイやベトナムが有力視されます。

つまり、中国の華南の労働供給モデルと比べたときに、ASEANは安価で優秀な「単能工」の供給力では負けるが、安価で優秀な「多能工」の供給力では負けない、という状況がありえるということです。ここに、ASEANと日本の連携の可能性があると思います。

そもそもASEANには、日本企業の工場がかなり以前からたくさん行っています。現地企業にはまだ独自設計の能力があまりありませんから、基本的には日本企業の擦り合わせアーキテクチャに乗ってもらい、そのうえで「労働集約的な擦り合わせ製品」を安く品質よくつくってもらう。そのための現地での多能工教育は、日本側も産と官が協力し、ODAもそういう戦略的なところに集中的に投下していく。アーキテクチャの比較優位論に基づく、こうした絞り込みの利いた対ASEAN戦略というのがあっていいと私は思うのです。

というのも、ASEANはASEANで、「低価格帯のモジュラー製品」で中国と正面から競争することには不安があるのです。ここは正面衝突を避けて、ASEANは「低価格帯の擦り合わせ製品」でいくという経済戦略は、彼らにとっても悪くない路線ではないでしょうか。

例えば自動車産業の場合、近年トヨタやいすゞ、米国メーカーなど、外資企業の現地工場を中心に、タイはいわゆるピックアップ・トラックの世界的な生産・輸出基地になりつつあります。ピックアップ・トラックは、ベースモデルは比較的安価な製品で、セダン系乗用車よりは多少モジュラー寄りですが、それでも日本企業が設計するピックアップは、基本的に「擦り合わせ系」の製品と言えます。タイはその輸出基地になりつつあるのです。

一方、中国の地場メーカーが多くつくっている「疑似オープン」系のピックアップその他の小型トラックは、もっぱら国内市場向けであり、輸出競争力は持っていません。形は似ていますが、中国のピックアップとタイのピックアップは、アーキテクチャがまったく異なり、競争上の位置付けも異なるため、正面から競合することは今のところはないのです。

オートバイも同様です。例えばベトナムでは、ホンダを中心にスーパーカブを現地向けに改良した自社設計の「擦り合わせ型」のオートバイをたくさん売り、この市場で圧倒的なシェアを持っていました。ところがそこに二〇〇一年ごろ、中国製の疑似オープン（コピー部品寄せ集め）アーキテクチャのオートバイが、現地ノックダウン組立車としてかなり安価で入ってくると、あっという間にベトナム市場を席巻してしまいました。しかしその後、品質上大きな問題があることが明らかになり、中国製オートバイの売り上げは失速し、日本企業の現地生産モデルが押し返しました。

つまり、ここで起こっていたのは、形は似ているがアーキテクチャの異なる日本系のオートバイと中国系のオートバイの間の「アーキテクチャ間競争」だったのです。しかもその戦況は、同じASEANでも国によっても異なるようです。

タイでは、品質にうるさい顧客が「やっぱりオートバイは擦り合わせじゃなきゃだめだね」と言ってくれているらしく、日本企業の現地生産車の優位は揺るぎません。一方、ベトナムやインドネシアでは、中国製の「寄せ集めオートバイ」に攻め込まれて大きくシェアを奪われましたが、その後現地市場で「やっぱりオートバイは擦り合わせ設計でないと……」という再評価が起こりました。また、現地のホンダなど日本メーカーも、基本的には擦り合わせ路線を維持しつつも過剰設計の見直しなどにより、価格が半分のオートバイを開発して逆襲しました。その結果、日本企業の現地生産車がかなりシェアを取り返しています。

もっとも、その過程で、日本メーカーのオートバイの設計も、以前よりは少しモジュラー寄りの方向に動いたようです。中国製の「疑似オープン・モジュラー型」オートバイの価格プレッシャーが、日本企業の製品アーキテクチャにも影響を与えたという構図でしょう。気取って言うなら、「アーキテクチャ間競争は、アーキテクチャの収斂化をもたらすことがある」ということでしょうか。

このように、ASEANにとって中国製品との競合は、価格帯がオーバーラップするだけに日本以上に直接的です。タイなどでも真剣に中国脅威論が議論されているようです。このことについては、タイで技術指導を行っている日本人専門家とずいぶんディスカッションしました。明解な答えは出ませんでしたが、暫定的な結論として、製品ジャンル的に中国との正面衝突は避けるべきではないかという、「アーキテクチャの棲み分け」論に落ち着いたのです。

中国はこれからも、低価格帯のオープン・モジュラー寄りの製品では非常に強い競争力を発揮していくでしょうから、タイなどASEAN諸国は、低価格帯の「擦り合わせ製品」を意識的に誘致していく路線が、当面は彼らにとってもいいと私は考えます。一方、総花的だと評判のよくない日本のＯＤＡも、そうしたアーキテクチャ戦略を応用して、地場企業の現場の統合能力を高めること——例えば多能工の訓練教育などに集中的に使っていくという手もあるのではないでしょうか。ここは彼らのプライドもあるので、どのように説得するか工夫が必要ですが、既に述べたように、ＡＳＥＡＮは中国に比べれば地場企業の設計能力が弱いので、これまでの長年の関係を当面は大事にして、日本企業の擦り合わせ型アーキテクチャを利用した日本との生産分業を、積極的に考えてもらう必要があるのです。

例えば、キヤノンなど一部の日本企業が、ベトナムなどに新たな生産拠点を新設していますが、たんに中国への過剰集中を避けるというだけのことだけでなく、ベトナムにはベトナムの強み（例えば、ねばり強く働く定着率のよい労働力）に合ったアーキテクチャの製品を持っていく、という戦略的な発想が必要でしょう。また、既に俎上にのぼっているＦＴＡ（自由貿易協定）あるいはＥＰＡ（経済連携協定）なども、こうした「アーキテクチャ面での棲み分けと連携」という視点を常に念頭に置くべきだと思います。

台湾——モジュラー戦略から擦り合わせ戦略へ

最後に、お隣の台湾についてもコメントしておきましょう。台湾は、アーキテクチャの産業地政学を考える場合、きわめて面白い位置にあることが分かります。つまり、北に日本、太平洋越しの東にアメリカ、西に中国本土、南にASEAN、という位置取りです。さてそこで、先ほどからのアーキテクチャ論を思い出してください。少し物騒な言い方ですが、環太平洋地域において、アメリカと中国はいわば「モジュラー枢軸」、日本とASEANは「擦り合わせ枢軸」を形成しているとすれば、台湾はちょうどその交差点あたりに位置します。

台湾はこの位置取りをうまく利用して、ある時期には日本企業と連携し「擦り合わせ路線」へ向かい、またある時期にはアメリカ企業と組んで「モジュラー路線」で日本企業に対抗する。あるいは、中国本土で大々的にモジュラービジネスを展開する。そのあたりのかじ取りが実に戦略的だと感心させられます。しかし、四方と連携できるということは、同時に、四方と競合し、四方に向かって空洞化が起こる可能性も意味しています。ここが、台湾の悩ましいところでしょう。

ここ十数年の台湾は、半導体ではアメリカのファブレス（開発専門）企業と組んで、自らはファンドリー（製造専門企業）として勝負しました。そして、「現場擦り合わせ」にこだわってもたついた日本企業をしり目に、半導体開発アーキテクチャがモジュラー化した時代に、自らの明確な戦略的位置取りで成功をおさめたのです。シリコンバレーと密接に連携したモジュラー型の産業集積である「新竹団地」を発展させた、台湾の産官学連携は見事だったと言えましょう。

一方、パソコンやパソコン周辺機器といったモジュラー製品でも、エイサーを筆頭に、アメリカ企業などへのOEM供給を梃子に急成長しました。並行して台湾企業の中国本土への投資も膨大なものになっていきましたが、その中国ビジネスのかなりの部分が、いわゆるモジュラー製品ビジネスでした。中国華南の電子産業を引っ張る東莞市の産業集積を支えるのは、多数の台湾企業です。つまり、近年の台湾企業の勝ちパターンは、アメリカ・中国と二股をかけたモジュラービジネスだったわけです。

ところがその中国経済、特に華南や長江地域の急成長ゆえに、台湾企業によるモジュラー製品での中国進出、言い換えれば対中空洞化に歯止めがかからなくなり、他方アメリカ企業なども、台湾の頭越しに中国と直接「モジュラー枢軸」を形成するようになってきました。つまり、近年の台湾を繁栄に導いてきた「モジュラー枢軸路線」が、両刃の剣となってきたのです。そんな流れもあって、台湾では、擦り合わせへの回帰という動きが出てきているようです。

半導体の分野でも、これまでのファンドリー方式から、設計機能を取り込み、設計・開発の統合度を高めた半導体ビジネスに転換し、擦り合わせ型の半導体への対応能力を付けようとしています。その背景には、すでにお話ししたように、半導体そのものが、線幅〇・一ミクロンに近付く辺りから開発と設計をバラバラに行うことが難しくなり、かつてと同様に擦り合わせ重視の製品に回帰しつつあるという認識があるようです。

その一方で、パソコンのようにモジュラー・アーキテクチャで定着した製品は、中国本土での生産を進めていきます。つまり、国内には擦り合わせ型のオペレーションを取り込み、モジュラー型のオペレーションは中国に展開していくという、新たな動きが一部に見られるようです。そうなれば、「擦り合わせ大国」である日本企業との関係は、再び強まってくるかもしれません。

こうして見ると、「モジュラー枢軸と擦り合わせ枢軸の交差点」に位置する台湾の企業にとって、長期的に見て必要なことは、どちらかのアーキテクチャに自らを固定することではなく、むしろモジュラー型と擦り合わせ型の間での柔軟なアーキテクチャ転換を可能にするような「組織能力の幅」を確保することなのかもしれません。つまり、台湾企業が持つべきは、アーキテクチャの路線転換についていくための「機動力」だということです。なお、台湾半導体企業のアーキテクチャの転換力については、台湾経済研究院東京事務所の陳東瀛所長の論考が参考になります。

擦り合わせ大国日本のグローバル戦略

以上は、あまり学問的には厳密でない、印象論的な話でしたが、「組織能力の偏在とアーキテクチャの得手不得手」という分析枠組みを手がかりに、産業競争力に関するいろいろなことを解読していくと、かなり辻褄のあった説明ができるのではないかと思います。

もちろん日本にもモジュラービジネスが得意な会社はありますし、「猫も杓子も日本人は全員、擦り合わせで勝負せよ」などといった暴論を吐くつもりはありません。あとであらためて説明しますが、実は、個々の日本企業にとっては「擦り合わせ勝負」が基本だとしても、日本全体としてはむしろ「擦り合わせ過剰」だ、という「合成の誤謬」のようなことが起こっているのかもしれません。むしろモジュラービジネスがもっと混入したほうが、日本経済にとってはよいのではないかと私は考えるのです。

しかし、少なくとも現状の傾向としては、戦後日本は明らかに「擦り合わせ大国」であったこと、そしてその「擦り合わせ大国日本」はアメリカと中国という二大「モジュラー大国」にはさまれていること、そういう産業地政学的な認識を持つべきだと私は考えます。

さらに言うなら、企業は国境を越えて活動し、ネットワークを組める存在であるわけですから、日本企業としてのグローバルな競争・協調戦略も、各地域の得意アーキテクチャの構図を意識したものであっていいと思います。これに関して粗っぽい将来図を描いてみるなら、次のような感じでしょうか。

まずアメリカ企業からはモジュラー系ビジネスを推進する構想力や戦略力を学ぶ一方、技術集約型の擦り合わせ製品での対米競争優位は確保する必要があります。一方、ユーラシア大陸の反対側にいるヨーロッパ企業からは、企業間提携などを通じてデザインやブランドに関する擦り合わせ能力を学び、より高価格帯の製品でヨーロッパの市場で戦えるブランド力を培うのです。

その意味で、すでに説明した日産とルノーの提携は、「統合力→オペレーション重視の擦り合わせ製品」パターンの日本企業と、「表現力→デザイン・ブランド重視の擦り合わせ製品」パターンのヨーロッパ企業という、異なるタイプの擦り合わせ能力を持った会社が手を結び、お互いに学びあっている状況といえるでしょう。つまり、欧米企業に対しては、日本企業の「現場の統合能力」を売り物にして、相互学習・相互利用の戦略提携を活用し、協調と競争を同時に進めるのです。

韓国企業とも、一部ではすでに対等な関係の戦略提携などが始まっており、今後は対欧米と同様、競争と協調のバランスをとることがポイントになってくるでしょう。電子機器や造船や鉄鋼や自動車などでは熾烈な競争もありますが、何といっても隣国ですから、日韓産業界の連携プレーも大事です。

その出発点は、多くの韓国企業がモジュラービジネスを得意にしていること――特に旧財閥系の巨大企業の一部はＤＲＡＭのような資本集約的なモジュラー製品を得意としていることに対する認識です。つまり、日韓で競合する分野であっても、「日本企業は擦り合わせ寄り」「韓国企業は「モジュラー寄り」というように得意分野をずらす位置取り感覚を持つべきではないでしょうか。

すでに液晶や半導体では、そういう棲み分けができつつあるように思えます。さらに韓国得意のモジュラー製品は、往々にして日本製の擦り合わせ型の材料や部品や設備に頼る傾向があります。半導体設備や液晶材料はその典型で、その点では韓国は日本の大事な得意先です。このように、アーキテクチャ論の視点から競合と補完のバランスを見極めることができれば、日韓経済関係の将来像もある程度見えてくるのではないでしょうか。私はそうした戦略構想を踏まえて、FTAなりEPAなりを積極的に利用していくべきだと思います。

次に、ASEAN諸国に対しては、当面は日本企業の擦り合わせアーキテクチャに同調してもらい、一部の設計機能も移転しつつ低価格帯の擦り合わせ製品はASEAN拠点に任せる、という生産分業の可能性を広げていく方向と見ます。FTA・EPAも適宜活用し、擦り合わせ製品を中心とした補完生産のネットワークをこれまで以上に拡充していくべきでしょう。ここで重要なことは、一企業として中国拠点とASEAN拠点をどのように使い分け、かつ連携させていくかでしょう。ここでも、アーキテクチャ戦略の発想が役立つかもしれません。

その一方で、中国とは厳しい競争になる分野もありますが、基本的にはアーキテクチャと価格帯での棲み分けを強く意識し、低価格帯のモジュラー製品は中国拠点、高価格帯の擦り合わせ製品は日本拠点、という明確な生産分業のビジョンを持つべきでしょう。同時に、擦り合わせ型の部品や設備を中国のモジュラー生産拠点向けに輸出するという、現在拡大しつつある対中ビジネスのパターンは、今後も定着していくと考えられます。

中国は競争相手であると同時に、重要な市場であり生産拠点でもある、という事実は変わりません。中国に関しては、日本企業の擦り合わせ製品と中国地場企業の寄せ集め製品の間の「アーキテクチャ間競争」など難しい部分もありますが、それについては次の章であらためて説明しましょう。

ごく大雑把な考え方を示しましたが、「アーキテクチャの比較優位」という発想は、日本はどんな産業で勝負すべきかを考える政策当局にとっても、国内に何を残し海外に何を持っていくかを考える個々の企業にとっても、役に立つのではないかと思っています。

特に、国境を超えうる存在である企業は、その国に合った製品とものづくりシステムを各々の国に展開し、それらを結びつけ、全体最適化を図っていくわけです。その際、「アーキテクチャの比較優位」という視点を加味した立地戦略をとることによって、より冷静な、地に足の着いたグローバル展開が可能になるのではないでしょうか。

【第5章解題】

さて、第2章から第4章で、産業競争力分析の「CAPアプローチ」の三つの柱が揃ったことになる。そこで、第5章以下では、これを「ポスト冷戦期」のグローバル競争の実態に応用していく。第5章と第6章は、二〇〇四年時点での、主要経済国・地域、例えば日本、アメリカ、EU、中国などに、このCAPフレームワークを当てはめ、設計の比較優位説を用いて、各地域の産業経済の現状をどの程度うまく説明できるか、その説明力を試したわけである。

ここで「CAPフレームワーク」を再説する。「設計の比較優位説」は、ある国に多く賦存する組織能力のタイプと適合性の高いアーキテクチャを持つ製品は、設計費や生産費の優位性から、安定的な輸出品目となりやすい、というものであった。

前章で見たように、ある製品のアーキテクチャが、調整集約的（インテグラル型・擦り合わせ型）であるか、調整節約的（モジュラー型、組み合わせ型）であるかは、各製品の機能構造マトリックスの作成、共通部品率などアーキテクチャ随伴現象の判定、部品間インターフェースの分類などによって測定可能である。

一方、組織能力の測定も、例えば統合型組織能力（例えばトヨタ生産方式）であれば、トヨタ生産方式を構成する約二百の調整型組織ルーチンのうち、いくつが実際に存在するかをカウントすれば、大まかに測定することができる。自動車の製品開発に関しては、藤本・クラークの『製品開発力』（藤本・クラーク 2009）や私のハーバード大学博士論文の中で、約三〇の統合型製品開発の組織ルーチンの実現度を測定し、この「統合型開発組織能力（C）」と、製品開発パフォーマンス（P）、例えば製品開発リードタイムの短さ、製品開発生産性の間に相関関係が存在することを示している。つまり、「開発の組織能力」と「裏の競争力」の間の因果関係（C→P）を検討したのである。

しかしながら、なぜある国にあるタイプの組織能力が集中的に存在するのか、例えば、なぜ戦後の日本には統合型の組織能力を持つ現場が多く集積したのか、なぜアメリカのシリコンバレーや中国の華南工業地帯には分業型の組織能力を持つ現場が多く存在するのか、等々を説明するためには、それぞれの国の経済・産業の歴史を見ていく必要がある。組織能力の形成は、往々にして経路依存的であり、「ヒストリー・マターズ」だからである。

そこで第5章では、戦後日本に統合型組織能力が多く蓄積したのはなぜか、アメリカに分業型組織能力が多く蓄積したのはなぜかについて論じている。これらは概して長期の歴史的分析なので、原著発刊後の二十年間で、いくつかの進展はあったものの、大きく変わったわけではない。それは、第5章の本文をお読みいただければわかると思う。なお産業現場の組織能力の進化については、拙著『生産システムの進化論』(藤本1997)などの研究書もご参照いただきたい。

ごく簡単に言えば、大量の国際移民の流入が二十世紀前半の高度成長期を支えた「移民の国」アメリカは、流動的な労働力市場ゆえに、作業や職務の標準化・単純化・専門化をコアとする「分業型組織能力」が発達した。

他方、戦後(二十世紀後半)に「移民なき高度経済成長」を経験した日本は、慢性的労働力不足と労働力のスイッチングコストの高さなどにより、作業や職務の柔軟性・多能性・協働性、つまり「多能工のチームワーク」を重視する「統合型・調整型・協業型の組織能力」が蓄積されることとなった。

要するに、労働市場の流動性あるいは安定性が、産業現場が統合型か分業型かを分ける大きな要因となったわけである。こうしたアメリカと日本の組織能力の定性的比較は、単なる日米比較ではなく、「分業と協業」という二大パラダイム間の比較とも言える。

以上が、この章で展開される「産業の地政学」の大枠である。

次に、第5章の後半では、ヨーロッパ、中国、韓国、台湾、東南アジアなども含めた諸地域の産業略史と、その結果として現れた組織能力の傾向的な違いについて、上記の「産業の地政学」のロジックで説明している。ここでも、組織能力の形成は、歴史依存的・経路依存的だ、との考え方が採用されている。

アジア諸国の発展は著しいので、二〇〇四〜二四年の間に大きな変化もあった。この点を追加説明しておこう。まず中国は、十億人を超える人口の動員力は依然として強く、したがって、労働集約的でシンプルなモジュラー型製品での国際競争力は、二〇二〇年代においても相変わらずである。例えば、越境EC等を通じてアメリカに大量輸出される小物製品の一大生産拠点は、依然として中国華南である。

一方で中国は、その後、二〇一〇年代から二〇二〇年代にかけて、より技術集約的なハイテク・モジュラー型製品、特に、デジタルネットワーク製品やソフトウェアの競争力強化を図ったが、その結果、もともとこの分野を得意とするアメリカとの競合関係が高まり、米中摩擦の一因となった。中国はこの分野でも概して成功してきたが、半面、米中摩擦や、失業率の上昇などの副作用も大きいと見られる。中国の高度成長は二〇二〇年代にはほぼ終了しているが、どのような産業構造に落ち着くかは、今のところ未知数である。

韓国が財閥企業を中心に、資本集約的なモジュラー製品に強いこと、これもその後の二十年間、基本的に変わってはいないが、中国が技術集約的・資本集約的な製品の競争力を強化する中で、その圧力を感じる韓国は、よりインテグラル型寄りの製品（例えば、高機能自動車や高級鋼）でも、長期的に能力構築し、国際競争力を高めつつある。台湾が、インテグラル型製品にもモジュラー型製品にも強い、折衷型の強みを持つことも相変わらずである。

二〇二四年の段階でも、まだよく分からないのは、東南アジア諸国とインドの趨勢であろう。インドは今や中国を超える人口大国だが、地域ごとのモザイク構造は相変わらずで、中国のように地域間を数千万人規模で就業者が動くということはまずない。したがって、経済成長の高い地域では、労働力不足が比較的早くに始まり、中国とは異なる組織能力分布、あるいはアーキテクチャの比較優位品目の違いが顕著になってくるのではないかと見られる。

東南アジア諸国間には、もとより歴史や地理の違いに基づく多様性があり、どの国がどのような組織能力を高め、どのような主力輸出品目を持つかについては、まだ確定的なことは言えない。「産業の地政学」によるグローバル産業ビジョンは、歴史に基づく未来予測であり、それは歴史の進展とともに変化していくものである。

第6章　中国との戦略的つきあい方

1　中国ものづくりの多様性

中国地場企業の製造現場

この章では、アーキテクチャ論の応用編として、中国の産業競争力の話をもう少し突っ込んでお話ししてみたいと思います。中国に関しては、ここ数年の間にも、これを脅威と見る論調と機会と見る論調が交錯しました。二〇〇四年現在、流れは脅威論から機会論へ、という感じですが、私は、どちらであれ、雰囲気的な過剰反応に流されることなく、地に足のついた現場観察と戦略ロジックに基づく議論をしたい、という立場です。

私は、いわゆる中国経済の専門家ではありませんが、東京大学の同僚である新宅純二郎氏と研究プロジェクトを組み、二〇〇一年と二〇〇二年、数年ぶりに中国を訪れ、地場系の製造企業をいくつか見て回りました。主に自動車、部品、オートバイ、白物家電、自転車などの日系企業および地場企業の生産拠点です。そこで分かったことのひとつは、当時盛んだった「中国脅威論」に乗って「中国の製造業に対して日本企業は全面的に優位性を失った」と考えるのは、明らかに、雰囲気的な悲観論に振り回された過剰反応だということでした。

すでに説明したように、私の考えでは、中国企業が得意とするのは、基本型としては、「オープン・モジュラー型」アーキテクチャの製品、つまり大雑把に言えば、汎用部品の寄せ集めで製品が成立するタイプの製品です。

しかし、例えば乗用車などは、そうではない製品の典型です。中国が先進国タイプの乗用車で、すぐにでも輸出攻勢をかけてこられるかというなら、その方向への政策的な誘導はあるとしても、実力的にはそれは当分難しいと言わざるを得ません。そもそも、今のところ保護された産業で、外資系企業のモデルでは値段がまだ国際価格よりかなり高いのです。品質、コスト、納期、製品開発など、裏の競争力を見ても、バランスのよいハイ・パフォーマンスを達成することはまだまだ難しい状態です。

私は二〇〇二年の夏に、上海の南の浙江省にある、中国でトップクラスと言われる大きな自動車部品工場を見てきました。ここは、戦略的には素晴らしい展開をしている急成長企業ですが、工場に行って見てみると、現場の様子はまさに仕掛り品の山です。ここで指導をしている日本人ベテラン・コンサルタントの評価によれば、その時点での現場の管理のレベルは、日本のトヨタ系部品メーカーでいうと一九六〇年以前の状況だそうです。

お金は持っている会社なので、最新鋭の工作機械がずらっと並んでいるのですが、機種別レイアウトの工程はぶつ切れ状態で、工作機械が離れ小島になっており、切れた各工程の前と後ろに、文字通り仕掛在庫の山ができています。そもそも、仕掛り品がいくつあるのかも正確には把握できていない状態でした。工作機械には、一台に一人ずつオペレータが張り付き、加工中はひたすら機械を監視している状況で、一人で何台も受け持つ日本の同業の工場とは生産性がまったく違います。

中国企業は変化が速いですから断定的なことは言えませんが、ここにトヨタ方式を入れるのは大変だな、と思ったものです。確かに現場にはトヨタ方式の導入に熱心な人たちがいましたが、経営の上層部は、「そんなことをしなくても儲かっているんだからいいじゃないか」という雰囲気でした。

また、そのころ中国で最も注目され、急成長を遂げていた「吉利《ジーリー》」という浙江省の地場の自動車メーカーの工場を見ました。確かに、この会社の製品は、値段が六十万円そこそこと非常に安く、魅力的なのですが、この時点での製造品質にはかなり疑問が残りました。例えば、組立ラインではかなりの人数の作業者が、部品を木槌で叩き込んでいる。そもそも、外国モデルのコピー部品をあれこれ寄せ集めているため、はめ合い部分の「擦り合わせ」がうまくいっていないのです。恐らく、部品の形状はコピーできても、その寸法ばらつきを制御する「公差」はコピーできない、ということでしょう。だから、組立ラインで木槌が大活躍することになるのです。この会社も、果敢に新工場に投資をしていますから、このような冗談のようなレベルは早々に脱して、裏の競争力を高めてくる可能性はあると思いますが、それにしても、日本企業のような「統合型ものづくり」には程遠い状況が、かなり長く続くでしょう。

すでに何度も言うように、自動車のような複雑な「擦り合わせ型製品」の場合、「統合型ものづくり」の現場管理能力が競争力に大きく利いてきます。この点で、最新設備を並べればよいものができてしまう、シンプルなモジュラー製品とは大きく異なっています。ところが、中国の地場の自動車メーカーや部品メーカーでは、最新鋭の設備を誇る大企業であっても、現場管理は、品質をつくり込むというレベルにまだまだ達していません。したがって、輸出競争力となると、コスト以上に品質と納期が課題となるでしょう。

絶対的ではない人件費の優位

一方、上海VWや広州本田のような外資系の企業の工場も見ましたが、こちらは部品の品質にも組立の品質にも力を入れており、大変立派なレベルの品質の製品がつくられています。品質だけとれば、地域によっては輸出可能かもしれません。しかし、そういう企業で働いている人は、一月一万円というわけにはいかないのです。彼らは、出稼ぎの単能工ではなく、ある程度職場に定着することを前提にした多能工なのです。上海VWの人件費は一月三千元だそうです。短期就労ではないですから、福利厚生費もかさむし、人件費自体も年々上がり気味です。

中国で外資系企業が、品質優先の生産ラインを敷き、優秀な多能工に定着してもらうとなると、地域や業種にもよりますがどうやら一月二千から三千元（三万から五万円）が相場のようです。例えば、先ほどお話しした浙江省あたりの大手部品メーカーでは、賃金は一月千五百元が相場で、それに福利厚生費が六〇%ぐらいつくということです。そうなると二千五百元程度で、大体今の日本の十分の一前後のレベルと言えるでしょう。

つまり、乗用車のように、複雑な擦り合わせ型製品を、国際級の品質で変種変量生産する場合には、どうしても多能工が必要となります。そうなるといい人材を内部で育成したり、外部からの引き抜きを阻止したりすることが必要となり、先ほどの「華南モデル」の一万円というレベルよりは、ずっと高くなってしまうのです。

このように、ものづくりに関しては、中国は多様性の国です。基本的には何でもつくれる国だと思いますし、技術力だけを見るなら、仮に今はつくれない製品であっても、近い将来につくれるようになるものは多いでしょう。しかしその場合、つくるためのコストも、ものによって大きく違ってくるということです。何をどこでどうやってつくるかの戦略的な見切りが重要になります。

例えば、「労働力の無制限供給」ではないところで、多能工的にある程度長期で雇うということになると、どうしても賃金は上がります。浙江省の工業都市では、大体毎年一〇%ぐらいずつ上がっているという話があります。また、元の切り上げがあるかもしれないとも言われています。一方で、日本の賃金は、このところ上がっていない。むしろ非正規従業員の比率が増えているところでは、人件費は下がり気味でさえある。そういう事情を全部考慮していくと、優良な多能工に対応する人件費は、五年から十年のうちに日本の五分の一ぐらいのレベルにまでくるのでないでしょうか。これは、八〇年代の日本と韓国の差と同じくらいです。

日本と韓国の自動車産業の推移を見ても分かるとおり、オペレーションの効率の差や品質、納期、輸送費などを総合的に勘案すれば、ものづくりにおいて人件費五分の一というのは絶対的な差ではありません。むしろ、充分に競争可能な差です。以上を全体的に評価すると、ニッチな一部の製品や比較的単純な部品を除けば、中国が国際的な自動車の生産基地になり、世界に輸出攻勢をかけてくるというのは、あるとしてもまだまだ先の話でしょう。

つまり私が言いたいのは、日本にも中国にも、それぞれに得意分野と不得意分野があるという、ある意味で当たり前の「比較優位論」です。近年盛んに喧伝された「中国製造業の強さ」

というのは、要するに「ツボにはまると強い」という話です。つまり、六百元とかで有能な単能工を無制限供給、モジュラー製品を人海戦術で大ロット生産、という得意技にはまるととてつもなく強いという話です。しかし、擦り合わせ型の製品で、多品種変量生産で、相当なスキルレベルの多能工が要求されるようなものになると、中国企業が高い国際競争力を持つようになるには、まだ相当時間がかかるものと思われます。

しかし、中国企業はあっという間に能力構築をして、擦り合わせ製品でも追いついてくるのではないかという反論もあることでしょう。私も、中国の優良企業の能力構築力を疑うものではありません。しかし、それでも中国企業、特に地場系の中国企業は、複雑な擦り合わせ製品では苦労する可能性が大きいのです。それについては、またあとで述べましょう。

2　中国的な勝ちパターン――アーキテクチャの換骨奪胎

すでに前の章で少しお話ししましたが、中国の産業競争力を考えるうえでとても重要だと私が考えるのは、「アーキテクチャの換骨奪胎」による「疑似オープン・アーキテクチャ化」という現象です。中国の強みも弱みも、この話の中にあらかた詰まっていると私は思います。

前章で「中国はオープン・モジュラーが得意、日本は擦り合わせが得意」という基本パターンを説明しましたが、実際にはもう少し複雑です。つまり、日本では擦り合わせアーキテクチャの製品だったはずの自動車や家電やオートバイが、中国の地場企業による部品のコピー・改造を経て、いつの間にか「疑似オープン・アーキテクチャ」に化けてしまう、という話です。そして、日本の完成品メーカーは、いつの間にか中国地場企業との激烈な価格競争に巻き込まれてしまうのです。これが、「アーキテクチャの換骨奪胎」です。以下、実例に沿って説明しましょう。

地場産業乱立とシェア低下

まず、事実関係を確認しておきましょう。中国では、市場が本格的に立ち上がれば、すぐに千万規模の市場に成長します。例えば、白物家電やカラーテレビの数字を見てみると、二〇〇〇年には生産量で、カラーテレビが三千二百万台です。輸出が多少ありますが、ほとんどは国内需要です。エアコンは千六百万台。電子レンジも千六百万台、洗濯機が千三百万台。冷蔵庫が千二百万台。そしてオートバイが千三百万台ぐらいです。しかも、その後もまだ伸び続けています。このように、確かに耐久消費財の中国マーケットはすでに千万台を超えます。これが、人口十三億人の市場が持つ有無を言わさぬ魅力です。

しかし、この規模の巨大市場に育った分野で、最終消費財を中国で売っている外資系企業を見渡してみると、中国市場でちゃんとトップシェアを取って儲かった会社というのが実は非常に少ないのです。やや漫画的な言い方をするなら、日本企業に限らず、外資系の最終消費財メーカーも、「そのうち一千万台以上のマーケットになる」「マーケットが小さいうちに来ればあとの成長が楽しみだ」「そのうち儲かるだろう」という話につられて中国に出ていきます。実際、最初は確かに調子がいい。

ところが、そのうちにだんだん雲行きが怪しくなる。まず、技術提携や合弁といった形で、中国側のパートナーに技術を持っていかれる。そもそも中国では、ライセンスの一定期間後は技術導入先が設計図を自由に使えるというルールになっていることもあり、その設計をコピーするその他の企業もたくさん出てきます。

それでも、「これから市場がどんどん大きくなるんだから、先に楽しみがあるからいいや」と待っていると、確かに巨大市場に成長する。ところが、市場が千万台を超えたような耐久消費財で、例えば三割のシェア、三百万台分を取ってトップ企業に君臨しているメーカーが、合弁も含めて外資系でいるだろうかと見ると、私の知る限りほとんど見当たりません。強いて言えば、ちょっと前までの携帯電話のノキアやモトローラでしょうが、そのほかにはほとんど見当たりません。

確かに乗用車ではドイツＶＷが、上海ＶＷと一汽ＶＷ、二つの合弁会社を合わせれば、二〇〇〇年ごろにはシェア五〇%を超え、一人勝ち状態でしたが、乗用車はつい最近まで百万台以下の市場だったのです。二百万台を超えた二〇〇三年、VWのシェアはすでに三〇%にまで下がったようです。これが五百万台市場に成長したとき、VWのシェアはどうなっているでしょうか。つまり、巨大化した中国の最終消費財市場で、外資系企業が大きなシェアを確保することが、少なくとも経験的に言うと、非常に難しいのです。

むろん、中国は基本的には開発独裁の国ですから、政府の意向が影響することは否めません。外資系企業の技術力や経営力は最大限活用するが、最終消費財で外資系をあまりのさばらせないようにしよう、というような方針は、恐らくあるのでしょう。それは、過去においては日本でも韓国でも多かれ少なかれあったことです。

しかし中国の場合、これとは別の非常に特徴的な産業競争のプロセスによって、外資系企業のシェアが小さなものになってしまうのです。それは、オリジナル製品を中国に持ち込んだ日本企業などの外資が、似たような製品をつくる多数の中国地場企業に取り囲まれ、気がついたらシェアがたがたに落ちていたという現象です。

例えば、DRAMで韓国の三星電子に負けたように、はっきり相手と理由が分かっていれば、これは競争の常ですから納得もいきます。ところが家電でも、オートバイでも、海外でかなり強いはずの日本トップ企業のシェアが、中国市場ではズルズル後退していくのです。もう少し正確に言うと、自分の会社の生産量、販売量は変わらないのだが、市場全体が急速に大きくなる中で、増えたところを全部地場の小さい企業がとっていき、結果としてシェアが後退していくのです。

それも百社、二百社です。オートバイに至っては、四百社という数の有象無象の中国地場メーカーがワイワイと参入してくるわけです。その多くは群小の地方メーカーです。

中には大きなライバル企業に育ってくるところもありますが、シェアで三〇％以上とるような強大な中国地場企業は、実はほとんどありません。二〇〇〇年ごろで言えば、電子レンジの七〇％近くを押さえていた格蘭仕《ギャランツ》を別格とすれば、冷蔵庫の海爾《ハイアール》でも三〇％ぐらいで、あとは、テレビでもエアコンでもパソコンでも、トップシェアはせいぜい二〇％前後です。

そういう中でじり貧になった日本の企業はよく、「シェアで見る限り、うちが負けているのははっきりしている。しかし、誰が勝っているのかが分からない」「ひょっとしたら、誰も勝っていないんじゃないかな」などとこぼします。つまり、ハッキリとあの会社のあの製品にやられた、という話は少ないのです。つまり、今の中国の場合、産業全体としては強いが、企業レベルで見たとき「あそこにはかなわない」という本当に強い相手がいるのか、ということになると、何だかよく分からないのです。

後に説明するハイアールも、世界的にも脚光を浴び、実際に中国企業の中ではかなり強いといわれてきましたが、ドル箱のエアコンなどで二〇〇二年には国内の競争激化でエアコン価格が三〇％も暴落し、収益確保が難しくなってきたと言われています。つまり中国の優良企業自体も、似たような製品をつくる他の多数の中国企業に取り囲まれ、価格で攻められてしまっているのです。

疑似オープン・アーキテクチャ

このように、中国市場の場合、せっかく巨大市場が出現しても、一方では多数の地場企業が雨後のタケノコのごとく出現し、熾烈な競争に巻き込まれてしまうため、どこにやられているのか分からないうちに、日系企業はシェア低下や収益悪化に追い込まれてしまうことが多いのです。

こうなってしまう原因は何か。ひとつの理由は、やはりアーキテクチャの問題ではないかと私は考えます。それが、「アーキテクチャの換骨奪胎」です。最も分かりやすい例として、オートバイの話をしましょう。

私は二〇〇一年の夏、ホンダの中国合弁企業である、広州（五羊本田）と重慶（嘉陵本田）の主力組立工場を見せてもらいました。当時ホンダの二輪のシェアが三％と言われていました。その後、さすがに巻き返して、合弁と合わせると一〇％以上の勢いですが、それにしても世界のどこへ行っても強いホンダが、なぜ中国ではこんなに苦戦したのでしょうか。

すでに第4章で、コンピュータがオープン・アーキテクチャ化したときにそれまで不動のチャンピオンであったIBMが失速した話をしましたが、実は、ちょっと似たようなアーキテクチャの転換が、中国のオートバイ産業でも起こっていたのです。だから、オートバイのグローバル・チャンピオンであるホンダが、中国市場で沈んでしまったのです。

ただし、IBMのケースとは事情が少し異なります。コンピュータのダウンサイジング（パソコン化）は、いわばまっとうな「真正オープン・アーキテクチャ化」でした。ところが、中国のオートバイで起こったのは、「疑似オープン・アーキテクチャ化」でした。つまり、オートバイや家電など、日本企業が得意としてきた「擦り合わせ型」のオリジナル製品を、いつの間にかコピー・改造部品の寄せ集めに近い「オープン・モジュラーまがい」のアーキテクチャに「換骨奪胎」してしまうというプロセスが、中国の製造業では各所で観察されてきたのです。

それは「既設計部品の寄せ集めで最終製品を組む」という点では、パソコンなどの本格的なオープン・アーキテクチャと一見似ています。しかしその部品やインターフェースは、事前に周到に設計されたものではなく、コピーした部品を強引に汎用部品と読み替えているわけですから、あくまでも「疑似」なのです。しかし、結果として観察される「部品を寄せ集めてバリエーションを急速展開する」という競争行動は、通常のオープン・アーキテクチャと一緒ですから、私は「疑似オープン」と呼んでいるのです。

表面上は、イミテーション製品の横行と政府によるその追認、あるいは知的財産権の軽視といった問題点ばかりが指摘されていますが、その深層にある、こうした「疑似オープン・アーキテクチャへの換骨奪胎」こそが、中国製造業を考えるうえでの鍵になると思われます。

このあたりの状況は、アジア経済研究所の大原盛樹さんが詳細に研究していますので、そちらを参考にされるとよいでしょう。私流に解釈すると、この「換骨奪胎」プロセスでは、まず初めに外国のオリジナル製品の「コピー」が行われます。最初はライセンス契約に基づく正規のコピーですが、やがて正規でない形で、たくさんの地場企業によって製品がコピーされ、コピー部品メーカーがぞろぞろ出てきます。そうしたコピー・改造部品が、疑似的な汎用部品に化けるわけです。

つまり、ホンダやヤマハのオリジナルモデルの部品だったものがコピーされ、それがあたかも汎用部品であるかのように、カタログブックに載るようになる。現実に、電話帳三冊ほどのボリュームがある、業界共通のオートバイ部品カタログブックが存在します。それをホンダの専門家と一緒に見ていると、「これはもともとうちの部品。これもうちの部品。これはヤマハさん。これはスズキさん」という具合です。要するに、ホンダのCG125モデルから出てきたような部品が、全部カタログに載っているのです。

一旦そういう状況になれば、これは自転車と同じです。組立メーカーが、そうした部品をそのままカタログ買いするか、あるいはそれに近い形状の部品をあらためて図面発注して組み立てる。中国には、技術力は足りないが起業家精神が旺盛で、戦略勘もあるような小さい会社がたくさん待機しています。「汎用部品を組み合わせれば、自転車のノリでオートバイもできるぞ」と言って一斉に参入してくるので、まさに自転車屋さんのごとく、あっという間に百社、二百社、三百社、四百社となるのです。

真正であれ疑似であれ、オープン・アーキテクチャになれば組立メーカーがどっと増える、というのは別に中国に限った話ではありません。日本だって、オープン・アーキテクチャである自転車産業では、産業資本的にちゃんと工場を持っているところもありますが、一方で商人資本的な「自転車メーカー」がたくさんあるわけです。組立は委託して、部品は既存の設計のものを購入し、工場は持たずに電話一台で自転車メーカーをやることも可能です。

中国のオートバイも、いわば「自転車化」しているのです。部品を集めてすぐお手軽につくるというタイプの地方の群小メーカーも含めれば、非公式には全国に四百社あまりあるのではないかと言われています。オートバイメーカーは日本では四社ですが、中国は四百社。トラクターも農用車も同じパターンです。トラックやミニバスを組み立てる企業も、正確には分かりませんが、百社を超えるようです。

結局、そうした多数の新規参入と事業展開のスピードに圧倒されて、日本のメーカーはどんどんシェアを落としていきます。ホンダなど日本のメーカーは、あくまでも単独で「擦り合わせ」路線で行きますから、多数で「寄せ集め」路線を行く中国の地場企業にはスピードでかなわないのです。皮肉なことに「ホンダまがい」の製品のシェアは、千万台市場の数十%、つまり数百万台に達しますが、純正のホンダ製は一時期三%しかなかったのです。ヤマハ、スズキも事情は似たりよったりです。

こうした「ホンダまがい」製品の中には、補修部品をかき集めて組んだだけというような、品質的にはお話にならないものもたくさんあります。しかし、中には生産規模が百万台近くに達し、それなりの技術力も持ち、「まがい部品」に改良や擦り合わせを加え、外観も性能もかなり高いレベルのものを、本家の半分以下の値段で売るような、大手の地場オートバイメーカーも現れつつあります。こうした「ベターなコピー・改造メーカー」が、ホンダのようにまったくのオリジナル設計モデルで勝負する時期がくるかどうかが、今後注目されるところです。私は、能力的には充分いけると思いますが、問題はそれがペイするかどうかです。

中国家電産業のモジュラー的製品開発

家電も、製品のアーキテクチャが換骨奪胎され、汎用部品の寄せ集めで中国企業が台頭し、日本企業がじり貧になってしまった例といえます。二〇〇二年の夏に、私を含む研究グループは、青島にある白物家電のトップ企業、ハイアールを訪問し、彼らの設計思想を聞きました。それによると、冷蔵庫の場合は業界共通の部品が全部品の七〇%を占めるそうです。

ハイアールは、相手先ブランドの製品が多いのですが、自社ブランド製品もちゃんと出しています。自ら金型工場も持ち、外観デザイン面では日本の企業と組むなどして、それなりにオリジナリティを出しています。しかし中身の部品は、大半が共通なのです。そんなに共通部品比率が高くても差別化できるのかと心配にもなりますが、ハイアールの研究開発トップは、差別化は十分できると自信満々で答えていました。

日本企業はこれとは違い、技術力に定評があり、自信もあるため、要素技術で差別化をしようとする傾向がありました。しかしややもすると、最新の技術を中国市場に押しつける傾向もあったようです。例えば、中国の消費者が「冷蔵庫は二つドアのタイプで十分だ」と言っているのに、五つドアタイプを導入して、「どうだすごいだろう」といった具合です。このように日本企業は、最新鋭の機種を中国にも持っていったのですが、中国人から見ると高いし、必要ない機能が多かったようです。過剰仕様であり、過剰技術だったのです。むしろ本当に必要とされたのは、地域ごとのきめ細かい対応だったようです。

ハイアールでは、華南では食品を包むラップフィルムの質が悪いので、他の地域向けのモデルより食品の乾燥を防ぐ機能を強化した冷蔵庫を出したという話です。中国独特の、芋洗い用の洗濯機なども出しました。日本企業は、技術の粋を集めた擦り合わせ型の先端モデルを出してくるのですが、そうしたローカル市場のきめ細かいニーズには対応してこなかった。その結果、日本企業はどこもあまりうまくいっていなかった、というのが二〇〇二年時点でのハイアールの分析です。結果がすべてを物語っているわけです。

先ほど述べたとおり、中国ではカラーテレビが二〇〇二年に年間五千万台（二〇〇三年は七千万台！）ぐらいつくられていたようですが、これも寄せ集め的なアーキテクチャでつくられています。例えばハイアールでは、キーデバイスのブラウン管はサムスン（三星電管）などから買ってきます。一方、日本企業はというと、依然としてクローズドな形で、キーデバイスは自社開発し、部品もできるだけ最適設計しようとしています。ハイアールのテレビは、最適設計でないので日本企業の製品に比べて壊れやすいのですが、その代わり、壊れたら三十分で修理に来る体制をとっています。顧客から見れば、むしろ満足度が高いのだ、と彼らは言います。

また、二〇〇二年当時の説明では、ハイアールは一・三日に一つ新製品を出していたそうです。私はいろいろな日本企業で製品開発プロセスを見てきましたが、彼らの家電の開発は、カップラーメンなどある種の食品の開発に似ているかもしれません。「これとこれを組み合わせて行ってみよう！」と市場に出して、だめならすぐ引っ込める。いけるとなると大量投入する。

寄せ集めで製品を開発するので、とにかく開発スピードが速く、研究開発資源も節約できるので、こうした離れ業が可能になるのです。まさに、具のアイデアを企画会議にどんどん出し、いけそうなら急速展開する、カップラーメンや清涼飲料水と似ています。私が青島にいたときには、「FMラジオ付携帯電話」という新商品を投入したところで、大々的に宣伝していました。あれは今どうなったのでしょうか。

この調子でどんどん出していきますから、失敗作も多いのですが、市場に出してからテストしているようなもので、繰り返していればそのうちヒット作が出ます。それは、技術的にはまさに寄せ集めですが、顧客さえ満足ならばそれで問題ないわけです。これは、最適設計志向の日本企業にはなかなか真似できません。「お客さんは機能を買っているのであって、技術を買っているわけではありません」というハイアールの技術担当副社長の言葉は、正論といえばまさに正論です。

これがまさに、日本企業が中国市場で負ける典型的なパターンです。中国市場に擦り合わせ型の日本製品が入ってくると、それが換骨奪胎されていつの間にか疑似オープンなものになってしまう。そこに何百社がワイワイと入ってきて、日本企業はいつの間にかそれに圧倒されてしまう。あるいは、研究開発資源を持つ大手の企業の「カップラーメン型開発」の展開スピードに圧倒されてしまう。しかも、このような、汎用部品（あるいは疑似汎用部品）を寄せ集めて完成品をつくるというのは、中国企業の「出稼ぎ・単能工」型の労働システムに一番合っているやり方です。このように、アーキテクチャが換骨奪胎されてしまうプロセスを通じて、中国企業の強みが発揮される一方で、日本企業の強みが発揮できなくなってしまうわけです。

ギャランツの戦略——中国企業にもいろいろある

しかし、中国でもすべてのメーカーが中核部品の技術を外から引っ張ってくるハイアール的な戦略というわけではないようです。ここでも中国企業の多様性を忘れてはいけないでしょう。過当競争に巻き込まれている中国白物家電業界の中で、高シェアを享受している数少ない企業のひとつに、電子レンジ専業メーカーのギャランツがあります。

電子レンジの業界では、最初は日本企業が三千元の製品を売り出していたのですが、寄せ集め製品で中国企業の参入が相次ぎ、最近ではついに三百元まで価格が下がってしまいました。これで、日本企業はやっていけなくなりました。ところが、ギャランツでは一九九五年に二十万台だった年間生産量が、二〇〇〇年に七百万台、二〇〇二年は千二百万台とすごい勢いで成長しています。ちなみに、二〇〇〇年のマーケットシェアは、実に七〇%近かったと推定されます。さすがのハイアールも、同時期のシェアは冷蔵庫でも洗濯機でもエアコンでもせいぜい二〇~三〇%で、まったく及びません。

二〇〇二年に訪問した際の同社の副社長の話では、どうやら、このメーカーでは中核部品であるマグネトロンを内製しているとのことです。もちろん、もともとはどこかから買ってきたのですが、今では航空機関係のエンジニアを集めてきて開発までやっているということでした。

社内での部品設計のモジュラー化はずいぶんと進めているが、その一方でモーターも自分でつくっているし、板金も自分でやっていると言っていました。はっきりした裏付けのある話ではありませんが、少なくともハイアールとはずいぶん違う、むしろT型フォードに近い、大量生産と垂直統合と学習曲線を組み合わせたコストダウン戦略をとっていました。私が訪問した中国家電企業の中では、最も着実な戦略に見えましたが、その後どうしているでしょうか。

中国製造業の弱点――技術的ロックイン

さて、疑似オープン・アーキテクチャ化を背景とする中国企業のスピードの話をしましたが、これにも問題があります。中国のメーカーは確かにスピードで日本のメーカーを圧倒しているのですが、実は、同じスピードで走れる中国企業は何百社もあるわけです。だから皆で殺到して激しい価格競争に突入し、誰も儲からなくなってしまうのです。要するに、寄せ集めなので差別化が難しい。

あのハイアールでさえも、寄せ集め一辺倒では限界に突き当たる恐れがあります。先ほども言いましたが、中国では、エアコンも寄せ集め製品化して容易に参入できるので、二〇〇二年にはとうとう二万円そこそこにまで下がったとのことです。ハイアールも、「われわれの真似をするやつがいる」と怒っていました。「寄せ集めで勝つものは寄せ集めにやられる」ということになるのかもしれません。

中国のオートバイ産業の場合も同様で、こうしたイミテーションを出発点とする疑似オープンの産業構造では、製品の進化が止まってしまいます。端的に言えば、元になる外国設計モデルの派生モデルは乱立するのですが、そこから離れた、まったくのオリジナルモデルはなかなか出てこないのです。

中国のオートバイメーカーも、最近の上位企業は技術力をつけてきており、純粋に技術力だけを見れば、かつてのホンダなどのように、中国オリジナルモデルで飛躍することも可能ではないかと思われます。しかし実際には、そういう「中国版スーパーカブ」のような画期的な独自モデルが、外国設計の導入から二十年ぐらいたつのに、いっこう現れません。年間百万台も売るような中国メーカーが何社もあるのにです。これは明らかに、技術力のあるなしの問題ではなく、経済的にペイするかしないかの問題だと私には思えるのです。

技術力のある中国メーカーが自前設計で、クローズド・アーキテクチャで製品インテグリティの高いものをつくろうとしても、そういう開発費用を払わずに既存設計部品を使ってくる企業が価格的に勝ってしまう。しかも中国では、お金持ちの多い大都市でオートバイ販売が事実上禁止されているという特殊事情もあり、市場は「やっぱり安いほうがいい」というシグナルを出している。つまり、自前で多少のR&Dをやろうとする中国企業は、R&D費用を払わないでフリーライド（ただ乗り）してくる他の中国企業との価格競争に敗れてしまう。つまり、技術投資を回収できないのです。

私はこれを「技術的ロックイン」と呼んでいます。いつまでたっても、設計的にはホンダのオリジナルモデルの引力圏から抜け出せない。その状態で他の中国企業と猛烈な叩き合いをするので、ますます本格的な技術投資にお金が回せなくなる。結果としてイノベーションが阻害されてしまうのです。現に、現在中国で売られているバイクは、ホンダのオリジナルであるGC125バイクなどの近傍を二十年間ぐるぐる回り続けている感じです。その引力圏から完全に脱している会社は、今のところありません。

もちろん、中国にも高性能な「擦り合わせ製品」を好む大都市などのお金持ち層は増えてきているのですが、その層は、たいてい日本や欧米の企業が押さえています。ほとんどの中国企業は、いきなりその層を満足させる高級製品をつくることはできません。しかも、そこへ向かう第一歩を踏み出そうとしても、技術投資を回収できないので身動きできない。これがまさに「技術的ロックイン」で、長期的に見て中国の製造業が克服すべき最大の弱点だと思います。

細かく見れば一概には言えないところが中国産業分析の難しいところですが、「疑似オープン・アーキテクチャ」という、コピーとモジュラー化が一緒になったような現象は、あちこちでかなり頻繁に見られます。中国で、あるいは中国と競争する企業は、まずこうしたアーキテクチャの分析を冷静にやってみる必要があるでしょう。

3 乗用車のアーキテクチャも換骨奪胎されるか

中国自動車製造の実態

このように、中国製造業の目下の特徴が「アーキテクチャの換骨奪胎」による「疑似オープン化」にあるとすると、次に考えなければならない問題は、「では、そのパターンはどんな製品分野まで及ぶのか」ということになります。

家電ではこのパターンに陥り、低価格帯の普及品の世界ではどうやら「疑似オープン化」で勝負がついた感があります。また、低価格帯のオートバイも、「寄せ集め」でいいと中国の顧客の多くは言っている。それでは、最近急成長している自動車はどうでしょうか。

まず、小型トラックやミニバスやミニバンなどの小型商用車、あるいはトラクターのディーゼルエンジンをトラックのボディに載せた中国独特の「農用車」などを見ると、これらはある時期に設計の標準化が政府によって意識的に行われたようです。そしてその後、ご多分に漏れず外国設計車のライセンス導入やコピーが進み、それらから出てきた部品が組み合わされて、事実上は「疑似オープン化」しているように見えます。そして例によって、百社オーダーの中国企業が参入しているようです。いすゞのエルフとか、トヨタのハイエースやコースターなど、事実上あちこちの会社でつくられています。

私が二〇〇二年に見てきた北京福田という会社は、改善マインドのあるよい現場を持っていましたが、設計的にはどう見てもトヨタ・ハイエースという車を「ハイエース」という名前で堂々と売っていました。トヨタからのライセンスの事実はないのですが、もはや「ハイエース」は一般名詞のような扱いでした。ちなみに、エンジンはトヨタ以外のものも載るそうです。

このようにトラック系では、事実上の疑似オープン化は先行しているようです。自動車の中でも、トラック系というのは、車の車体部分（ボディ）と車台（シャシー）が比較的はっきり分かれていて、各々機能を分担する「ややモジュラー寄りの自動車」です。だから中国に行っても、比較的簡単に「疑似オープン化」してしまう傾向はあるのです。

ではモノコックボディという、薄い鉄板を張り合わせて強度や剛性を出す方式の、いわゆるセダン系の乗用車はどうでしょうか。先進国では擦り合わせ型の牙城のようにいわれる乗用車でも、中国地場企業では既存設計部品の寄せ集めに近い製品が出てきています。それらも含めて、中国の乗用車メーカーは既に約三十社（うち十万台以上は八社）とも言われています。

特に低価格帯で一番有名なのは、前にも紹介した、浙江省にあるジーリーという地場メーカーです。その第一号モデルである「豪情」は、いろいろな外国設計モデルの部品の寄せ集めで三万元（約六十万円）台程度の製品です。私も二〇〇二年夏に見てきましたが、そのときはまだ簡単な組立ラインで、年間数万台ほどつくられていました。

設計は、ボディとエンジンはシャレードがベースといわれ、フロントグリルとランプはメルセデスベンツ（誰が見ても分かる）、バンパーは一説にホンダといったように、コピー部品を巧みに組み合わせて、それなりに個性（？）のあるモデルです。

同様に、第二号モデルである少し大きめの「美日」は、トヨタの8A型エンジンにボッシュ社の電子燃料噴射装置をつけて「自社製エンジン」と称しています。第三号モデルである「美人豹」というクーペは、ボディはオリジナル設計のものを海外のデザイン企業に依託したようで、そこは差別化できていますが、エンジンとシャシーは「美日」がベースです。短期間に次々工場を立ち上げる勢いはたいしたもので、実際、モデルもだんだんとオリジナリティを高めてきていますが、現場のオペレーションと設計技術に関しては、まだ論評できるレベルではないと私は見ます。

上海自動車の傘下に入った「奇瑞」というメーカーのモデルも同様です。どこか日本かヨーロッパで見たことのある5ドアのボディ（中古の金型一式を入手したらしい）に、かなり独自に見える派手な内装で、エンジンは一説にブラジルのトライテク製。安さで人気ですが、これも「寄せ集めモデル」の仲間です。華晨集団という投資会社も、開発設計をイタリアのTDC社に依託し、外観デザインはイタリアのジウジアーロに委託し、エンジンは三菱自動車製を搭載した「中華」というモデルを発表しています。これなどは既存部品の寄せ集めとは一概に言えませんが、少なくとも開発資源の寄せ集めではあります。

以上は新興の民間系企業のモデルですが、国営第一自動車のような老舗の大企業にも、そういったものはありました。例えば、技術提携で導入したドイツVWのアウディのボディに、別の技術提携で引っ張ってきたクライスラーの488型エンジンを斜めに積んで、エンジンが入り切らないところはボンネットを膨らまして積んだような車が「新紅旗」モデルとして売られてきましたが、これは年間二万台に達しませんでした。同クラスのVWパサートやホンダアコードよりは相当に安いのですが、さすがに上級車では、いくら安くても寄せ集め設計では売れなかったようです。

このように、全体的に既存モデルの部品を引っ張ってきたものから、ボディはオリジナルで外国企業に委託したものまで、レベルは様々ですが、中国企業による寄せ集め的な乗用車は確実に増えてきています。しかしそれらは、二〇〇三年に二百万台ほどに急成長した中国乗用車市場（商用車も含めれば四百万台）の中では、まだ少数派です。多数はやはり、先進国自動車メーカーの「擦り合わせモデル」であり、それも最近では旧型モデルの使い回しでは通用しなくなり、各社、最新モデルを投入するようになりつつあります。

このように、中国においても、少なくとも今のところ、必ずしもすべての製品がアーキテクチャを換骨奪胎されてしまっているわけではありません。確かに、寄せ集め製品は出回るのですが、それが、市場において主流の製品として通じるものと通じないものがあるのです。結局アーキテクチャは市場が決める、ということでしょう。

日本企業は戦略とオペレーションの一致が必要

いずれにしても、中国に行くか行かないか、中国で何をつくり、何を売るかを考える日本企業にとっては、この本で何回も言ってきた、ビジネスモデル（事業戦略）と現場オペレーションの整合性がきわめて大事です。そうした戦略とオペレーションの一貫性を考えるうえで、非常に面白い例が繊維産業にあったので、少しご紹介しましょう。

アパレル・繊維産業ではよく知られているように、ユニクロが中国の生産拠点をうまく使って成功しました。一時期のブームは去った感じもありますが、中国の安い労働力をフルに活用したビジネスモデルを展開して、二千九百円のフリースで大当たりしました。

周知のようにユニクロは、グレーのフリース二百万着をA、青のフリース二百万着をBと中国企業に大量発注し、そこで大ロットの単品大量生産をべらぼうに安くやってもらうのです。その代わり売れ筋を間違えれば、期末にかなりの残存在庫が出てもしようがない。それは織り込む。そして全体として、フリース一着を二千九百円で売ってなおかつ儲かるという仕組みになっていました。

ところが、これとはかなり違うビジネスモデル――日本で生産の大部分をやっている会社があります。ワールドです。寺井秀藏氏という気鋭の社長が率いている、非常に理詰めの経営をされる素晴らしい会社です。あるとき社長の話を伺ったのですが、少なくともブランド性の高い製品に関しては、製造拠点の大半はまだ日本にあるそうです。「人件費が高くて大変でしょう」と聞くと「いや、われわれのビジネスモデルでは、日本にいるのが自然なんです」とおっしゃる。まったく迷いがありません。

ボタンなどの汎用品は海外からも買うのでしょうが、メインの縫製工程などは大半を国内生産でやっています。この会社は、比較的原価の高いブランドものを売っているので、これで利益を出すためには、ジャストインタイム的な発想がいい、と考えていました。つまり、後補充で小刻みに生産するわけです。毎週月曜日に需要の見直しをやって、補充分だけ金曜日に生産計画を修正して、一週間単位でぐるぐる回しながら追加発注を続けていきます。トヨタ式に近いジャストインタイムです。この結果、残存在庫率は一〇%以下に抑えられるそうです。

これをやるためには、リードタイム的に言っても、中国の工場をサプライチェーンの中に入れてしまうと間に合わなくなります。だから、少なくとも補充生産の分は、日本の工場でやるしかないのだそうです。「でも、コストは高くなりますよね」と尋ねると、社長は概略、次のように答えました。

「少し計算してみれば損得が分かります。この後補充・追加発注方式でやると、期末の残存在庫率は非常に低くなる。もし別のビジネスモデルを選択して、ワンシーズン分、大ロットで中国で生産をすれば、いくらサプライチェーン・マネジメントをやっているような米国の大手SPA企業でも、一五–二〇%を超える残存在庫率になるでしょう。ということは、この残存在庫率に差が出ます。安いものならいいでしょうが、高いブランドものでやっているとこの差はずっしり利いてきます。それを計算に入れるなら、中国の賃金がどれほど低くても日本のほうが優位性があります」

見事な見切りだと感服しました。

以上は、いい中国事業、海外事業に関する、非常にストレートな教訓です。まず、確固たる戦略があり、それに連動する明確なビジネスモデルがあり、それにフィットする生産モデルなり労働供給モデルがある。そこまで決まったところで、それにフィットする労働モデルや生産環境が存在するのは日本か、中国か、あるいはどこか、ということです。

繰り返しになりますが、船井電機、マブチモーター、シマノなど優良メーカーの中にも、迷わずずっと以前に中国に大きな生産拠点を移した会社もあります。これらの企業の戦略や製品特性や事業特性を考えれば、正しい選択だということでしょう。しかし、その一方で、コスト・品質・納期などの明確な理由により、迷わず日本に生産拠点の中心を残している会社や工場もあるわけです。ワールドもそのひとつです。

出す製品と残す製品とを明確に分けている会社もあります。シャープは、普及型のエアコンは中国でつくっていますが、「健康機器としてのエアコン」という新しいコンセプトで勝負する除菌タイプのエアコンは大阪でつくっています。オリンパスは、デジタルカメラは中国でつくるという判断ですが、胃カメラなど内視鏡は福島県でつくっています。

もちろん、出すものと残すものの境界線も、だんだん変わってくるでしょうが、基本の考え方にぶれがなければ、それでいいのです。当然、その会社の戦略観によって、何を残し何を出すかは違っていて構わないわけです。しかし私が見るところ、「シンプルなモジュラー製品を単能工中心の労働集約的な工程で大量生産する」といったものは中国に、「複雑な擦り合わせ製品を多能工を使って変種変量でつくる」というようなものは日本に残りやすいのです。

中国では賃金が安いだけではなく、よく探せばそこそこの素材や部品、そこそこの設備が非常に安くと手に入るといわれています。中国の地場企業の中には、これらをうまく組み合わせ、設計仕様や設計標準に関してはある種の割り切りをして、中国でのベストのビジネスモデルを組み、中国の顧客に喜んでもらえるようなものを、充分に安い値段でつくっているところが多いのです。こういうところに、日本から、ビジネスシステムの工夫もなく、低賃金だけを狙って既存の設備をまとめて出ていくというのでは、負けてしまう可能性が高いでしょう。

逆に言うと、きちっとした全体のビジネスモデルができている会社であれば、必ずしも低賃金だけに頼るということはしないはずです。欧米の中国進出企業を見ても、ノキアやフォルクスワーゲンなど、低賃金にこだわっていないケースが意外に目立ちます。中国の生産資源と市場の潜在力を活かせるかどうかは、個々の企業の戦略的な見切りにかかっているのです。

4　中国で成功するアーキテクチャ戦略とは

疑似オープン・アーキテクチャには、コンポーネント・ビジネスで

いずれにしても、中国では、「アーキテクチャがこの先どの方向に向かうのか」ということをにらみながら戦略を考えていく必要があります。

すでに言いましたように、アーキテクチャの換骨奪胎が起こっている製品の場合、完成品ではなかなか天下は取れません。そもそも、中国では外資が完成品で天下を取るというケースは本当に少ない。完成品で天下が取れている数少ない例外の一つは、先程も紹介しました上海ＶＷですが、二〇〇二年でもせいぜい三十万台ぐらいで、つまり、百万台ちょっとの乗用車マーケットでの話でした。中国の自動車マーケットは二〇〇三年には四百万台、うち半分が乗用車と急拡大しましたが、上海ＶＷのシェアは既に三〇％を大きく割り込んでいます。

中国の自動車市場は二〇一〇年を待たずして年間千万台ほどになる（その大半が乗用車）との強気な予想もありますが、そうなったときに、例えば上海ＶＷが、何十％ものシェアを取って君臨することができるかというと、今までの例からいくとそれは難しそうです。

もうひとつ、完成品で三〇％ぐらいのシェアが取れていた数少ない例外は携帯電話のノキアやモトローラ（二〇〇〇年当時）でしたが、彼らは政治的な働きかけを行って、ＧＳＭという標準を中国に入れたことが利いたのだと思われます。中国では、中央政府や地方政府の影響力が依然として大きく、彼らの意向からしても、最終製品で外資がトップをとることは難しいものがあります。しかしここでも、二〇〇二年には年間生産量が一億台を超え、外資系のシェアは下がっていると言われます。

このように、外資が巨大化した中国の完成品市場で天下を取るのは難しい、儲けるのはさらに難しい、とすれば、完成品に必ずしもこだわらず、コンポーネントを中心に中国ビジネスを組み立てるのも一手です。つまり、本格的なオープン・アーキテクチャであれ、コピー部品による疑似オープン・アーキテクチャであれ、コンポーネントの寄せ集めでできてしまうような製品のマーケットでは、まさに組立では儲からないが、部品ビジネス、とりわけ中核部品、ハイテク部品では儲かるという、いわゆる「スマイルカーブ」が成立しやすいのです。

一般に、そうした状況で誰が儲けるかといえば、製品性能を左右する中核部品をつくっているメーカーです。まず、パソコンのインテルがそうですし、自転車であればシマノがそうです。

中国のオートバイや自動車が、パソコンや自転車のようなオープン製品、あるいはそこまでいかないまでも「疑似オープン」製品になってしまうのならば、極論すれば、トヨタやホンダはコンポーネント・ビジネスで儲けてもいいではないかという議論も成りたちます。つまり、多くの中国の組立メーカーが使う業界標準的なエンジンを供給し、例えば自動車やオートバイで「パワード・バイ・トヨタ」（トヨタエンジンはいってる）や「パワード・バイ・ホンダ」（ホンダエンジンはいってる）が成立してもいいわけです。

自動車市場の全部とはいわなくても、ある部分では、エンジンを裸で売るのが一番儲かる、という将来シナリオを日本企業は排除すべきではないでしょう。現実に大型トラックでは、すでにそんな状況が見られます。エンジンの単体売りというビジネスが、儲かるビジネスとしてすでに成立しているのです。三菱自動車もすでに、「中華」だけでなく複数の地場メーカーに乗用車エンジンを供給しています。

このように、インテグラル型の製品が「オープン・モジュラー」型の製品へと換骨奪胎されてしまったあとでも、依然として高い収益率を誇っている外資系企業の中には、コンポーネント・ビジネスで勝負しているケースが少なくありません。例えば、カラーテレビがそうです。

今、中国では数千万台といわれるカラーテレビがつくられています。これだけマーケットが巨大になったら、どこかが大儲けしてもよさそうなものですが、われわれが知る限りでは中国のセットメーカーはほとんどどこも儲かっていません。百社以上のカラーテレビメーカーが熾烈な生存競争を繰り広げています。一方ブラウン管テレビがまだ主流の現在、ブラウン管メーカーの一部は儲かっているのではないかといわれています。

キー部品であるブラウン管は、かなり寡占状態でした。中国でブラウン管自体をつくっているのは、中国系、日系、韓国系、欧州系など数社が中心で、ほぼ一〇〜二〇%のシェアを分け合っています。その中には、しっかり儲かっているところもあるでしょう。例えば、韓国系の三星電管などはそうでしょう。

さらに、ブラウン管のためのガラスをつくっているところはもっと寡占で、しっかり利益が出ている可能性が高いでしょう。ブラウン管のガラスを扱っている大手は、旭硝子やコーニングなど二、三社ですし、簡単に真似されない技術を持っているからです。昨年、旭硝子の石津進也社長（当時）にお会いする機会があったので、「中国はどうですか」とお聞きしたら、「板ガラスなどは模倣品があってなかなか大変だが、ブラウン管はそこそこ儲かっている」というお話でした。

このように、中国に関しては、「彼に疑似オープン・アーキテクチャあれば、我にコンポーネント・ビジネスあり」という考え方がありえます。また、コンポーネント・ビジネスであれば、中国政府もあまり出資比率などをうるさく言わないようです。単独出資も含めて、割と自由にやらせてもらえます。

擦り合わせと疑似オープンの両面戦略

擦り合わせ得意の現場を持つ日本企業は、「擦り合わせアーキテクチャの換骨奪胎」を通じた「疑似オープン化」という現象を常に意識して中国での事業を組み立てるべきだと主張してきました。ここで考えておくべき問題は、こうした「疑似オープン」状態はいつまで続くのか、ということです。

「疑似オープン」状況は、「技術的ロックイン」によって今後もずっと続くのでしょうか。それとも、これは産業立ち上げ期における過渡的なもので、いずれは日本と同じ擦り合わせ型になるのでしょうか。あるいは、疑似オープンという形で日本企業の擦り合わせアーキテクチャから枝分かれした中国製品は、結局日本とは別の道を進み、ついにはアメリカのシリコンバレーに見られるような、本格的な（つまりイミテーションではなくイノベーションを推進力とするような）オープン・アーキテクチャ製品に化けていくのでしょうか。

どの道に行くかによって、日本企業の対応も異なってくるわけですが、一体どちらなのか、万事が流動的な中国では、そこをはっきり読めないのが辛いところです。したがって、シナリオも戦略も複数用意し、それらを併用するか選択するかしなければならないでしょう。

いずれにしても、こうした中国的な産業発展は、オートバイや家電で先行して起こっているように思えます。したがって、例えば中国の自動車を考える場合、オートバイの先行事例が何らかの意味で参考になると、私はいろいろなところで述べています。むろん、自動車がオートバイとまったく同じ道を行くとは思いませんが、少なくとも、一体何が起こりうるのかを予想するうえで、オートバイの示唆するところは大きいのです。

さて、そのオートバイですが、ここでも中国が将来どの方向に行くのかは、正直言って確定的なことは言えません。ただ、どんなシナリオがありうるかは、アーキテクチャ論を手がかりにすれば、ある程度は想定できます。要するに、「疑似オープン」であり続けるのか。今いるところから、本格的なオープン・アーキテクチャに行ってしまうのか、あるいは、もともとの擦り合わせ（クローズド・インテグラル）アーキテクチャに戻るのか。

今のところは、中国のオートバイは、量的には急成長してきましたが、設計思想的には「疑似オープン・アーキテクチャ」という袋小路に入ってしまった感があります。かれこれ二十年近く同じようなコピー・改造部品を使い回してやってきましたが、そこから先どうなるのかが読めません。

いやいずれは、オートバイ体験を積んだ中国の顧客が、「もう寄せ集めオートバイは嫌だ」と言い出すときがくるのではないか、というのが「擦り合わせ回帰説」のひとつの根拠です。つまり、顧客のニーズや評価能力が進化するために、製品も引きずられて、いずれは「擦り合わせ化」するしかないだろうという仮説です。もしそうなれば、中国のオートバイ産業は、長い助走期間を経て、ようやく日本とよく似た「擦り合わせ製品への道」をたどることになるでしょう。

そうなれば、日本で一九五〇年から六〇年代に起こったように、メーカー数は激減し、技術力と資力のある強い会社が数社ぐらい残り、一千万台のマーケットを分け合う。そして、それぞれクローズド・インテグラルな、ホンダで言えば、かつての「スーパーカブ」のような自前の製品で勝負するようになる。これが「擦り合わせ回帰」のシナリオです。

もしそうなら日本のオートバイメーカーは、できのいい擦り合わせ製品で勝負する、というお得意の戦法で押せばいいわけで、これは戦いやすい状況です。かつて米国市場に日本のオートバイや自動車を普及させたときの、「擦り合わせで勝負」という正攻法の戦略が中国でも通用するようになるのですから。特に、「擦り合わせ」に対する要求レベルが高い高級オートバイのジャンルをしっかり押さえ、そこから徐々に低い価格帯へと浸透していくのが、日本企業の戦略の基本となるでしょう。

ところが中国政府は、環境・渋滞・安全などに問題ありとの理由で、大都市住民のオートバイ購入を実質的に禁止（ナンバープレート規制）しています。今のところ、「擦り合わせオートバイ」の潜在需要は、それなりにオートバイ体験を積み、お金にも余裕のあるユーザーがたくさんいる大都市部に集中しているはずですから、オートバイの「擦り合わせ回帰」への流れに対してはブレーキがかかっている状態です。また、大都市での制限の結果、現在の中国のオートバイ需要は、大都市の外側や地方都市や農村が中心です。だから価格本位のほうに偏っているのです。いうまでもなくこれは、中国地場の「疑似オープン製品」に有利な状況です。

それでは、政府の大都市オートバイ規制は今後変更されることはあるのか。あるいは、地方でもニーズが高度化して擦り合わせ製品が求められる日が来るのか。それとも、そんなことが起こる前に、「擦り合わせ型の輸送手段」の需要は乗用車に移ってしまい、中国の二輪車は実用車のままで固まってしまうのか。その辺はなかなか読めません。

読めないとなれば、しばらくは両面戦略でいくしかないでしょう。高級オートバイという得意の擦り合わせ領域はしっかりと確保し、それを買える層が育つのをじっくり待つ。しかし、待っているばかりでは埒があかないので、その一方で、価格的にはそれより下の「疑似オープン」の世界にも打って出る。ただし、最下層の価格帯（いわゆる農村バイク）にまで下りて、途方もない価格競争に巻き込まれるのは戦略的にも意味がないので、むしろ「疑似オープン」の中でも上層部を狙い、ここに、設計を簡素化した擦り合わせ製品、あるいは若干モジュラー化に振った製品をぶつける。

そして、中国の人気製品に対して、「ホンダ」「ヤマハ」「スズキ」などのブランド分が正当化できるぐらいのレベルにまで値段を下げていく。つまり、あくまでも擦り合わせ製品を起点にしながらも、上は高級「擦り合わせ」オートバイの潜在市場をしっかりと確保する一方、疑似オープンが主流の下のマーケットにも打って出て、「下の上」あたりのポジションをとる、という「両面戦略」でいくのが正解ということになるでしょう。

注目されるホンダの動き

ホンダが最近、低価格オートバイで中国の大手企業「新大洲」と提携したことは、その意味で注目されます。すでに説明したように、中国でのホンダオートバイのシェアは、二〇〇〇年ごろには三％程度にまで落ち込んでいました。例のナンバー規制のため、大都市の金持ちは事実上オートバイを買うことができません。かといって地方や農村では、十五万円とか二十万円とかのホンダのオートバイは高すぎて売れません。その一方で、販売価格五万円程度のホンダのコピー製品は、飛ぶように売れていました。

この状況に、ホンダは相当に怒ったようです。そういうときにはすごい手を打ってくるので、ホンダは怒らせると怖い会社といわれています。で、今回ホンダは、なんと天敵であるはずの中国地場の疑似オープン・メーカー、つまりコピー屋の親玉と組んだのです。そして、ほかならぬホンダのコピー部品をつくっている現地の部品メーカーの中から優秀なところを選別し、それらを活用して従来の半額の、ホンダとしてはものすごく安い、十万円以下のバイクを開発して売りはじめました。どうせ中国全土でコピーされているのだから、逆にその中から安くていいところを選べばよい、という見事な逆転の発想です。

そのプロセスで、ホンダの二輪技術部門の人たちも、いろいろ工夫したようです。例えば、それまでホンダは、世界共通品質を標榜し、設計基準を世界全体で統一し、すべて朝霞の二輪研究所で一元的に管理してきました。しかし、「安全性や品質のレベルは世界共通」という基本ポリシーは不動だとしても、細かい試験基準まで世界全体で完全画一化してしまったのでは、かえって現地のニーズとずれてしまう恐れがある。下手をすれば、技術屋の一人よがり、過剰設計という、日本の企業がよく陥るパターンになってしまいます。ここを考え直したのです。

例えば、エンジンの耐久テストにしても、何千回転何百時間の連続運転という具体的な基準を設定していますが、それまでのホンダの世界共通基準は、中国での使用条件を考えれば非現実的なぐらいハードルが高かった。この基準を少しだけ緩めれば、依然として充分すぎるほど厳しい基準でありながら、これまでよりもはるかに多くの現地部品を使うことができるようになります。その結果、ホンダの中国での定番商品の価格は従来のざっと半分になりました。ホンダでは「二分の一バイク」と呼んでいます。

いくらホンダ・ブランドだと言っても、さすがに値段が二倍、三倍ではやはり現地製品に負けます。しかし有力な地場製品の三割増しくらいのレベルに抑えれば十分に戦えるのです。そのためには、まともな現地部品（その多くはもともとコピー部品）をなるべく活用していく。そうやって現地の「疑似オープン製品」に対抗していく。これが、ホンダが向かっている方向です。

アーキテクチャ・シナリオに応じた中国戦略を

以上見てきたように、中国の問題を考えるうえでは、製品ごと、価格帯ごとにアーキテクチャの動向を冷静に見極め、地域や産業の多様性も計算に入れ、それに対応したメリハリのきいた戦略を打つ必要があります。

中国で何をつくり、日本に何を残すか。中国でどんなビジネスモデルを組むか。日本側でどんなものづくり能力を維持し増強するか。中国地場の疑似オープン製品とどう競争し、あるいは協調するか。中央政府や地方政府の動きを戦略にどう織り込むか。

こういった点に関して、明快でぶれがなく、しかし柔軟な戦略をとれている企業は、結局日本拠点も中国拠点も活かしているように私には見えます。逆に、戦略なき中国進出、ビジネスモデルなき中国進出は、中国拠点は失敗、日本拠点も空洞化、という最悪のパターンになりかねません。

そうしたメリハリの利いた中国ビジネス戦略を考えるうえで、アーキテクチャ発想が役に立つ、というのがこの本の主張です。まず、アーキテクチャの過去と現在について製品ごとに正確に把握し、それに基づき、アーキテクチャの将来シナリオを描いたうえで、「このシナリオならこの戦略、あのシナリオならあの戦略」と対応策を練り、手を打っていく必要があります。

すでに説明したように、今の中国市場で考えられるアーキテクチャ・シナリオの基本型は、次の三つです。まず第一が、「擦り合わせアーキテクチャへの回帰」です。中国で中高所得層が育ち、商品経験を積んで目の肥えた消費者が増え、彼らが疑似オープン製品の「寄せ集め感」に満足しなくなり、「やはり本物の擦り合わせ製品に限る」と言い出してくれれば、日本企業とすれば戦いやすいパターンです。

輸出であれ現地生産であれ、従来鍛えてきた統合力と擦り合わせ製品に磨きをかけ、ジャパニーズ・ブランドを確立し、高価格帯を押さえ、高級品として売りまくり、中高所得層の拡大に従って徐々に浸透する。そうした産業に参入するには研究開発力やブランドが必要ですから、市場は寡占化しやすいでしょう。競争相手は、当面は他の外資企業ですが、将来的には少数の優秀な中国企業がこれに加わる可能性もあります。

第二のシナリオは、「疑似オープン・アーキテクチャで膠着状態に陥る」というものです。既にオートバイのケースを説明しましたが、どうも産業のダイナミズムとして、じっくりと研究開発力を磨こうというタイプの中国企業が台頭する前に、技術力はないが、生き馬の目を抜くような世界で生きていく覚悟を持った「商人資本主義的なベンチャー」がどんどん出てくる。そしてそういう会社が、コピー・改造部品の寄せ集めで、手っ取り早く儲ける。ものづくりは粗っぽいが、スピード勝負に徹し、その意味では戦略的に一貫した企業がたくさん現れ、疑似オープン・モジュラー製品で勝負するわけです。

まさに、中国独特の産業のダイナミズムとも言えますが、そうなってしまうと、「じっくり技術力をつけて独自製品で勝負しましょう」と言っている地道な中国メーカーは、R&D費用を払わずに寄せ集めで勝負する他の中国企業に取り囲まれ、彼らとの価格競争に負けて駆逐される恐れがあります。誰かが研究開発の方向へ動こうとしても、動こうとした会社に罰金を払わせるような形ですから、誰も動けない状況です。その結果、誰もがお互いに見合った状態で「技術的ロックイン」に陥る。つまり、今の疑似オープン・アーキテクチャで膠着状態がかなり長く続いてしまうというシナリオです。

「疑似オープンで膠着」と予想される状況であれば、先ほど述べたホンダがやっているように、寄せ集め型の地場企業の中で比較的まともなところと組み、コピー部品も逆手にとって活用し、コストを下げる一方で、ジャパニーズ・ブランドを活かし、ブランドで勝負できる「下の上」の価格帯まで値段を下げ、大量に売って勝負していくというのがひとつの手です。あるいは、中国の疑似オープン・メーカーの中でも比較的優良なところを相手に、コンポーネントを売り、ブランドと量産効果で勝負する、というインテルまがいの戦略も考えられます。

例えばホンダであれば、「パワード・バイ・ホンダ」、つまり、「本物のホンダエンジンだよ」というのを売りにする複数の地場のオートバイメーカーに、ホンダの純正エンジンをエンジン単体としてどんどん売っていくというシナリオです。むろん、ホンダのオートバイとの「共食い」の恐れはありますし、現実に日本のオートバイメーカーはまだこの戦略には踏み切っていません。しかし状況によってはありうる戦略です。

地場メーカーの中には、すでにエンジンの単体売りをしているところがあります。ただ、われわれが見た限り、エンジン専門メーカーはあまり元気がよくない。むしろ、元気のいいオートバイの完成車メーカー（例えば重慶市にある宗申という会社など）が、完成車をつくりながら、組立の倍ぐらいの生産能力でエンジン単体も売りまくっています。自分で完成品もやりながら、さらに大きなキャパシティでコンポーネントを売っていくというやり方が、今のところは地場企業の間で目立っています。

第三のシナリオは、「本格オープン化」です。つまり、何かの拍子に、疑似オープンの製品が本格的なオープン・アーキテクチャに化けてしまう、というものです。

「疑似オープン・アーキテクチャ」は、設計的に言えば、「まがい部品」の寄せ集めであり、本当のオープン・アーキテクチャとは似て非なるものですが、結果として、多数の組立専門メーカーを生み出すという点では、産業構造的には似ています。したがって、そうした分散的な産業構造を前提に、圧倒的な技術力を持つ企業が、自社の部品技術を核にして「業界標準インターフェース」を確立し、事実上（デファクト）の真性オープン・アーキテクチャをつくり出してしまう、というシナリオも場合によってはありえます。あるいは、政府が主導する形で、そうしたオープン・インターフェースが普及する、ということもありえます。

いずれにしても「本格オープン」の場合、パソコンや自転車がそうであるように、業界標準コンポーネントを寄せ集めても商品力は落ちないので、インテル型、シマノ型のキーコンポーネント専業メーカーが儲かるビジネスモデルを構築することが可能です。つまり、「パワード・

バイ・ホンダ」戦略が、より現実的なものになってくるのです。

このように、日本の擦り合わせ企業にとっての中国ビジネスは、①「いずれは擦り合わせ製品に戻って日本みたいなマーケットになっちゃうから、これまでの日本流で勝負できるよ」というシナリオに対する対応、②「今の疑似オープン・アーキテクチャがしばらくは続くから、現地のコピー企業と組むかエンジンの裸売りをするかしかないかな」というシナリオへの対応、さらには③「案外、本当のオープン・アーキテクチャの製品に化けるだろうから、こっちも本格的なコンポーネント・ビジネスでいこうよ」というシナリオへの対応の中から、適切なものを選択し、あるいは組み合わせていくことになるでしょう。

中国製造業のダイナミクスは、他国とは少し違ったアーキテクチャを生み出す傾向がありま す。そして、それらが将来的にどちらにいくのかによって、日本企業として打つべき手も変わってきます。中国戦略も、アーキテクチャ発想から組み立てなおしてみよう、というのが本書のひとつの結論です。

【第6章解題】

第6章は、第5章の続きで、産業競争力のCAP分析（設計の比較優位説）を、「ポスト冷戦期」の最大の主役であった中国に応用している。

すなわち、第6章では、二〇〇四年段階での中国の産業競争力分析が行われている。まさに冷戦終結直後の一九九二年、鄧小平のいわゆる「南巡講話」をきっかけに、月額約一万円の超低賃金と、工業地帯への一億人を超える人口流入によって、低賃金人口大国たる中国を起点とするグローバルコスト競争が始まった。そして、その影響を最も大きく受けたのが、隣国である日本の国内貿易財産業だったわけである。

日本の平均賃金と物価の上昇がほぼ完全に止まり、日本のGDPが五百兆円前後でほぼ成長がストップしたのは、このすぐ後、九〇年代半ばからである。そこから二〇二〇年ごろまでの約三十年間は、私が「ポスト冷戦期」と呼ぶ時期と重なる。

二〇二四年の時点で、その後の約二十年間の経済動向はだいたい分かっているので、このCAPモデルで、「ポスト冷戦期」後半の世界産業をどの程度説明ができるかを、あらためて振り返って分析してみよう。結論から言えば、うまく説明できていた部分と、できていなかった部分がある。

まず、本書でうまく説明できなかった部分を先に述べる。それは、オープン・アーキテクチャの世界を席巻したアメリカ型のプラットフォーム競争の分析が、この本ではまったくできていなかったことである。おそまきながら二〇一七年の拙著『現場から見上げる企業戦略論』（藤本2017）で、ある程度この新展開をカバーしたが、本書の段階では、プラットフォーム競争論はほぼ分析の圏外にあった。

若干の言い訳をするなら、アメリカでプラットフォーム競争論やビジネスエコシステム論の主要書が出てくるのは、二〇〇二年「Gawer and Cusumano 2002（『プラットフォームリーダーシップ』ガワー・クスマノ2005）」、二〇〇四年「Iansiti and Leviene 2004（『キーストーン戦略』イアンシティ・レビーン2007）」あたりであり、この本ではその分析は間に合っていない。さらに、ＧＡＦＡなど消費財系のメガプラットフォーマーがさらに猛威を振るうのは、スマートフォンが世界に普及する二〇一〇年代である。しかし、本書の原著の段階での産業競争力分析は、依然としてプロダクト競争論がベースである。

とはいえ、プラットフォーム競争は、業界標準インターフェースが確立したオープン・アーキテクチャ製品に特有の産業現象と言える。そして、そこでプラットフォーム・リーダー企業の競争力を支えるのは、トヨタ的な「能力構築競争」よりはむしろ、シリコンバレー的な「アーキテクチャ構築能力」である（Fujimoto and Ikuine, eds 2018）。つまり、広義で考えれば、プラットフォーム競争論も、オープン・アーキテクチャ特有の産業競争として、ＣＡＰ分析の延長線上で把握することができるのである。

以上は、過去二十年のプラットフォーム競争論の新展開についての議論であった。それでは、ポスト冷戦期のもうひとつの大きな柱であった「中国を起点とするグローバルコスト競争」は、その後どうなったのであろうか。改めて、一九〇〇年代から二〇一〇年代を「ポスト冷戦期」と規定し、本書の原著が書かれた二〇〇四年以後、どのような展開になったかを俯瞰してみることにする。

繰り返すなら、本書発刊の二〇〇四年は、約三十年の「ポスト冷戦期」のちょうど中間地点あたりになる。マラソンで言えば折り返し地点である。そこで、一つの試みとして、日本の新卒初任給と、中国の製造業平均賃金を時系列で比較した図13を見ていただこう。

この本の原著が書かれた二〇〇四年は、中国の賃金が本格的に上昇し始めた変曲点のあたりであったことが、この図でも分かる。

経済学ではこれを、農業地帯から工業地帯への労働力の無制限供給が終わり、労働力不足から工業賃金高騰が始まるターニングポイントと考え、これを考案したルイス教授（ノーベル経済学賞受賞者）にちなんで「ルイスの転換点」と呼ぶ。中国の場合も、工業地帯が拡大して

図13　日本の高専・専門卒および高卒初任給と中国製造業賃金の推移

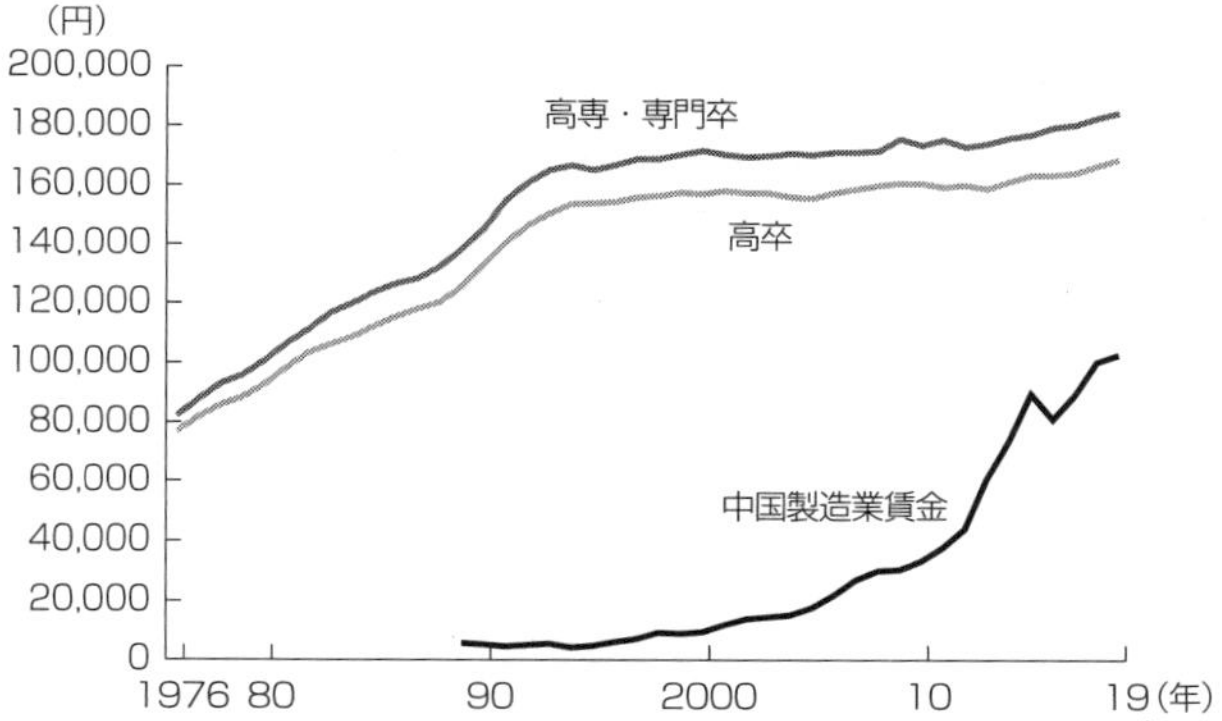

(出所)労働政策研究・研修機構 HP データおよび、TRADING ECONOMICS のデータに基づき作成

「世界の工場」になれば、いずれは労働力不足が始まるのが必然である。

つまり、「ルイスの転換点」をマラソンの折り返し点とするなら、「ポスト冷戦期」のグローバルコスト競争の前半戦において、日本国内工場は、賃金が二十分の一（若手の月額賃金で二十万円対一万円）の中国の同業工場とハンデ二十倍でコスト競争を行う苦戦が続いたわけである。

この間、多くの「日本選手」（国内工場）は、生産性向上という形で体力をつけて走り続けたが、約二十倍のハンデを背負っているわけだから、当然、苦戦は免れない。多くがリタイヤ（工場閉鎖）となったが、また多くの日本選手がマラソンコースに残って苦闘していた。

さて、本文では、このレースの「前半戦」しか見ていなかったが、「後半戦」はどうなったのだろうか。先の図でも明らかなように、二〇〇四年の折り返し地点を過ぎた「後半戦」では、中国の賃金が、およそ五年で二倍程度のペースで上がり始め、賃金据え置きプレッシャーゆえに約二十万円のままであった日本の若年層との賃金差はどんどん縮まっていった。

すなわち、一九九〇年代には約二十倍あった日中の賃金差は、約十五年の間に、二倍×二倍×二倍、つまり八倍ぐらいになり、二〇二〇年ごろの日本と中国の製造業の賃金差（ハンデ）は、かつての二十倍から二－三倍に縮小したわけである。

一方この間、日本国内の優良工場も、トヨタ生産方式の導入などの生産革新を進め、生産ラインの物的労働生産性を二年で二倍、五年で五倍などに上げていたところも多かった。このように、一方における体力アップ（生産性向上）、他方におけるハンデ縮小（賃金差縮小）によって、折り返し点を過ぎた後の二〇〇五年から二〇二〇年の「後半戦」においては、日本の国内工場がマラソンで完走する（存続する）、あるいは上位入賞する（競争優位を得る）チャンスは増えてきたのである。

実際、本書が出てから五年ほど経った二〇一〇年の一月、私は三重県にある大手事務機器メーカーの国内工場にいたが、この工場は、自社上海工場を含む中国同業工場との競争で生き残るために、二〇〇五年からの五年間、トヨタ生産方式を導入し、これにより主力生産ラインの労働生産性を五・五倍にした。一方、この間に、ルイスの転換点後の中国の賃金は二倍くらいになった。その結果、この国内工場は、中国工場に対して、「個当たり生産コストで追いつきました」と当時の工場長は言っていた。つまり、「産業マラソン」の折り返し点の直後、日本選手（国内工場）の一部は、海外選手との差を詰め、その先頭集団は、既に追いついていたのである。

こうした日本国内工場のキャッチアップの理由は、要するに、①日本選手の体力強化（生産革新）と、②ハンデの軽減（国際賃金差の縮小）の相乗効果であった。実際、前述の事例の日中両工場の基盤実装ラインでは、それぞれの生産革新の結果、日本工場が一人二十台持ち、中国工場が一人三台持ち、つまり、七倍程度の生産性の差があったが、このころ、両工場の賃金の差は既に十倍を切っていたのである。仮に、日本工場が生産性で七倍、賃金も七倍であれば、輸送費諸掛かりを除いて単純化すれば、日本工場の個当たり人件費が、二〇一〇年で既に、中国工場並みに下がっていたことになる。

要は、二〇一〇年代、中国の同業工場と単位コストで戦える国内の優良工場が、徐々に増えていったわけである。私が二〇一〇年一月に見たのは、その端緒の部分だった。こうしたことは、実際に現場に頻繁に行っていないと分からないものである。実際、私自身も現地で聞いてびっくりしたわけだ。産業現場には、しばしば学者の想像を超える現実がある。

こうした「産業マラソン」の長期趨勢は、二〇〇四年段階では明確ではなかったが、その後すぐに、「ルイスの転換点」と中国の賃金高騰開始が明確になってきたので、私は二〇一〇年代、本書に続くいくつかの書物で、「いずれは日本の国内工場の多くが存続可能な時代（ポスト冷戦期の暗黒時代の終焉）が来る」、つまり「いずれ国内製造業にとっての夜明けが来る」と言い続けた。

二〇二四年の段階で振り返れば、グローバルコスト競争に関する限り、「夜明け」は来つつあったのである。実際、二〇二二年および二〇二三年の日本の工業製品の輸出額は、当時の円安効果もあって史上最高の九十兆円超であった。こうしたエビデンスは、統計だけではなく、実態調査にも現れる。例えば、私が何度も通っている中部地方の大手医療機器メーカーの国内工場では、二〇二三年円安局面において、「グローバルに展開する同社の各国工場の中で、コストが最も安いのは日本国内工場になった」と、当事者が語っている。潮目は変わりつつあったのだ。

こうして、戦後四十年の「冷戦期」に、東西経済分断の中で蓄積した、日本と中国の異常な賃金差は、その後の「ポスト冷戦期」三十年、特に後半の十五年の間に、徐々に修正されていき、二〇二〇年代、ほぼ、D・リカードの貿易モデルで説明しうるようなレベルに戻ってきた。簡単に言えば、この間に国内で存続してきた工場においては、生産革新・改善・自動化などにより、例えば中国の同業工場に比べて、生産性が二倍、三倍、あるいはそれ以上の事例が、自動車産業を含め、かなりの数存在していた。

そうだとすれば、単純計算で言えば、中国の同業工場に比べて、生産性が三倍で賃金が二倍なら日本工場がコスト有利、生産性が二倍で賃金が三倍なら中国工場がコスト有利、つまり、産業ごと、工場ごとの相対的な労働生産性（労働投入係数）の状況によって、勝ったり負けたり、つまり輸入と輸出に分かれるという「リカード貿易論」的な状況に、日本の製造業は、戦後初めて到達したと言えるかもしれない。

すなわち、戦後の最初の四十年は、東西分断による「中国の不参加」によって、日本製造業は東アジアで一人勝ちだったが、冷戦時代に蓄積していた巨大な賃金ハンデが、冷戦終結で突然顕在化し、その後三十年間の「ポスト冷戦期」、日本の国内工場は苦戦の連続だった。しかしそこで諦めず、能力構築（体力蓄積）を続けていた国内企業の多くは、現在、国内で戦える状況になってきたのである。それが、二〇二二年、二三年に、工業製品の輸出額が約九十兆円で史上最高となったことの背景である。

このことは、産業の歴史、貿易理論、そして工場の実態を見ていれば、少なくとも十年前には大まかに予測できたことではある。

第6章の中国産業分析は、私が実際に多くの日系企業の中国工場、及び中国企業の中国工場を訪問したうえでの分析である。中国がモジュラー型製品を得意とするということは、既に、あらゆるところで観察されている。

特に本書の原書が出た時期は、オートバイにせよ、自動車にせよ、日本などからの輸入品をコピーして、そのコピー部品を市場で流通させ、その寄せ集めで完成品を作る、いわゆる「疑似オープン・アーキテクチャ」の製品が、例えばオートバイ産業においては広範に見られた（『中国製造業のアーキテクチャ分析』藤本・新宅編著2005）。自動車産業でも、例えば現在、世界の電気自動車のリーダーの一つとなったBYDも、当時は、トヨタ自動車の人気モデルのコピー車（しかしかなり正確なコピー車）をつくっていた。

アメリカも日本も欧州諸国も含め、どの国も、先進国製品のコピーをしてきた時代はあり、中国のコピー製品を一方的に批判していてもあまり建設的ではないと私は考える。むしろ、中国がモジュラー型製品を得意とするという、われわれのCAPアプローチの予想は、当時のコピー製品や技術オープン・アーキテクチャ製品でも顕著であったし、現在における、中国デジタル産業の躍進にもつながっている。この点は、本書を出版してからの二十年間も、安定的に持続していた産業現象と言える。

二〇二〇年代前半における中国電気自動車（BEV）産業の急成長に対しても、「設計の比較優位説」が適用できる。まず、高性能BEVの車体ハードウェアは、トン単位の重量物が公共空間を高速走行する点では従来型の内燃機関自動車（ICEV）と同様であるから、安全性能や走行性能の厳しい要求から見て、BEVが極端なモジュラー型アーキテクチャになることはありえない。

実際、高性能BEV市場を牽引してきたテスラも、ボディなどメカ・ハードウェアのアーキテクチャは、製品特殊部品（モデル専用部品）が多く、垂直統合度も高く、かなりインテグラル寄りだ。また、車体ハードウェアの更新サイクル（モデルチェンジ期間）も実はかなり長く、その点で、初期のテスラのモデルは、むしろ百年前のT型フォードに近い印象さえある。

一方、車両OSをインターフェースとして、インテグラル型寄りでモデルチェンジ期間の長い車体ハードウェアと、オープン・アーキテクチャで更新（アップデート）サイクルが短いアウトカー系のソフトウェア領域とを分離する「ソフトウェア・デファインド・ビークル（SDV）」の技術も近年進歩した。特にBEV専業メーカー（テスラ、中国BYD、他）では近年、SDVの発達が著しい。

その本質は、自動車のハードとソフトの「アーキテクチャ分離」により、ソフトの更新スピードをハードの更新スピード（モデルチェンジサイクル）から解放し、前者を急進させることでクルマのライフタイム価値を向上させることにある。

その結果、二〇二〇年代前半、中国が世界のBEV生産の半分以上を占めているが、この現象の本質は「BEV＋SDV」の合わせ技戦略である。

中国企業の戦略的な見立ては、「EV専用プラットフォーム、車載OS、SDV、ソフトウエア更新力でなら世界で負けない」というものであろう。テスラが先行し、中国勢が追随した「BEV+SDV」の新コンセプトに、ソフト更新スピードが持つ価値に敏感な若いカスタマー（Y世代やZ世代）が多い中国の巨大自動車市場が、先行して反応した結果、中国がBEV生産で世界を大きくリードすることになったのである。

つまり、中国電気自動車産業の急拡大を後押ししたのは、中国独特のデジタルキッズ的な若年富裕・中間層、つまり需要サイドであった。

このように、「中国産業はモジュラー型製品で比較優位を持つ」という本書のCAP仮説は、二〇二〇年代の中国自動車産業にも適用可能である。すなわち、①伝統的な高性能内燃機関自動車（ICEV）のインテグラルなハードウェアでは依然として既存自動車企業が優位性を保つが、②電気自動車（BEV）のハードウェアは比較的シンプルで中国の新規参入企業も国際市場に参入可能、③さらにモジュラー型寄りの車載OSやアプリケーション・ソフトウェア開発では中国が既に質量ともに競争優位性を確立していると見られる。

したがって、仮に最大のBEV市場である中国でBEV－SDVを開発するのであれば、中国の後発・新興企業（BYDなど）と、先進国の既存企業（トヨタ、VWなど）が提携して、優位性を持つリソースを企業間で交換するような仕掛けも合理性を持つかもしれない。

一般に、設計の比較優位を持つ製品を輸出し、設計比較劣位の製品は輸入する。そして、この二つが混在する製品（例えばＢＥＶ－ＳＤＶ）では、例えば既存企業と新興企業が国際協調し、設計リソースを補完し合うこともできるだろう。

二〇二〇年代、中国の軍事的・政治的台頭や米中摩擦により、中国貿易は困難度を増すだろう。しかし、国家安全保障に関わる機微技術製品を別とすれば、日中間の貿易は依然として最大級の規模を保っており、またそれは、慎重な工夫次第では維持可能であろう。

リカード以来二百年の貿易論（比較優位論）に、現代の設計理論を加味した「設計の比較優位説」から発想し、さらに、競争・協調・紛争の全体システムをバランスさせることができれば、政治的・軍事的な国際的緊張の中でも、「中国という一筋縄ではいかない国と付き合っていく方法」が見つかるはずだと私は考える。一九七九年に「日中学生友好訪中団」の一員として中国に初上陸した経験を持つ私は、米中摩擦激化の二〇二〇年代においても、このような「慎重な楽観論」を捨てていない。

第7章　ものづくりの力を利益に結びつけよ

1　アーキテクチャの両面戦略

ものづくり能力に見合った利益を

ここまでは、組織能力の構築と、相性のいいアーキテクチャ選択を軸とする、「ものづくり現場発の戦略論」を考えてきました。むろん、こうしたシンプルな枠組みですべてが分かるということではありませんが、少なくとも、強い現場を持つ日本企業の多くは、会社の組織能力と製品の設計思想のバランスがとれている可能性が高いことはご理解いただけたかと思います。

しかし、仮に統合型のものづくり能力を鍛え、相性のいい擦り合わせ型製品を選んだとしても、それだけでは収益性は保証されません。この本でも説明してきたように、「収益力」と「競争力」は同一のものではないからです。ものづくりの組織能力を比較的ストレートに反映するのは、生産性や歩留まりや不良率といった「裏の競争力」です。これが「表の競争力」、さらには収益に結びつくためには、いい製品をいい製品として顧客に理解してもらうためのマーケティング面の組織能力、例えばブランド・マネジメント力や販売拠点の営業力が必要になります。

また、これまでは日本企業が苦手としてきたことですが、特許をどう活用するかといった知的財産権の管理、あるいは自社独自のノウハウの漏洩をどうやって防ぐか、といった知識マネジメントのしたたかさも要求されます。さらに、そもそも市場のどのあたりに位置取りするかという、いわゆる「ポジショニング戦略」も大事です。

私はもともと「現場の経営学」が専門ですから、あまりお金儲けの話を前面に打ち出すのは好きではありません。むしろ、「利益は薄いが従業員に手厚い日本企業は立派ではないか」と考えるような人間でした。

実際、国内競争が中心だった時代、円が安くてコスト競争力に不安がなかった時代、国内販売も輸出も伸びて継続成長が確実だった時代には、「現場の組織能力と裏の競争力さえつけておけば、がつがつしなくても利益はあとからついてくるよ」と言っていても、あながち間違いではなかったのです。

しかし、グローバルな競争が当たり前になり、日本の継続成長が終わり、円が高くなり、中国や韓国の企業が台頭し、欧米企業が業界標準とりやブランド力で優位に立つような時代になれば、話は別でしょう。一定の利益率やキャッシュフロー率を上げていないと、その会社は外国企業との技術投資競争に負け、あるいは他社に経営権を握られ、それが組織能力の劣化につながることもあります。少なくとも組織能力や競争力のレベルに見合った利益は出していないと、会社は負の循環に陥ってしまうのです。技術管理や生産管理の人間である私が、ここ数年利益だ戦略だと騒ぐようになったのは、そうした現状認識からくるものです。

そこでこの章では、せっかくの「ものづくりの組織能力」をまっとうな利益にまで結びつけていくための、アーキテクチャの視点を土台に置いた、現場発の本社戦略論についてお話ししていきたいと思います。

繰り返しますが、この本で提案しているのは、「ものづくり現場発の戦略論」です。それは、欧米流の「まず儲けることを考えましょう。そのために頭を使いましょう」という、文字通りスマートな戦略論とは少し違います。むしろ、「まず体を鍛えて強くなりましょう。しかる後に儲けの算段も考えましょう」という、愚直な「体育会系」の戦略論です。

なぜそう考えるかと言えば、何度も言いましたが、私は「企業の戦略は企業の歴史を無視できない」という立場をとるからです。硬い言い方をするなら、例の「経路依存性」(path dependence)のことです。少なくとも戦後日本の製造業のかなりの部分は、理由は何であれ、すでに能力構築競争で現場を鍛えてきてしまったわけですから、そうした歴史的な筋道から出発すべきだ、ということです。

仮に、ある典型的な日本企業がここにあり、その企業はすでに長年現場を鍛えて「統合型ものづくり」の組織能力を構築してきたとしましょう。そういう企業が得意とする製品は「擦り合わせ型アーキテクチャ」の製品である可能性が大きいことは、すでに何度もお話ししたとおりです。仮に、そうした現状認識から出発して、戦略論の基本に立ち返るならば、得意な「擦り合わせ」アーキテクチャと苦手な「オープン・モジュラー」アーキテクチャをはっきりと意識し、それに応じたメリハリのある対策を使い分けることが定石になります。

苦手なアーキテクチャの製品は完全に捨てて、得意な製品のみに特化するという意味での「選択と集中」もひとつの行き方でしょう。小さな会社であれば、そういうふうに弱いところを捨てて強いところだけを伸ばすのが現実的かもしれません。しかし、ある程度の大企業ともなれば、苦手な分野であっても、将来を考えればやっておかなくてはならないことも多い。ならば、苦手なアーキテクチャから逃げるわけにはいきません。それなりに新たな組織能力を獲得して、苦手を克服しなければならないのです。ただ、組織能力の構築には通常時間がかかりますから、とりあえずは得意なアーキテクチャで勝負するのが先決ではあります。

こうした場合、得意なアーキテクチャと苦手なアーキテクチャを別々のアプローチで戦略的に管理する「アーキテクチャの両面戦略」が重要になってきます。一言で言うなら「アーキテクチャの両面戦略」とは、「得意なアーキテクチャは強さを維持して利益を伸ばし、苦手なアーキテクチャでは組織能力を補完する」という、ある意味では当たり前のことです。ただ、私が見るところ、これが充分にできている日本企業は、意外に少ないのです。

得意な製品の場合

まず、得意な「擦り合わせ型」の製品については、「統合型ものづくり」の組織能力の鍛錬を怠らないことが大前提ですが、単に、裏の競争力をつけて「いいもの」をつくっているだけでは充分ではありません。「いいもの」にふさわしい価格で顧客に喜んで買っていただき、会社もしっかり儲ける、というところまでいかなければ、ハッピーエンドとはいきません。日本企業は、ここが苦手なことが多いのです。

日本の優良ものづくり企業であれば、組織能力や裏の競争力は国際的に見ても高水準ですから、性能や建付け、信頼性などのテクニカルな基準で言えば、まさに「いいもの」ができているのです。そして、「いいもの」をつくって黙ってニコニコしていれば、違いの分かる外国のバイヤーがやってきて、「オー、ワンダフル」と言って買ってくれる。これが、「日本製良品」のビジネスモデルでした。例えば産業財の世界であれば、買い手はその道のプロですから、確かにこのモデルが通用しやすい。日本製品が産業財で強いのはそのためです。

ところが消費財になると、買い手つまり消費者は、商品評価に関してはいわばアマチュアです。いいものをつくって黙ってニコニコしていても、そのよさを確実に分かってもらう周到な仕掛けを考えておかなければ売れません。つまりそこには、もうひとひねりが必要になります。それが「ビジネスモデル」であり、「ブランド」なのです。

ここが日本のメーカーは、伝統的に得意でない。つまり、「違いを分かってもらう仕掛け」をビジネスモデルの中に組み込んでいくというところで、まだまだ工夫の足りない面がある。それも、ものづくりが得意な会社に限ってそういう傾向があるようです。このため、せっかくいい製品をつくっても、そのよさに見合った価格で買ってもらうことができず、現場の競争力の割に儲からないという結果を招くのです。

要するに、擦り合わせ型の製品のよさをいやが応でも顧客に分からせる努力、それに見合った値段で喜んで買ってもらう価格設定力。これがどうしても必要だということです。違いを分かったうえでプラスアルファを払ってくれる、「擦り合わせファン」の顧客を育てていくという、マーケティング的、あるいはブランド戦略的な努力が必要なのです。

苦手な製品の場合

一方、苦手な製品の場合は、その製品に合った組織能力を新たに身につける必要があります。つまり、そういう組織能力を持った企業のベストプラクティスから謙虚に学びましょう、ということです。

例えば、ある日本企業が苦手とするのがオープン・モジュラー製品だとすると、そういう製品は、事前にインターフェースなどを周到に設計しておき、あとはその結合ルールに従う部品を寄せ集めて勝負するわけですから、それに必要な組織能力というのは、「システム構想能力」とか「技術選択能力（目利き能力）」でしょう。

「システム構想能力」とは、事前にいいインターフェースをデザインし、オープン・アーキテクチャそのものを創造する能力のことです。オープン・アーキテクチャ製品そのものを新たに創造することは、相当な構想力がないとできないでしょう。こういう能力は、アメリカでさえも一部の企業しか持っていませんし、おいそれと学べるものではありません。

一方、一旦オープン・アーキテクチャが確立すると、オープン・アーキテクチャを利用する能力が重要になります。そこでは寄せ集め方の勝負になるわけですから、必要なのは「筋のいい技術」を事前に選択する能力、つまり「技術の目利き能力」ということになります。

シリコンバレーのベンチャーキャピタルなどは、まさに目利き能力で勝負しているわけです。メーカーの中でもハイテク企業の買収で急成長したシスコなどは、ITバブルで調子のよいころは「あれは技術の目利きだ」と言われたものです。そうした点は、日本企業もシリコンバレーなどからどんどん学んでいくべきでしょう。

2　アメリカ自動車メーカーのトラック戦略

巧みだったアメリカ・ビッグスリーの両面戦略

組織能力と相性のいい「得意製品」の場合、競争力が概して強いことを前提に、その先の利益確保のところまで考える必要があると述べました。その点、九〇年代のアメリカ・ビッグスリーは、まさに、得意なトラック系製品で莫大な利益を出す一方、苦手なセダン系の乗用車は日本の統合型ものづくりシステム（トヨタ生産方式やリーン生産方式）を学習するという、まさに模範的な「アーキテクチャの両面戦略」によって高い収益性を誇っていたと言えます。このケースを少し振り返ってみましょう。

アーキテクチャの観点からアメリカの自動車メーカーの歴史にスポットライトを当てると、彼らは本質的に、自動車の中ではモジュラー寄りとも言える「トラック系」の生産メーカーであったことが分かります。かつて「アメ車」と呼ばれた七〇年代までのアメリカ製大型セダンは、シボレーからキャデラックに至るまで、アーキテクチャ的に言うと実はトラックだったのです。

そもそも、トラックのアーキテクチャは、フレームというハシゴ状の構造（車台）の上にドンガラのようなボディ（車室）を載っけるという、いわゆる「ボディ・オン・フレーム型」です。このタイプの車は、フレームで強度や剛性を保証することによってボディの構造が単純化されており、ハシゴ（フレーム）の長さを短くしたり長くしたり、あるいはその上に載せるボディを着せ替え人形のように変えることによって、組み合わせで多様な製品展開を行って顧客の目先を変えたりすることが可能になっています。しかも、フレームの基本型、つまり「プラットフォーム」の単位で考えると、北米市場のトラック系のプラットフォームは、同じものを年間百万台以上つくれます。つまり、アメリカ企業がお得意とする大量生産、そしてモジュラー設計が活きるのがトラック系の世界です。

これに対して、現在の乗用車の支配的な設計は、「モノコックボディ型」アーキテクチャです。〇・八ミリ前後の厚さの鉄板を複雑に組み合わせて、箱状の車体をつくる。そしてこの箱全体で強度や剛性を保証する。日本や欧州のセダン系乗用車は、八〇年代よりずいぶん以前から車体のモノコック化が顕著でした。このアーキテクチャの場合、非常にキメの細かい、ボディ全体での設計の微調整が必要です。つまり、トラック系に比べれば、モノコックボディの乗用車は、日本メーカーが得意とする「擦り合わせ」寄りの自動車だったのです。

八〇年代から九〇年代前半ごろまでのアメリカ・ビッグスリーは、セダン系の小型乗用車

（ほとんどがモノコック型）では、「統合型ものづくり」の極致とも言える「リーン生産方式」（トヨタ的生産システムをアメリカ風に解釈したモデル）を徹底的に学習し、こうした統合型の組織能力や裏の競争力での対日キャッチアップを部分的に達成しました。

しかし彼らは、それだけではなく、ミニバン、スポーツユーティリティ車、ピックアップ・トラックといったトラック系（ボディ・オン・フレーム）のクルマの開発と生産に注力し、ここでセダン系の二倍を上回る利益率を稼ぎました。しかも、年間千七百万台にも及ぶ巨大な北米自動車市場の実に半分以上を、トラック系製品へと誘導することに成功し、それによって、利益面では大変な高業績を達成したのです。

これが、まさにアメリカ・メーカーの戦略の真骨頂です。世界中を見渡しても、当時、トラックベースのクルマが自動車マーケット全体の半分以上を占めている国というのは、大きなところではたぶん、アメリカと中国とタイあたりしかなかったのではないかと私は思います。それぐらい特異なことが起こったのです。

確かにトラックの世界ならば、乗用車より粗っぽいつくり方や、単純な大量生産に頼っていても、売れる製品ができてしまう。彼らが当初から戦略的に誘導したのかどうか分かりませんが、少なくともある時期からアメリカ・ビッグスリーは、得意とするモジュラー製品つまりトラック系の土俵に北米市場の顧客を引っ張り込んで、ここで優位な展開を行いました。リーン生産方式の導入と同時並行的にこれをやったわけですから、まさに「両面戦略」と呼ぶにふさわしい事例です。

この間、日本の自動車メーカーは、「車とは乗用車のことであって、乗用車で強いということがメジャー・リーグの証だ。トラックなどはマイナー・リーグだ」と考えていたふしがあります。私の見たところでは、アメリカ市場でのトラック系市場の急拡大に対する製品投入のタイミングは非常に遅れました。その結果として、擦り合わせ系の乗用車をつくるのに必要な統合型の組織能力ではまだまだ日本企業のほうがずっと強かったにもかかわらず、最終利益の面ではアメリカ・メーカーに後れをとったのです。

このように、九〇年代のアメリカ・ビッグスリーは、自らが苦手とする擦り合わせアーキテクチャであるセダン系の分野ではトヨタなど日本の最強メーカーの組織能力に謙虚に学ぶ一方、自らが強い組み合わせ（クローズド・モジュラー）アーキテクチャであるトラック系の市場は意識的に育て、そこで儲けるというように、絵に描いたような「アーキテクチャの両面戦略」を展開したのです。

この間、日本のメーカーは、本社戦略のしたたかさではアメリカのメーカーに及ばず、ブランド力では欧州の上位メーカーに及ばず、国内市場では値引き体質から脱却できなかった結果、その「統合型ものづくり能力」の強さに見合った利益を上げられませんでした。したがって、結局はものづくりでさらに現場を鍛える、というようなことを行うしかなかったわけです。要するに、アメリカ・メーカーの「強いトラック系は伸ばして儲け、弱いセダン系では日本に学ぶ」という「両面戦略」に対し、日本メーカーは、少なくとも北米市場では、ほぼセダン系一辺倒の「一面戦略」で受け、結果として最終損益で逆転を許してしまったのです。まさに、「強い工場・弱い本社」という構図です。

ここで注意すべきは、九〇年代アメリカ・ビッグスリーのとったトラック戦略は、ある意味でマイケル・ポーター流の「戦わずして勝つ」ことを上策とする位置取り戦略のお手本のようなものだったということです。つまり、アメリカ・メーカーは、組織能力の面から言っても、長年つくってきたボディ・オン・フレーム、つまりトラック系のビジネスを得意としていたわけですが、それだけでなく、位置取り的に言っても、当時のトラックビジネスは儲かりやすいポジションであったわけです。

競争相手である日本メーカーは、北米の乗用車ビジネスに力を入れる反面、トラック系に力を入れるのが遅れました。もともとピックアップ・トラックなどは日本製品が先だったはずですが、いつの間にか、大型（フルサイズ）のピックアップはアメリカ・メーカーの十八番になってしまいました。利益率が二倍以上というジャンルに本格参入しなかったのですから、通常の経営学的なセンスで言えば、トヨタもホンダも含めて戦略ミスというしかないでしょう。九〇年代の初めごろ、デトロイトで会ったフォードの開発部門に勤める友人が、会って真っ先に「ところでトヨタはフルサイズピックアップに参入してくるのかな」と聞いてきたのが思い出されます。

しかも、トラックには二五％の関税をかけるという、わけの分からないものがアメリカに残っていました。また、一九九五年ごろまでは日米貿易摩擦がどんどんエスカレートし、その記憶も生々しかったので、日本企業のトップも「ビッグスリーの本丸であるトラックに攻め込んだら、またアメリカ政府が無理難題を言ってくるだろうから、ここは手加減しよう」と考えたのかもしれません。つまり、八〇年代後半から九〇年代前半まで続いた、スーパー三〇一条などの「アメリカ政府の無理難題」が、暗黙の参入障壁になっていたことは否めません。

かくして、アメリカ企業から見れば、潜在的競争相手や新規参入者が効果的に阻止できました。のみならず、同じ部品が大量に使えたので、部品メーカーに対しても強い交渉力を持てました。しかも、大きなトラック系のクルマを高値で買ってくれる、この種の製品に寛容な消費者が北米市場には年間何百万人もいたわけですから、これはもう、「ライバルも参入者も買い手も売り手もたいした力がない、楽して儲かるマーケット」というマイケル・ポーター流戦略の理想のような状況であり、それが九〇年代を通じて続いたのです。「裏の競争力」では日本メーカーに追いついていなかったのに、利益ではアメリカ・メーカーが日本メーカーを圧倒した、というこのエピソードを、日本メーカーは両面戦略のお手本として記憶すべきでしょう。

とはいえ、強い工場もやはり必要だった

ただし、この話には後日談があります。二十一世紀に入ったあたりから、アメリカ・メーカーの「トラック大儲け戦略」が通用しなくなり、特にトラック・ビジネスへの依存度が高かったフォードやクライスラーが一転して大赤字になりました。なぜ、アメリカ・ビッグスリーのトラック戦略が立ち行かなくなったのか。ひとつには、恐らく、約七千万人といわれるアメリカの「ベビーブーム世代」の子供たちが、十八歳になって家を離れ、独立する時期を迎えているという、人口学的な変化があったと思われます。

アメリカは、十八歳になって高校を卒業すると家から子供を追い出す国です。そうなると、親の世代は、子供たちやそのクラスメートを乗せて走り回る大型のミニバンなどはいらなくなります。一方、家から独立した子供たちのほうも、安くて小さい車が必要となります。これに、不況やガソリン価格の上昇も重なって、アメリカ企業のドル箱だったトラック系ビジネスが失速したのです。

ちょうどそのころ、二〇〇一年の夏だったと思いますが、クライスラーの開発担当副社長と本社で話をしました。率直な技術者でもあるこの人物は、「トラック系ビジネスが失速するのは

ある程度分かっていたのだが、こんなに早く来るとは思わなかったよ」と言っていました。だとすれば、アメリカ・メーカーは、九〇年代後半に、開発現場を鍛えることをやや怠ったツケが回ってきていた可能性があります。開発のスピードや生産性が高ければ、こうした変化にももう少し迅速に対応できたはずだからです。

しかし、大票田である「ベビーブーム世代の子供たち」が次々と免許を取ってクルマを買うわけですし、まだまだ移民の流入も続いていますから、少々の不況では、アメリカの自動車市場そのものは小さくなりません。年間千六百万台以上の規模がしばらくは続きそうです。しかしその中身は、小さいクルマのほうにシフトするでしょう。親の世代も子供の世代も、より小さな車でよくなった。日本企業がつくりつづけてきた、小さめのセダンやRVが、まさにはまったのです。

しかも、このころから、日本メーカーもようやく、人気の続く大型ピックアップ・トラックを現地生産して大々的に売り始めました。これらが重なり、日本企業の車は北米市場で面白いように売れはじめました。トヨタやホンダの史上最高益も、日産のV字回復も、北米市場の莫大な利益を抜きには語れません。利益の半分以上が北米から、というケースもあります。

ということは、このお話の教訓は二つある、ということです。まず第一の教訓は、「ものづくり現場の競争力が強いというだけでは儲かるとは限りません。ちゃんと戦略を考えましょう」

という教訓です。トラック・ビジネスで強みをしっかりと利益につなげ、他方で擦り合わせビジネスの弱みを補うという「両面戦略」ができていたアメリカ・メーカーは、強いはずの日本企業を利益で圧倒できたわけです。

しかし第二に、その後のアメリカ・メーカーの失速が意味するのは、「戦略で勝つものは戦略で負ける。本社が頭を使うだけでなく、現場も鍛えておかないとだめですよ」という教訓です。恐らく、トラック戦略があまりに見事に当たったアメリカ・メーカーは、「頭を使えばこんなに儲かるのだから、無理してトヨタ式に現場を鍛えなくてもいいや」と考えてしまったのかもしれません。

事実、現場レベルで日本メーカーの「裏の競争力」に追いつこうという勢いは、九〇年代前半には旺盛でしたが、九〇年代後半になると急にさめてしまった感があります（第3章の図9参照）。仮に開発の生産性やリードタイムで、この時期にアメリカ・メーカーが日本メーカーに追いついていたならば、その後の急激な市場ニーズの変動に対しても、矢継ぎ早の新車開発で対応できたはずです。その辺の「裏の競争力」で大きな差が残っていたことが、アメリカ・メーカーにとっては痛かったのです。特に、トラック依存度の高かったフォードとクライスラーがそうです。

これに対し、乗用車に重心が残っていたGMは、皮肉なことに日本車との競争から逃げられなかった分、九〇年代には大儲けはできなかったが、その後の失速の度合いも一番小さかったのです。今、アメリカ・メーカーで工場が一番しっかりしているのは、恐らくＧＭだろう、というのが専門家の評価です。

以上をまとめるならば、「現場を鍛えて、さらに本社も戦略的な頭を使って、本社も現場も強い、という形にできないと、利益は長続きしない」というのが、九〇年代から最近にかけての、日米自動車産業の教訓なのです。結局、「強い工場・強い本社を」という本書のひとつの結論に戻ってくるわけです。

3　アーキテクチャの位置取り（ポジショニング）戦略

さて、話を日本に戻しましょう。この本で何度も述べてきたように、能力構築競争をやってきてしかも得意な擦り合わせ製品をつくっている、いわゆる「強い日本企業」の多くが抱える問題というのは、「ものづくりが強い割には儲からない」ということです。では、なぜそうなのか。結局、戦略的な「位置取り」、つまりポジショニングが悪いのではないかという疑いが、多くの企業で浮かび上がってきます。そこで、ここからしばらくの間、「位置取り戦略」のことを考えてみましょう。

なぜ「位置取り戦略」か？

そもそも経営戦略論には大きく分けて二つの流れがあります。ひとつは「組織能力派の戦略論」。「とにかく組織能力を鍛えよ」「鍛えておけば誰が相手でも負けない」という信念に基づくもので、私は「体育会系の戦略論」とも呼んでいます。お気づきのように、この本でずっとお話ししてきた、能力構築競争に明け暮れる戦後日本のものづくり企業のありようには、まさにこのタイプの戦略論が当てはまります。トヨタに限らず、この本で紹介してきた日本の優良なものづくり企業は、多くがこの「体育会系」です。第2章の図2をもう一度見てください。この図を、左から右へと丹念にたどって利益に到達しようというのが、組織能力派の発想です。

もうひとつは「位置取り派の戦略論」で、「まずは頭を使って儲けましょう」という戦略です。ではどこに頭を使うかというと、それは主にポジショニング、つまり「位置取り」です。位置取りがよければ、無理をしないでも勝てるし儲かる。よく考えてそのポジションを見つけ、先に占拠したほうが勝ちだ、と考える戦略論です。

例えば、前に出てきたマイケル・ポーター教授の戦略論は位置取り派の代表選手です。それは、自分のビジネスを取り囲む、製品の買い手、原料の売り手、競争相手、新規参入者、代替品という五つの勢力がすべて弱いような場所を見つけてそこを占拠してしまえば、あとは無理に頑張らなくても自ずと収益率は高くなる、というものです。まさに、戦わずして勝つのを上策とする孫子の兵法にも通じる考え方ともいえるかもしれません。第2章の図2に戻るなら、この図を右から左へ読む考え方とも言えます。まず収益が先で、そのために必要なら表の競争力、さらにそのために必要なら裏の競争力、さらに組織能力という順。しかし、能力構築なしでも儲かるのならもっといい。ある意味、スマートで合理的な戦略論です。

やや極端に言えば、「自分が強ければどんな逆境でも勝てる」という組織能力派と、「事前によく研究して勝てる相手を選べば楽に勝てる」という位置取り派ということになります。戦前、宮本武蔵の連勝記録に対して、「強かったから」説の菊池寛と「弱い相手を選んだから」説の直木三十五の論争があり、それが吉川英治の『宮本武蔵』を生んだという話を聞いたことがあります。これなどは、組織能力派とポーター派の論争とよく似た構図といえましょう。

さて、どちらかを選べと言われれば、今まで地道に能力構築競争をやってきた日本企業は、性に合った「体育会系」をベースにすべきだと私は考えています。まず頭を使うという「収益第一の位置取り先行戦略」というのは、伝統的に「まずは強い本社を」という発想の強いアメリカ企業のほうが、性に合っているように思います。

企業はそれぞれ違いますから一概には言えませんが、少なくとも、数十年、体育会系の能力構築競争で来てしまった会社が、一からやり直して慣れない「位置取り先行」の戦略に切り替えても、それだけでは、この路線で長年やってきたGE（ゼネラル・エレクトリック）のような筋金入りのアメリカ企業に、いつまでたっても追いつけないように思います。むしろ、中国のほうに、そうした「初めに本社戦略ありき」の企業が意外に多いような印象があります。もっとも、古代戦略論の発祥の地は孫子や諸葛孔明の出た中国なのですから、それは当たり前なのかもしれません。

要するに、企業が今まで歩んできた道にはそれなりの歴史の重みがあり、他人の芝生がよく見えたとしても、簡単にリセットして他の道に飛ぶことはできない。だから「戦略は経路に依存する」というのです。能力構築競争という泥臭い進化経路を来てしまった企業は、その歴史を大事にして、あくまでも今いる「強い現場」というポイントから次の目的地を模索するのが自然なのです。

しかし、どんな経路を通るのであれ、理想の到達点は、組織能力が強く位置取りもよい企業でしょう。それは一流のスポーツ選手に似ています。例えば二〇〇二年のワールドカップで、ゴールキーパーとして初めてMVPを取ったドイツのカーンという選手がいます。この人を見ていると、抜群の身体能力というだけでなく、そもそもボールが来る前に細かくポジション取りを工夫しており、ボールが飛んでくるところに初めから立っている感じさえします。あれが位置取りです。超一流の守備をする野球選手も、高い身体能力とよい位置取りの両方を兼ね備えています。

宮本武蔵の『五輪書』も、一見「ひたすら鍛錬せよ」という体育会系に終始しているように見えますが、実は能力と位置取り、両方が書いてあります。確かに技を磨き能力を高めるための技術論に多くの紙幅を割いていますが、あるところに「場の次第」「場のくらい」が大事だと書いてある。「場のくらい」というのは、まさにポジショニングのことです。

吉川英治の小説や内田吐夢の映画（古くて恐縮ですが）などを見る限り、武蔵はいざというとき、高いところに立つ、日を背負って立つ、足場のいいところに立つ、といったポジショニング戦略を実践していたようです。要するに、本当にすごいやつというのは、位置取りがよくて能力もあるのです。

恐らくそれは、企業戦略についてもいえるでしょう。結局、組織能力とポジショニング、両方を兼ね備えた企業が理想的なわけです。ちなみに、経営学の教科書によく出てくる「ＰＰＭ（プロダクト・ポートフォリオ・マネジメント）」は、市場の成長率と相対的な市場シェアを縦横の軸にとりますが、あれも、魅力ある成長市場に位置取りし、そこで能力を発揮して最後はシェアをとれ、という話に通じます。

とすれば、すでに長年にわたって組織能力を鍛えてきた「体育会系」にとって、次に重視すべきことは、何らかのポジショニング戦略を通じて、能力に見合った収益を目指すことだ、ということになります。

なぜ「アーキテクチャの位置取り戦略」か？

仮に、貴方の会社がこの本で描いてきたような日本企業、つまり、能力構築競争をしっかりやってきて、ものづくりの組織能力はそれなりの水準にあり、相性のいい「擦り合わせ型アーキテクチャ」の製品を選択し、裏の競争力も強い企業であったとした場合、次にとるべき戦略はどんなものでしょうか。目指す方向が「強い組織能力と賢い位置取りを兼ね備えた企業」ということであれば、それは何らかの「位置取り戦略」だということになります。

それでは、どんな位置取り戦略を考えるべきか。位置取りにもいろいろありますが、恐らく最も有名なのは、すでに何度も出てきたマイケル・ポーターの「ファイブ・フォース・モデル」、つまり、「ライバル・顧客・供給業者・新規参入者・代替品の五つの脅威がなるべく小さいところに行って位置取りしなさい」というものです。ポーターという人は周到に網羅的に（ただ若干後追い的に）説明することにかけては恐るべき知性の持ち主であり、そのポジショニング戦略論に従って進めば、自然に利益が出るようにも思えます。

ただ、この議論は、いってみれば「これまで蓄積してきた組織能力はとりあえずなかったものとして、とにかく楽に儲かるところに飛びなさい」という論であり、もうすでに愚直な能力構築を長いことやってきてしまった企業にとっては、その歴史の流れを否定することになりかねません。確かにアメリカ流の戦略論はまさに本流であり、大いに参考にすべきではありりますが、歴史を重視する「現場発の戦略論」を考える本書の立場としては、やはりこれまでの能力構築競争の歴史を踏まえたうえで、その先へと地道に進む「現場発の位置取り戦略」を考えたいところです。

となれば、「現場に一貫して流れているものは設計情報である」という本書の原点に返り、「設計情報ベースの位置取り戦略」を考えるのが自然な方向でしょう。以下で試みるのは、アーキテクチャ（基本設計思想）論の延長線上にある位置取り戦略、すなわち「アーキテクチャの位置取り（ポジショニング）戦略」です。そもそも設計というものは、事業を開始する前に事前に存在している情報資源ですから、設計ベースの戦略論は後追いの説明ではなく、事前の指針となりうるという意味でも便利です。

四つの基本ポジション――自社と顧客のアーキテクチャ

そこで、競争力と収益性の両面を意識しつつ、アーキテクチャの位置取り戦略について考えてみましょう。その中心は、図14で示す、四つの基本ポジションを示すアーキテクチャ位置取り戦略のマトリクスです。

ここで示す位置取り戦略の背後にある問題意識は、例えば、なぜ日本の自動車部品メーカーは、世界のデンソーであっても売上高営業利益率がせいぜい五%程度なのに、シマノ、マブチ

図14　アーキテクチャの位置取り戦略

自社のアーキテクチャ（製品・工程） ＼ 顧客のアーキテクチャ（製品・システム）	インテグラル	モジュラー（オープン）
インテグラル	**中インテグラル・外インテグラル** 自動車部品の大部分 オートバイ部品の大部分 ベアリングの大部分 他　多数	**中インテグラル・外モジュラー** インテル（MPU） シマノ（自転車ギア） 村田製作所（コンデンサー） マブチ（モーター） 信越化学（シリコン） 他
モジュラー（オープン）	**中モジュラー・外インテグラル** GE（ジェットエンジン） デンソー（ディーゼル部品） キーエンス（計測システム） ローム（カスタムIC） 他	**中モジュラー・外モジュラー** 例：DRAM 汎用樹脂 汎用鉄鋼製品 他

モーター、村田製作所、ローム、キーエンスなどといった会社は軒並み十数%から二〇%以上の利益率を出しているのかということです。多くはまだ仮説の段階ですが、他の条件を一定とすれば、アーキテクチャの位置取りが収益性に影響しているのではないか、というのが私の予想です。

図14を見てください。これは、アーキテクチャのポジショニング（位置取り）戦略を大雑把に表すマトリクスです。この図では、自社が扱っている製品・工程はインテグラル（擦り合わせ）なのかモジュラー（とりわけオープン・モジュラー）なのか、自社の製品・工程が組み込まれる「顧客」の製品・工程はインテグラル（擦り合わせ）なのかモジュラー（とりわけオープン・モジュラー）なのか、という二軸で、既存の産業分類にこだわらずに、製品の分類を行っています。その結

果、ごく大雑把にいえば、二×二のマトリクスで、つごう四つの基本ポジションが導かれます。もちろん、実際には各製品はスペクトルの上に展開しており、単純な四分法ではありませんが、ここでは話を簡単にするため、白黒で割り切ることにします。

この図をもう少し見ていきましょう。日本企業の現場の競争力が強いのはインテグラルな製品・工程アーキテクチャですから、この図で言うと上半分に当たります。ところが、この上半分の中に、「技術力や現場の実力はあるのだが、その割にあまり儲かっていない」という会社と、「技術や現場は強いし、しかも会社も儲かっている」という会社とがある。それはどこで分かれてくるのか。それは、顧客のアーキテクチャに関する「位置取り」の差ではないか、というのがこのマトリクスの意味するところです。

ここで、「あなたの顧客の製品は擦り合わせですか、それともオープン・モジュラーですか」というもうひとつの質問をします。そのときに、「自分は擦り合わせでつくっていますが、実は顧客の製品も擦り合わせです」というのが、「中インテグラル・外インテグラル」という位置取り（左上）です。他方「自分は擦り合わせですが、顧客はオープン・モジュラー・アーキテクチャです」というのが「中インテグラル・外モジュラー」という位置取り（右上）です。どちらも現場は強いが、利益構造は違ってくるかもしれません。そこに注目するのが「アーキテクチャの位置取り戦略」なのです。

同様に、「うちの製品は寄せ集め（モジュラー）です」という下半分の場合でも、顧客は擦り合わせ製品をつくっていて、相対取引で最適設計の特殊部品を厳しく要求してくる場合は「中モジュラー・外インテグラル」（左下）となりますが、顧客も寄せ集め製品であれば、寄せ集めでつくって汎用品として売る「中モジュラー・外モジュラー」（右下）となります。それぞれ、打つ手も結果も変わってくるのです。

さて、この分析のためには、まず顧客の製品やシステムのアーキテクチャを判定する必要があります。それは、顧客が企業である産業財の場合は比較的はっきりするのですが、消費財の場合は少し工夫が必要です。

例えば自家用の乗用車は消費財ですが、その場合消費者が自動車をひとつのコンポーネントとして自分の「カーライフ（自動車生活）」をデザインしていると考え、そのカーライフが擦り合わせ型か寄せ集め型かを考えるのです。

顧客が、在庫品やカタログ品の中から、自動車、自動車ローン、自動車保険、修理サービス、アクセサリー、ガソリンなどをばらばらに買ってきて自分のカーライフを組んでいると考えるのであれば、乗用車は「外モジュラー」ビジネスと言えるでしょう。しかし、今のユーザーは自分のライフスタイルや生活空間にぴったり合った仕様の車をピンポイントで特注してくると考えるなら、それは「外インテグラル」に近いかもしれません。

ファッション製品の場合も同様です。ありあわせのアイテムをうまく組み合わせて自分のファッションライフをコーディネートしている顧客が多いのならそれは「外モジュラー」、自分のファッションライフ全体をあらかじめ周到に計算したうえで個々のアイテムを特注オーダーしてくるのであれば「外インテグラル」ということになります。

いずれにしても、顧客も企業なのでそのアーキテクチャを定義しやすい産業財と違って、消費財の場合、顧客がその製品を使う場である「消費空間のアーキテクチャ」を定義することは、そう簡単ではありません。このあとの説明でも、比較的分かりやすい、部品ビジネス（産業材）のケースを主に取り上げることにします。消費財のアーキテクチャ位置取り分析は、少し上級の応用問題なので、「消費者はどんなシステムを設計しているのか」という点を中心に、皆さんで少し考えてみてください。

結論を先取りして言うと、日本に「現場が強い割に会社が儲からない」という企業が多いのには、「アーキテクチャの位置取りの悪さ」がかなり大きく影響しているのではないか、と私は考えています。もう少し言うなら、「擦り合わせ大国日本」が、実は「擦り合わせ過剰」の状態になっており、その結果、「中インテグラル・外インテグラル」という、どっぷり擦り合わせの世界につかったビジネスが日本には多すぎるのではないか、というのが私の考えです。

むしろ、片足はインテグラル、片足はモジュラーという境界線に陣取っている「中インテグラル・外モジュラー」とか「中モジュラー・外インテグラル」とかいう位置取りのほうに、利益の出ているビジネスが多いように思えるのです。ということで、この四つの位置取りについて、順に見ていきましょう。

中インテグラル・外インテグラル……能力構築の道場だが

これは、日本に多い「自分も顧客も擦り合わせ」という位置取りです。部品や生産設備のように顧客も製造企業である場合は、顧客の製品が擦り合わせ製品であるかどうかを見ます。消費財のように顧客が個人や世帯である場合は、少し分かりにくいですが、先程説明したように、その製品が使われる「消費空間」が擦り合わせアーキテクチャのシステムになっているかどうかを考えればよいのです。

典型的な例は、自動車部品やオートバイ部品の世界です。部品によって多少の違いはありますが、ランプにせよエアコンにせよトランスミッションにせよ、自動車部品は、その部品のために新規に設計した特殊仕様の子部品、特注の素材、自前でつくった独自の生産設備、自社開発の技術などを使って丹念につくりこんでいくものが多いのです。だから、統合型ものづくりの現場を鍛えてきた日本企業とは相性がいいのです。

一方、ライン組み付け部品の場合、その部品は当然自動車メーカーに納めます。自動車は典型的な「擦り合わせ製品」なわけです。例えば、部品メーカーのデンソーさんのエアコンはそれ自体擦り合わせ製品ですが、それを買っているトヨタさんの自動車も、部品の大半がそのモデル専用で、汎用部品は一〇%もない、典型的な擦り合わせ製品なのです。

つまり、自分は擦り合わせ式に一生懸命いいものをつくっていますが、顧客のほうも擦り合わせ製品なので、そのモデル専用の特殊設計部品としてしか売れないことが多い。特殊設計部品の生産数量は、それがぶら下がっている顧客の製品の売れ行きによって制約されるため、T型フォードのような余程のビッグヒット商品に供給しない限り、量産効果は少ない。しかも、特殊品の取引は顧客と一対一の交渉になりますから、その流れの中で自分のコスト構造を顧客に覗かれており、厳しい価格を提示されることになりやすいのです。

一方、顧客がトヨタのように一流のものづくり企業の場合、こちらの設計や工場に対する要求も非常に厳しいので、それに応えて厳しいものづくりをやっていけば、生産や開発の現場は否応なく鍛えられます。だから、現場は強くなるのですが、会社はあまり儲からない。例えばデンソーのように、世界最高峰レベルのものづくり能力を持っている会社でも、売上高営業利益率はせいぜい五%前後でしょう。

ものづくりでは世界に冠たる日本の自動車部品メーカーで、売上高利益率が五%に達するところは驚くほど少ないのです。私は、「中インテグラル・外インテグラル」の位置取りの部品ビジネスが多いことが、その一因と考えます。

ベアリング（軸受）などもその一例でしょう。日本のベアリングは世界の三分の一を制し、ミクロン精度の加工組立やユニット化の技術力なども見事で、強すぎるからこそ早くから貿易摩擦に直面してきた産業です。ところが、自動車用ベアリングを主力としているメーカーを見る限り、売上高営業利益率は五％以下のところが多く、この強さの割には利益が少ないのです。「擦り合わせ大国日本」で愚直に能力構築競争をやってきた企業にとっては、「中インテグラル・外インテグラル」という土俵は、いわば自社のものづくり能力を鍛えてきた「道場」だったといえます。ここで鍛えたからこそ今の現場力があるといっても過言ではありません。ですから私は、仮に儲かっていないとしても、「体育会系の戦略論」でいこうという日本企業は、このセルから逃げてはいけないと思います。逃げたら会社の将来はないかもしれません。

ただし、このままでいいともいえないでしょう。まず、会社全体の事業構成を見たときに、一〇〇％「中インテグラル・外インテグラル」ビジネスに依存している会社というのは、いわば「道場に籠って出てこない会社」です。せっかく能力を蓄えているのですから、それを活用して、他のセルへ打って出てもう少し儲ける、という戦略展開があってもいいはずです。

とはいえ、多くの自動車部品のように、顧客や技術の事情で、どうしても「中インテグラル・外インテグラル」主体でいかねばならないこともあります。その場合は、正攻法で少しでも利益率を高める工夫が必要でしょう。ここには奇策はありません。生産量が少ないながらも生産性を上げてコストを下げ、生産スピードの速さとフレキシビリティを顧客に評価してもらい、あるいは部品としてのブランド力を「顧客の顧客」である最終ユーザーに認知してもらい、それを材料に、直接の顧客に対する価格交渉力を高める、などの地道な努力を積み重ねるしかないでしょう。

BOSE（ボーズ）というアメリカの有名なオーディオ会社があります。室内用の音響機器では、独創的なスピーカー・システムで高いブランド力を誇り、非常に儲かっているようですが、さすがに自動車用の車載スピーカーとなると、複雑な車室空間にぴったり最適化したカスタム製品を供給する「中インテグラル・外インテグラル」ビジネスであるためあまり儲からない、と知り合いのアメリカ人技術者はこぼしていました。

それでも、ポルシェやアルファロメオといったブランドに対抗して「BOSE」ブランドの存在感を車室内でアピールし、自動車メーカーにそのブランド力を認めさせているため、日本の自動車オーディオ・メーカーがうらやましがる程度の利益はしっかり出しているようです。技術力に裏打ちされた、地道なブランド構築戦略といえましょう。

中インテグラル・外モジュラー……業界トップがとれるか

これに対して、「自分は擦り合わせのものづくりをしていますが、顧客のほうは汎用品の寄せ集めビジネスです」というのが「中インテグラル・外モジュラー」です。

このセルには、インテルという、圧倒的な利益を出しているアメリカの半導体メーカーがいます。インテルに対しては、IBMの戦略ミスに乗じて運がよかったとか、特許をうまく使っているなど、いろいろな評価がありますが、やはりメインのロジックは、彼らが技術力と資金力を駆使して擦り合わせ型の半導体であるMPUを開発し、自社で統合的に生産し、それを典型的な「オープン・モジュラー産業」であるパソコンメーカーにコアの汎用部品として売りまくっているということでしょう。まさに「インテル入ってる」という、「アーキテクチャの位置取りの妙」だと思います。

振り返って日本を見ても、アーキテクチャの位置取りがインテルと同じでトップシェアをとれている企業は存在しますし、そういうところは儲かっているようです。例えば、自転車部品のシマノは、自社は高度な擦り合わせ設計と冷間鍛造技術で、ギア・コンポーネントをつくる「中インテグラル企業」ですが、それをオープン型製品である自転車のコア部品として売っており、まさに「シマノ入ってる」状態です。「中インテグラル・外モジュラー」ビジネスで押して、十数%の売上高営業利益率をコンスタントに出しています。

一般電子部品や電子材料のメーカーにも、この位置取りの会社が多いようです。その顧客であるデジタル製品は、自動車よりオープン・モジュラー的ですから、同じ部品でも自動車部品より電子部品のほうが儲かる会社が多いのは、アーキテクチャの位置取りから見れば、ある意味で当然と言えるでしょう。

セラミックコンデンサーの村田製作所や、半導体シリコンの信越化学（信越半導体）は、ある意味で「中インテグラル・外モジュラー」です。モーターの「カタログ標準部品化」に成功したブラシ付き有鉄心モーターのマブチモーターも、内部機構の製品設計がどの程度「擦り合わせ型」かにもよりますが、私は「中インテグラル・外モジュラー」だと推定します。

こうした利益差を見たうえでのことでしょうが、自動車部品メーカーの中でも最近は、これまでの「中インテグラル・外インテグラル」という領域からトンネルを掘って、一般電子部品という「中インテグラル・外モジュラー」寄りの世界へと多角化展開しているところがあります。豊田合成やニッパツ、スタンレー電気など、利益率が高い自動車部品メーカーの中には、このようにして「中インテグラル・外モジュラー」の世界に打って出て成功しているところもあるのです。

いずれにしても、このタイプの位置取り戦略は、一方ではしっかりと日本得意の「擦り合わせ」でつくっていますから、ノウハウや知財の面で、自社の強さを維持しやすいのです。一方、それをオープン・モジュラー製品の一部として売る、つまり汎用品として売るわけですから、競争力さえあれば多数の顧客に対して大量に売れ、量産効果が大いに上がります。しかも、相手は不特定多数ですから、カスタム品のようにコスト構造を顧客に覗かれる心配も少ない。つまり、価格とコストを切り離すことができますから、うまくやれば非常に儲かるわけです。特に顧客の製品の付加価値を左右するコア部品であれば、こちらの交渉力は高まりますからなおさらです。

ただし、このセルで儲けるためには、できればトップ、少なくとも二位ぐらいまでのシェアをとり、累積生産量でライバルを圧倒することが必要です。欲を言えば、業界標準としての地位を確立したいところです。せっかくこの位置取りにいるのに「実は業界五位です」というある会社に話を聞くと、やはり全然儲かっていませんでした。

いずれにしても、統合型ものづくり能力に自信のある企業であれば、まずはその力を活かして、技術力を要する「擦り合わせ型汎用部品」の分野に参入して、小なりといえどもトップの製品を育てるか、あるいはマブチモーターのように、もともと「外インテグラル」だったカスタム品を、標準部品として顧客に認知させ、「外モジュラー」のポジションに移動するのが、このセルで「強くて儲かる」ビジネスを確立するための筋道でしょう。

中モジュラー・外インテグラル……工夫次第では

一方、何らかの理由で、顧客の製品はどうやっても「擦り合わせ製品」であり、したがって「外インテグラル」でいくしかない場合、つまりマトリクスの「左半分の世界」にとどまる場合、どんな手があるでしょうか。アーキテクチャを決めるのは究極的には市場であり顧客ですから、部品メーカーの立場で「今度からうちの部品はカスタム設計には応じませんから、よろしく」などと言えば、顧客に干されて仕事が来なくなるだけかもしれません。そこを乗り越えていったのがマブチモーターですが、すべての部品でそれが通用するわけではありません。

では、「左半分の世界」にとどまるとすれば、何か手はあるか。左上の「中インテグラル・外インテグラル」の道場にいたのでは「強いが儲からない」のだとすれば、下へとポジションをずらし、「中モジュラー・外インテグラル」で勝負する、というのがひとつの行き方です。しかも、ここは、工夫をすると、ものすごく儲かるビジネスに化ける可能性があります。

「中モジュラー・外インテグラル」は、要するに、顧客に対して「これはあなたの製品やシステムにぴったり合わせて特別に設計したカスタム品ですよ」とアピールし、そのよさを認めてもらい、それに見合ったお値段を出していただく。ところが、そのカスタム製品の中身をばらしてみると、結構、共通部品や汎用部品がぞろぞろ出てくる。そういうタイプのものです。

仮に、擦り合わせをやっている顧客A社が、自社の製品や工場や業務システムの一部として、特殊な要求仕様のハードウェアやソフトウェアを発注してきたとしましょう。その特殊な要求さえみたしてくれれば、その内部構造が特殊設計の精妙なものであっても、汎用部品の寄せ集めに近いものであっても、A社から見れば等価です。しかし、仮に汎用部品の寄せ集めで特殊スペック品がつくれるのであれば、開発や製造のコストは全然違ってくるはずで、その差額で利益を出すチャンスも出てくるわけです。

世界有数の自動車部品メーカーであるデンソーは、自動車部品という基本的には「外擦り合わせ」のカスタム設計品をつくりながら、多くの場合、その中で使う子部品のレベルではかなり上手に共通部品を使って「中モジュラー」をうまくやっています。

例えば自動車のコックピットについているメーター。あれは、内装デザインの中心にくる見た目の重要な部品ですから、当然、表に出ている計器板のところはモデルごとに差別化された独自設計でなければなりません。しかし、メーターの針を裏側で動かしているゲージやモーターなど内機と呼ばれる部分は、異なるモデル、異なる会社でかなり共通化できるのです。別に、メーター針の振れ方で差別化を図っている自動車メーカーはないわけですから。

実際、メーターを生産するデンソーの高棚工場に行くと、内機の組立は共通の自動化ラインでものすごいスピードです。それが枝分かれしていって、下流工程ではモデルごとに独自設計のメーターが組み立てられる。つまり、メーター・ユニット全体としてはカスタム化した「外インテグラル部品」になっていますが、少なくとも裏側のメカの部分は相当な共通モジュール化が進んでいます。その意味で、完全とは言えないが、「中モジュラー・外インテグラル」寄りの事例と言えるでしょう。

アメリカのMITにいる知人で、ダン・ホイットニー博士という組立自動化の世界的権威がいます。十年ほど前に話したとき、「デンソーの組立自動化は世界最高水準だな」と言っていましたが、そうした組立自動化が進んだ陰には「中モジュラー化」の努力があったのだと思います。

また、一年ほど前にハンガリーのデンソーの工場で見た、コモンレールと言われるディーゼルエンジンの高圧噴射装置も同様です。全体としては、各社のエンジンの噴射パターンにぴったりと合わせる必要のある「外インテグラル」部品ですが、ハードウェアの部分は、どの会社向けの製品もほとんど同じで、それで思い切った自動化ができるのです。では、各社向けのカスタム化はどこでやっているのかというと、それは制御をつかさどる半導体（ROM）に焼き付ける組み込みソフトのところで吸収しています、とのこと。だから、全体としては各モデルに合わせているが、ハードの子部品はほとんど共通です。デンソーは、伝統的にこういう「中モジュラー」化が上手な会社といわれています。

別の例を考えてみましょう。ある時、ゼネラル・エレクトリック（GE）社のジェットエンジン事業が、ライバルのプラット・アンド・ホイトニー社（P&W）に比べなぜ好調か、という議論をしたことがあります。ジェットエンジンは、機体に対して最適化を要求される製品なはずですが、P&W社のエンジンが部品の特殊設計化に頼る「中インテグラル・外インテグラル」寄りなのに対して、GEは、内部の部品共通化がずっと進んでいて、それが両者の業績の差になっている、ということでした。

三菱重工などに聞くと、これに限らずGEは、ガスタービンなど多品種少量あるいは一品料理の大物メカ製品を「中モジュラー・外インテグラル」でつくるのが伝統的に得意なのだそうです。それが、修理が楽だというGE製品の評価にもつながっていると聞きます。

もうひとつ、重要な例があります。工場用の計測機器やセンサーのキーエンスという会社です。売上高営業利益率が四〇％台という驚異的な会社ですが、私には、「中モジュラー・外インテグラル」戦略を上手にやっているように見えます。例えば、ある「統合型ものづくり」をやっている工場、つまり顧客のニーズにぴったり合った工程内の計測システムを開発して売るという場面を考えてみましょう。「中インテグラル・外インテグラル」ポジションを取る日本の優良ものづくり企業なら、恐らく、顧客の特殊な要求仕様をすべて受け入れ、優秀な技術陣が、部品を一からカスタム設計した見事な計測システムをつくり上げ、それを顧客に納入して喜ばれるでしょう。しかし、これだと、開発にも生産にも、恐らく相当にお金がかかります。

これに対して、キーエンス流というのはどうやら、直販制をとり、多数のセールスエンジニアを動員して顧客企業のニーズを先取りし、「こんな計測システムをここに導入すると不良率が下がって利益に貢献できますよ」というような提案営業を仕掛けるというやり方のようです。

同社の優秀なセールスエンジニアは、恐らくその時点で、同社が開発済みの計測機器を共通モジュールとして組み合わせれば、そのシステムができることを見切っているのです。したがって、システム全体としては特殊な顧客ニーズにぴったり合わせた「外インテグラル」になっているが、同時に「中モジュラー」であるために、システムを構成する計測機器単体の品種が急増してカタログが分厚くなることを、かなりの程度回避できているのではないか。つまり、徹底的に対顧客の「営業の擦り合わせ」(セールスエンジニア)に資源を集中投入し、提案営業を仕掛けることによって、「設計の擦り合わせ」のほうは簡略化し、そこでのコスト発生を抑える、というビジネスモデルだと思われます。

この会社の経営に関する情報は多くないのですが、公開情報などから推定すると、ひとつのポイントは、計測システムのレベルにおける「中モジュラー・外インテグラル」という位置取りではないかと思うのです。ただし、計測機器単体のレベルで言えば、むしろ「中インテグラル・外モジュラー」(つまりインテル型)かもしれないのですが。

この他、有名なデルのパソコン・ビジネスモデルも、「汎用部品を組み合わせてパソコンを組み、顧客の特殊なネットワーク・ニーズにカスタム化で応える」という意味で「中モジュラー・外インテグラル」に分類できるかもしれません。もっとも、デルのパソコンがどの程度、顧客の特殊なニーズにピンポイントで対応しているのかは異論もあるかもしれませんが。

また、野村証券金融経済研究所では、最近、この「アーキテクチャの位置取りマトリクス」を使った分析をしています。そこではロームを、枯れたアナログ技術や安い設備を組み合わせてカスタムICをつくるという意味で「中モジュラー・外インテグラル」と判定しています。過去の設計資産をモジュールとして再利用する一方、直販方式でカスタムICをユーザーと共同設計するビジネスモデルで二〇％以上の高い売上高営業利益率を上げているからです。

以上、「中モジュラー・外インテグラル」戦略で成功しているように見える高収益企業を並べてみました。このセルがすべてこんなに儲かるわけではないのですが、少なくとも、工夫をすれば高収益のチャンスがある位置取りと言えるでしょう。その工夫とは、中に共通部品を使っていながら、顧客の目には「カスタム製品」に見える、というところにあります。これは、手品でもインチキでもないわけですが、かなり高度な工夫に見えます。ここで示した事例からも、いくつかのパターンが分かります。

第一に内部構造を工夫して、徹底的に部品を共通化する不変部分と、カスタム化のニーズを一手に引き受けて吸収する可変部分とに上手に切り分けることです。さすがに、汎用部品を寄せ集めるだけで全体として特注システムを組むことは難しいので、多くの場合、調味料のように「カスタム化対応部品」を注入するわけです。それをどの程度、どこに入れるかがいわば料理人の腕の見せどころということになります。

逆に、これがうまくできていない「中インテグラル・外インテグラル」系の製品の場合、製品全体にカスタム設計部品が広く薄く広がり、「ばらしてもばらしても特殊部品が出てくる」という高コスト設計になってしまうのです。カスタム化を集中的に引き受ける部分は、例えばデンソーのメーターでは顧客から見えるところにある計器板、コモンレールの場合は半導体に焼き付けた組み込みソフトウェアだったわけですが、とにかく「カスタム化に対応する特殊設計部分と、モジュラー的な共通設計部分とを、製品のどの部分にどう配分するか」、というミクロ的なアーキテクチャの選択をしっかり考えているのです。

第二に、製品を構成する部品の階層によって、「中インテグラル・外モジュラー」戦略と「中モジュラー・外インテグラル」戦略を組み合わせて使う、という手があります。単純に汎用部品を組み合わせるだけで他社に真似されない「外インテグラル」の特注システムを組むのは難しいので、多くの場合、どこかに人に真似されない擦り合わせのレイヤー（層）を注入しておく必要があります。

キーエンスの場合も、恐らく、計測機器単体のレベルでは、これで勝負だという技術水準の高い擦り合わせ設計のユニットを開発しており、それらを共通ユニットとして組み合わせることによって、全体として顧客ニーズにドンピシャの、しかも簡単には真似されない特注システムができるのです。つまり、計測機器単体は「中インテグラル・外モジュラー」、それらを組んだ工程内計測システムは「中モジュラー・外インテグラル」ということではないでしょうか。擦り合わせに下支えされたモジュラー戦略ともいえます。

第三に、仮にデルのように、業界標準の汎用部品を組み合わせてカスタム製品を組む場合、それでも顧客が、出来上がった製品を「カスタム化してくれた」と認識してくれるような「仕掛け」を工夫する必要があるでしょう。つまり、「パソコンのカスタム化とはどういうことか」という定義自体を提案する、というぐらいの攻めの仕掛けをしないと、汎用部品でカスタム製品をつくる、という離れ業的なビジネスは難しいと思われます。

慶応義塾大学の国領二郎さんが、よく金型部品の商社であるミスミを「プラットフォームビジネス」として紹介していますが、あそこなども、「標準設計の金型部品を使って金型システムというカスタム製品をつくる」という「仕掛け」を提案したところが特に素晴らしかった、ということでしょう。

このように、「中モジュラー・外インテグラル」という位置取りは、かなり積極的な仕掛けを工夫しないといけない高等戦略ですが、うまくいけば、「中インテグラル・外モジュラー」以上に儲かるかもしれません。ただ、なんといっても「中モジュラー」ビジネスですから、日本企業が比較的苦手としてきた、事前のシステム構想力やモジュール評価能力が試されることになります。日本にこの戦略の使い手がまだ少ないのも、その意味で当然かもしれません。

中モジュラー・外モジュラー……日本企業には不向きだが

最後の、「中モジュラー・外モジュラー」（右下のセル）は、普通の日本企業にはあまり向かない戦略なので、話は簡単にすませておきます。これは、出来合いの汎用部品や標準タイプの生産設備を寄せ集めて製品をつくり、その製品を、モジュラー的なシステムの一部、つまり汎用的な部品・素材として売りまくる、という位置取りです。

製品や工程の質的な面では差別化が難しいので、どうしても、設備の規模や稼働率、あるいは事業の急速展開能力を競う「力勝負」になりがちです。つまり、日本の「統合型ものづくりシステム」系の企業が持つ、きめ細かい開発・生産・購買・営業による「質の勝負」に持ち込みにくいですから、このパターンになると、日本企業は劣勢になりやすいのです。プラントの規模や稼働率が決め手となりやすい汎用樹脂、あるいは汎用の鉄鋼製品などはこのパターンで、力勝負に強いアメリカや韓国の企業に対して厳しい戦いになります。

同じく、巨額な資金を要するが、生産技術的には新鋭設備を寄せ集めれば戦えるといわれるDRAM半導体やパソコン用の汎用液晶では、資金力と本社の意思決定スピード（ついでに言えば度胸も）で優勢な韓国の三星電子のような企業が強い。そこまで資金のいらないＣＤメディアの製造も、設備の寄せ集めでいけるようになったとたんに、台湾勢が席巻してしまったといわれます。どうも、このパターンの力勝負は、過去の歴史を見ても、日本企業は得意でないようです。少なくとも日本国内の拠点は、今後はこのポジションにはあまり手を出さないほうがよいのかもしれません。

ただし、既にこのセルで商売をやっている場合、日本企業の愚直さを発揮して、消耗戦を戦い抜き、一社二社しか残らぬところまで粘って、「残存者利益」を拾う、という道は残されています。実際、この戦法で意外に利益を出している例も日本にはあるようです。

また、あえてこのセルで勝負するというのであれば、コスト面で有利な海外拠点で展開するのも一手です。例えば、金川千尋社長率いる信越化学系のシンテックという会社は、アメリカに二百万トン級の圧倒的な規模の塩化ビニールの工場を持っており、迅速な経営意思決定もあって、まさにアメリカ流の力勝負でも負けていません。今や世界最大の塩ビメーカーです。日本離れしたケースだと思います。

また、中国やアジアに圧倒的な規模の工場を立ち上げ、コストの力勝負でも負けないという体制を確立したうえで、きめ細かい統合型ビジネスとの「合わせ技」に出る、というタイプのしぶとい企業もあるようです。見方にもよりますが、前述のマブチモーター、シマノ、あるいはメガネレンズのHOYAなどは、基本的には「擦り合わせ勝負」のものづくり企業だと私は思いますが、同時に、仮に標準品の力勝負になっても負けないだけの、二枚腰の体制を築いているように見えます。

グローバルに展開する企業にとっては、「中モジュラー・外モジュラー」は、国内拠点では難しいとしても、海外拠点で仕掛けるオプションとしては、十分に考慮に値すると言えるかもしれません。

アーキテクチャのポートフォリオ戦略

以上、四つの基本的なアーキテクチャの位置取りと、それぞれのセルでの戦法を説明しました。簡単におさらいしておきましょう。能力構築競争で鍛えてきた日本企業にとっては、「中インテグラル・外インテグラル」（左上のセル）は、道場のようなもので組織能力は鍛えられますが、ものづくり現場の「設計擦り合わせ」と対顧客の「営業擦り合わせ」の両方にコストがかかる割に価格設定力が弱く、あまり儲かりません。

したがって、せっかくここで鍛えた力を活用して、「中インテグラル・外モジュラー」（右上）あるいは「中モジュラー・外インテグラル」（左下）へと展開して、利益率の向上を狙う位置取り戦略を構想すべきだ、ということになります。この二つは、いずれも、擦り合わせの世界とモジュラーの世界の境界線に位置取りする戦略ですが、具体的な方向性は違います。「中インテグラル・外モジュラー」は、半導体のインテルと同じ位置取りを狙うもので、シェアでトップを狙うのが至上命題となります。「設計擦り合わせ」には注力しますが、その分、標準カタログ品を売ることで「営業擦り合わせ」のコストは節約します。

一方、「中モジュラー・外インテグラル」は、日本企業が苦手とする事前の構想力や評価能力が要求される高等な技ですが、うまくやれば利益は大きいようです。例えばキーエンスのように「営業擦り合わせ」に資源を投入して提案営業に引き込むことで、「設計擦り合わせ」のコストを節約するのも一手です。

最後に、「中モジュラー・外モジュラー」は、細かい技のききにくい力勝負の世界なので、余程体力や度胸に自信がない限り、「弱いし儲からない」という結果になりやすいのでやめたほうがよいでしょう。ただし、既にここにいる場合は、最後まで粘って残存者利益を拾うという渋い戦略がありえます。あえてこれをやるなら、海外の拠点を利用したほうがよいかもしれません。

このように見ていくと、それぞれのセルには、それぞれ対処の仕方があるようです。しかし、仮に各セルでベストのやり方を実行できたとしても、結果としてのベストの利益パフォーマンスには、自ずと差が出ることが予想されます。どちらかというと、高利益のチャンスは、右上と左下のセル、つまり「境界線に陣取る位置取り」のほうにあるようです。いずれにしても、この四つのセルを組み合わせて、自社の位置取り戦略を構想し、できればもう少し儲かるようにしたいものです。

ただし、歴史を重視する本書の立場からすれば、「体育会系」という戦後日本企業の伝統は大事にして、その上に位置取り戦略を積み上げていくべきだと私は考えます。仮に「中インテグラル・外インテグラル」が「強いが儲からない」ポジションだとしても、「儲からないならそれは捨てる」という割り切りはしない、というのが、体育会系の立場です。ものづくり能力を鍛える「道場」は、儲からなくても続ける価値があるのです。

しかし、ただそこだけにいるというのは偏りすぎです。もう少し他のセルにも出ていってバランスよく利益を確保すべきでしょう。言い換えれば、組織能力を鍛えるセルと、組織能力を活用するセルを組み合わせて、全体で長期的に競争力と利益をバランスよく高める、という、一種の「アーキテクチャのポートフォリオ戦略」を考えたほうがよいのです。

例えば、先般、自転車のギアコンポーネントや釣具を主力とするシマノの島野容三社長にお話を聞く機会がありました。その中で、非常に分かりやすいポートフォリオ発想のお話がありました。「実はうちも自動車部品を少しだけやっているんだよ」とおっしゃるのです。つまり、「中インテグラル・外モジュラー」が主力のシマノさんも、ちょっとだけ「中インテグラル・外インテグラル」のビジネスをやっているわけです。そこで私は、「それは儲かるのですか」と尋ねました。

「いや、全然儲からない。自動車メーカーさんは厳しいですからね。ただ、自動車部品の分野で、トヨタ系のメーカーなどの厳しい要求に応えていると、冷間鍛造技術やジャストインタイムの管理技術がすごく鍛えられる。その力を自転車のギアコンポーネントのほうで活かして、そこで儲けているんですよ」というお話でした。私は、これはまさに、見事なアーキテクチャのポートフォリオ戦略だな、と感心したわけです。

あるいは、タイヤメーカーさんも同じようなことをおっしゃいます。自動車のタイヤ・ビジネスには、自動車工場に納入する「組み付け用」と、アフターマーケットでユーザーに売る「補修用」がありますが、総じて組み付け用のタイヤは、モデルごとに材質やタイヤ溝のデザインを最適化する「中インテグラル・外インテグラル」、補修タイヤは、標準設計のものを汎用品として適用する「中インテグラル・外モジュラー」です。形は同じですが、アーキテクチャの位置取りは異なるのです。

では、どっちが儲かるか。これまでの予想通りのパターンで、「中インテグラル・外インテグラル」の組み付け用のタイヤは、あまり儲かりません。「中インテグラル・外モジュラー」の補修タイヤは、それよりずっと利益率が高いのです。

しかし、それでは世界の大手タイヤメーカーの中に、儲かる補修部品に特化しているところがあるかというと、少なくともメジャーな企業の中にはまったくありません。大手のタイヤメーカーは、必ず両方持っています。それで理由を聞くと、「組み付け用タイヤをやっていなかったら、技術がへたっちゃいます。組み付け用タイヤで、要求のうるさいトヨタさん、ホンダさん、日産さんなどに食らいついてタイヤづくりをやることによって、儲かりはしないんだけれど、技術力がつくんです。で、ついた技術力を補修タイヤの側で活かすんです」ということでした。組み付けタイヤのビジネスがもたらす量産効果ということもありますが、やはり、「組み付けタイヤで鍛えて、補修タイヤのレベルを上げる」という技術移転効果が大きいわけなのです。これが「アーキテクチャのポートフォリオ戦略」です。

強い工場・強い本社への道

以上、本章では、「現場は強いが本社は儲からない」という、日本のものづくり企業が陥りがちな問題に対して、競争力をしっかりと収益に結びつける方策を考えてみました。これには、恐らくいくつもの筋道があり、どれかひとつが決定版というわけではありません。

第一に、国内販売やブランド構築など、ものづくりの組織能力を補完する関係にあるその他の組織能力を強化し、価格設定力を高めるという地道な方策があります。第二に、今よりは競争が楽で、ライバルも弱く、顧客も厳しくなく、サプライヤーも叩けるような「魅力的な（楽して儲かる）事業」を見つけてそこに飛び込むというアメリカ流の位置取り戦略で割り切る、というのも一策です。アメリカの優秀戦略企業に学ぶことは、まだまだたくさんあります。

しかし第三に、あくまでも「ものづくり現場発」の発想にこだわりながら、「強い工場・弱い本社」という今の状況からの脱出を目指す、という道もあるはずです。そうした考えから、本章で提案したのが、「アーキテクチャの位置取り戦略」です。むろん、これだけですべてが解決できるわけではありませんが、少なくともこれまでの方策とは異なる、「現場の設計思想」を手がかりにした戦略論の可能性をお話しできたのではないでしょうか。

そこから出てきた結論のひとつは、「擦り合わせ大国日本」は全般に「擦り合わせ過剰」であり、それが低収益につながっているのではないか、という仮説です。それが、ミクロの局面では、日本のものづくり企業が「中インテグラル・外インテグラル」というポジションに偏りすぎている、という話につながるのです。

右も左も上も下も、皆が擦り合わせをしているため、あちこちから飛んでくる細かい要求によって鍛えられ、現場は強くなるが、結局あまり儲からない。ぼろ儲けをしろとは言いませんが、せめて「ものづくりの組織能力」の実力に見合った収益を上げるべきではないか。それが単純に私が言いたかったことです。そして「アーキテクチャの位置取り戦略」が、そこへの道筋に関するひとつのヒントを提供できるのではないかと私は考えるのです。

【第7章解題】

既に見てきたように、本書の産業競争力論において、キー概念の一つである「アーキテクチャ論」に関しては、本書の刊行後、その基本構想は維持しつつ、いくつかの方向で発展させた。第一に、アーキテクチャの測定ツールの整理を試みた。実際に使ってみたのは、以下の三つの測定方法である。

① **機能構造関係の密度**　当該製品の機能要素（N個）と「構造要素（M個）のマトリックスにおける、機能構造対応（L本）の密度、すなわち「L／(N×M)」をアーキテクチャのインテグラル度と定義して測定する。

② **部品間インターフェースの分類**　業界標準インターフェース中心ならオープン・モジュラー型、社内共通インターフェース中心ならクローズド・モジュラー型、製品特殊インターフェース中心ならクローズド・インテグラル型。

③ **随伴現象のカウントによる簡便法**　アーキテクチャがモジュラー型あるいはインテグラル型の問いに随伴して生じやすい現象（例えば部品共通化、部品最適化など）の数をカウントすることによりアーキテクチャを推定する。

第二に、実際に多数のサンプルを用いて製品ごとのアーキテクチャのインテグラル度・モジュラー度を測定し、統計分析を試みた。例えば、東京大学と経済産業省の共同調査（『ものづくり白書』）では、前記の③簡便法を用いてアーキテクチャを測定し、これと労働集約度で輸出比率を推定する多変量回帰分析を行った。この結果、加工組立製品、プロセス製品ともに、製品のインテグラル度が高いほど日本製品の輸出比率が高いという、「設計の比較優位説」と矛盾のない統計分析結果を得た。少なくとも日本製品に関しては、「日本産業はインテグラル製品で設計の比較優位を持ちやすい」という仮説は支持されたのである（『ものづくり復活』藤本2012、『ものづくり白書』各年版他）。

第三に、「設計の比較優位説」の適用範囲を、機械製品などの加工組立産業から他産業に広げた。まず、アーキテクチャ分析をプロセス産業（鉄鋼、化学品、医薬品など）にまで拡張し、工程設計要素（例えば生産設備の操作標準）と製品機能設計要素の対応関係を測定すること、すなわち「工程アーキテクチャ」概念を用いて、様々なプロセス産業製品の事例分析や統計分析を行った（『日本型プロセス産業』藤本・桑嶋編2009、『ものづくり白書』各年版）。

また同様に、サービス業に関しても、サービス工程設計要素（例えばサービス設備の操作標準）とサービス機能設計要素の対応関係などを用いてサービス・アーキテクチャ分析を試みた。例えば、接客サービス業における「おもてなし」概念は、インテグラルなサービス・アー

図15　上空・低空・地上の三層構造

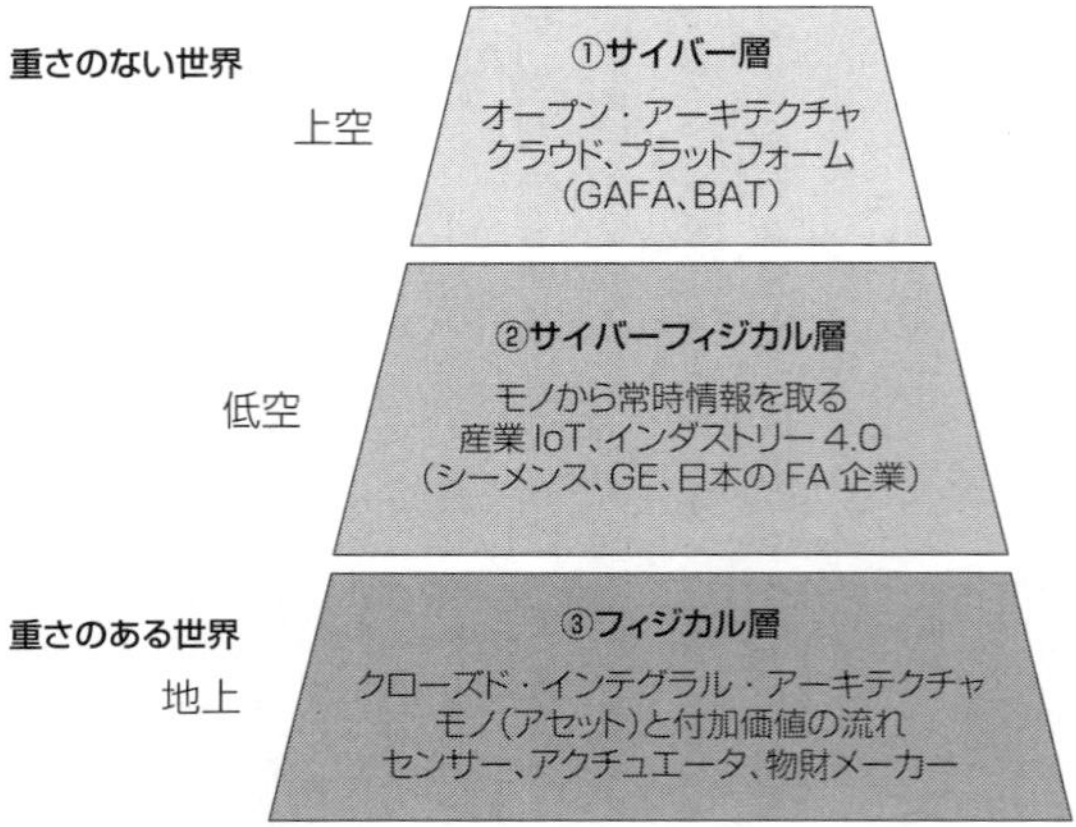

キテクチャと解釈することができる（『ものづくり経営学』藤本・東京大学21世紀COEものづくり経営研究センター編2007）。

第四に、デジタル化時代のアーキテクチャ産業分析のフレームワークとして、①上空（サイバー層）、②低空（サイバーフィジカル層）、③地上（フィジカル層）の三層構造モデルを提案した（『現場から見上げる企業戦略論』藤本2017）。そして、今後のデジタル対応戦略に関して以下の予想を立てた（図15）。

(i)　質量があり物理法則が作用する「地上」（③フィジカル層）の製品や工程のアーキテクチャはクローズド・インテグラル型となりやすい。日本企業はここでは競争優位を持ちうる。

(ii) 重さのない「上空」(①サイバー層)は言語・記号・論理の世界でオープン・モジュラー型になりやすく、日本企業はここでは国際競争力を維持しにくい。GAFAなどいわゆるメガプラットフォーマーが占拠するのもこの「上空」である。

(iii) 地上と上空をリアルタイムで常時連結する「低空」(②サイバーフィジカル層)で有効に競争するためには、上空知識と地上知識をバランスよく持つ必要がある。

(iv) 「地上」層で競争力を持つ傾向のある日本企業は、地上を起点として、上空のプラットフォーマー等に自社標準の設備や部品を売り切る「上空戦略」、サイバーフィジカルシステムを活用してB to Bソリューションビジネス等を構築する「低空戦略」、デジタル技術を活用して日本企業が得意なインテグラル製品の変種・変量・変流生産を洗練化させる「地上戦略」、とりあえずこの三つの戦略でデジタル化時代の国際競争に臨むことができる。

第五に、本書で提起した「アーキテクチャの位置取り戦略」(アーキテクチャ・マトリックス)を、様々な事例分析に適用し、その応用範囲を広げていった。これについては、少し立ち入って追加説明しよう。

第7章では、企業が考えるべき「アーキテクチャ戦略」について考察しているが、そもそもなんで、この本もほとんど終わりのほうになって、ようやく「戦略論」が出てくるのか。一つには、この本の主なテーマが、「企業」というよりはむしろ「産業」だからである。

基本的に私は、産業の動態に興味を持った産業経営学・産業経済学の実証研究者であり、もう少し広く言えば、自分は「産業の社会科学者」だと思っている。また、私はまずもって実証研究者であり、理論は、重要な産業現象を分析するための道具と考えている。伝統工芸の職人が、しばしば自分が使いやすい道具を自分で製作するのと似ているが、要するに、私が考える理論的枠組みは、あくまでも、実証分析を効果的に行うための職人的なツールである。

とはいえ、私は大学では長きにわたって「経営学者」という肩書きで認知されており、したがって、企業の経営のことを教えるのが仕事であり、実証研究の対象も、企業が持つ事業所である。

したがって、結局、私は産業にも企業にも興味を持っているわけだが、どちらから先に見るかと言えば、まずいろいろな「産業」の動態を知り、そのうえで「企業」の戦略や組織や行動を分析したい、という考え方で、数十年やってきている。つまり、研究の順序としては「産業→企業」であって、その逆ではない。

以上の前口上を前提に、「アーキテクチャの戦略論」、すなわち、利益を追求する企業にとっての設計戦略のことを考える。ここでも「CAP産業分析」がその基礎となる。

ある「企業」がある「産業」に参入すれば、それは「事業」（ビジネス）である。その企業が、ある安定的で独特の方法で、その「事業」での成長や利益を追求すれば、その方法は「事業戦略」である。ある企業がどんな産業にどんなバランスで関与するかを考えれば、それは「全社戦略」（企業戦略）となる。

現代の経営戦略論の教科書を見れば、事業戦略には、大きく分けて、①勝てる見込みの高い産業を賢く見つけて位置取りをする「ポジショニング戦略」と、②その産業でライバルに勝てるように経営資源や組織能力を鍛える「リソース・ベース戦略」があると、多くの教科書では説明される。「産業の魅力」と「企業の能力」、この二つはどちらも重要なので、長年、二大事業戦略として語られてきた。

この章で論じた「事業戦略論」は、上記の二つのタイプの戦略論を重要と考える点では変わりはない。しかし、産業を「付加価値を担う設計情報の流れ」と捉え、産業現場のオペレーションにまで降りて分析をしたうえで本社に戻って「事業戦略」を考える、というのが、私の考える、産業現場の「流れ分析」をベースにした「現場から見上げる企業戦略論」の手順である。

具体的には、ある事業で取引をする二つの企業を想定し、売り手側の製品のアーキテクチャ（インテグラル～モジュラー）を「中アーキテクチャ」、その製品を使う買い手側の生産システム（産業材の場合）や消費システム（消費材の場合）のアーキテクチャを「外アーキテクチャ」として、垂直方向の上下に中アーキテクチャのインテグラル・モジュラー、水平方向の左右に外アーキテクチャのインテグラル・モジュラーを配置した「イ・モ・イ・モ・マトリックス」で、四つの戦略類型、すなわち、①「中インテグラル・外インテグラル」（I－I）、②「中インテグラル・外モジュラー」（I－M）、③「中モジュラー・外インテグラル」（M－I）、④「中モジュラー・外モジュラー」（M－M）を特定し、それらの特徴を分析したのである。これは、本章の本文にあるとおりである。

そして、①I－Iでは、価格設定力、②I－Mでは市場シェアの高さ、③M－Iではビジネスモデルの巧みさ、④M－Mでは生産規模や低賃金などの力技が効くとの仮説を立てた。

日本企業が直面する産業状況を考えれば、売り手、買い手、あるいは両方が、統合型組織能力とインテグラル・アーキテクチャ製品で成長してきた企業であることが多い。したがって、日本企業が考えるべきアーキテクチャ位置取り戦略は、①②③、あるいはその組み合わせということになる。

一般に事業戦略論のうち、まず、強い競争相手のいない「魅力的な産業」を探して参入する「ポジショニング戦略」は理にかなっている。また、経営資源や組織能力を蓄積して強力なライバルの出現に備える「リソース・ケイパビリティ戦略」も理にかなっている。かくしてこの二つの発想の競争戦略論の流れは、対立しつつも相互補完的に並立してきた。

しかし、もう一つ、自社の製品や工程の設計を工夫し、利益や成長を得、安い設計上の工夫をすることは、製造業であれ、サービス業であれ、重要な発想法であり、戦略論の三つ目の方向性とさえ言えるだろう。つまり、①産業の選択（ポジショニング）、②能力の構築（リソース・ケイパビリティ）に加えて、③設計構想（アーキテクチャ）の選択である。

こうしたロジックに基づいて、本書で提示したのが「アーキテクチャの位置取り戦略」である。このフレームワークを私が使い始めたのは、二〇〇一年ごろなので、本書のアーキテクチャ・マトリックスは、使い始めて間もない初期の頃のものである。

その後、約二〇年、いろいろな企業の事例にこのマトリックスを応用してきた。特に、利益率が一〇％、二〇％を超える「強い本社」の事例や、逆に、技術力は高いのに、なぜか利益が出ない事業や産業の事例に、このマトリックスを数え切れないほど使ってきた。日本能率協会や個別企業の研修でも、演習問題としてこれを使ってきた。結論から言うと、このアーキテクチャ・マトリックスは、かなり使える、との手ごたえがある。本書で示したロジックは、多くの場合、現実の説明力があり、また、新たな発見もあった。

実際、多くの日本企業が苦闘した「ポスト冷戦期」においても、高収益・高成長率を維持し、「強い工場・強い本社」であり続けた有力日本企業の成功の源泉の一つは、スマートな「アーキテクチャ位置取り戦略」であったと私は確信を持っている。実際、シマノ、村田製作所、キーエンス、オムロン、ダイキン、等々のアーキテクチャ位置取り戦略を二次資料等から推定していくと、その高収益性の背景に、安定したアーキテクチャ位置取り戦略が見えてくる。これらの具体例については、別の機会に改めて説明していきたいと考える。

とはいえ、アーキテクチャの戦略論に関しては、本書刊行の段階で取り上げられなかった大きな穴がある。既に述べたように、それは「プラットフォーム戦略」の分析である。本書は、基本的には、プロダクト競争論を基本形としており、プラットフォーム競争論はまだ視野に入っていない。

プラットフォーム論がアメリカの経営学で影響力を持ち始めたのは、二〇〇〇年（Baldwin and Clark『デザイン・ルール』ボールドウィン・クラーク 2004）、二〇〇二年（Gawer and Cusumano『プラットフォームリーダーシップ』ガワー・クスマノ 2005）、二〇〇四年（Iansiti and Levine 2004）。私はK・クラークも、M・クスマノも、M・イアンシティも、ハーバード大学時代から家族ぐるみで知っている人たちだったが、彼らの研究途上のものを数年前に取り入れることはできなかった。この本の原著で「できなかったこと」として、最も大きな穴である。

その後、二〇一〇年代後半、アメリカにわたり、ハーバード大学に半年滞在し、この辺を徹底的に勉強し直した。二〇一七年の『現場から見上げる企業戦略論』（藤本 2017）という小さな本は、この部分を補完するものといってもよい。

第8章　ものづくり日本の進路

1　ここまでのまとめ――ものづくり戦略再論

ここまで、ものづくりの組織能力から始まって、競争力、さらには収益力に至る、「ものづくり現場発の戦略論」の道筋を、ひと渡り見てきました。すでに最終章でありますので、もう一度、簡単に議論の流れを振り返っておきましょう。

九〇年代の日本で、ものづくりの現場の実力は、多くの場合健在だったと私は見ます。にもかかわらず、しっかりした「ものづくり現場発の戦略論」が展開されていなかったために、過剰反応で視点が右往左往してしまったのではないか、という問題意識からこの本を始めました。

産業の十把ひとからげ、既存の産業分類への拘泥、競争力と収益力の混同、それらがもたらす過剰反応。こうした問題は、「現場発」の冷静な戦略論が欠けていたことが一因ではないか、

「現場は強いのに会社が儲からないのはなぜだ」という問題をもっと正面から論じるべきだった、と考えたのです。

それでは、「ものづくり現場発の戦略論」とはどのようなものであるべきでしょうか。私はまず、「設計」という一見ありきたりのコンセプトにこだわってみることにしました。開発・購買・生産・販売・消費と続くものづくりのプロセスを一貫して流れる血液のようなものは何かといえば、それは「設計情報」です。そこで、「ものづくりの組織能力」を「設計情報を上手につくり、転写し、流す能力」と読みかえて分析し、次にものづくりの対象となる製品あるいは工程の特性を「アーキテクチャ」すなわち基本的な設計思想として分析してみました。

その結果、組織能力とアーキテクチャの相性のよい製品は、利益は別として、少なくとも「ものづくり現場の競争力」(裏の競争力)は強い傾向がある、との予想を立てました。既存の産業分類その他の固定観念に囚われず、虚心坦懐に、現場を流れる「設計情報」がどうやって市場にいる顧客にまで届くかをひたすら追いかけていけば、通説とは異なる「ものづくり現場発の戦略論」ができるのではないか、と私は考えたのです。この議論を具体的に、戦後日本のものづくり企業に当てはめると、次のようなストーリーになります。

現場が強いといわれる企業は、生産資源が乏しい中で「能力構築競争」を行いつつ成長してきたので、「統合型ものづくりの組織能力」を蓄積する傾向があったと考えられます。そして、そうした統合型ものづくりの企業と相性がよかったのは、「擦り合わせ型（インテグラル）アーキテクチャ」の製品や工程でした。

自動車産業は、大きな塊として目立った「擦り合わせ的存在」でしたが、自動車以外でも擦り合わせアーキテクチャの製品・工程は様々な産業に散在しており、それらを集めると、日本には巨大な「擦り合わせ産業」が存在していたことが推定できます。だからこそ、日本はだめだだめだと言われ続ける中で、製造業の貿易黒字だけはしぶとく残ったのです。

本書では、そうした見通しに基づいて、「統合型ものづくりシステム」とは何か、「擦り合わせ型アーキテクチャ」とは何かを説明しました。

「統合型ものづくり」とは、現場組織のチームワークによって設計情報の滞留（ムダ）を最小化し、設計情報の創造と転写が高い精度と密度で行われるように、常に改善を怠らぬシステムのことです。そしてそれは、設計の各部分を最適化するために部品や設備をそのつど特殊設計する製品、つまり「擦り合わせ型アーキテクチャ」の製品と相性がよい、というのが戦後日本のものづくりに関する私の仮説です。

次いで、他の国にはどんな組織能力が偏在していて、それはどんなアーキテクチャの製品と相性がいいのかについて、印象論的に素描しました。これはまだ粗っぽい議論ですが、構想力のアメリカは知識集約的モジュラー製品、表現力のヨーロッパはブランド重視の擦り合わせ製品、集中力の韓国は資本集約的モジュラー製品、動員力の中国は労働集約的モジュラー製品、といった具合です。

そして「擦り合わせ大国」である日本は、「モジュラー大国」であるアメリカと中国に挟まれている、という産業地政学的な発想が必要だと指摘しました。いずれにせよ、国境を越えうる存在である企業の場合は、こうした「アーキテクチャの比較優位」を勘案し、冷静な判断に基づいて、ものづくり拠点の立地を選択していけばよいのです。

とりわけ中国の製造業は、ものづくり現場の競争力を考えるうえで現在最も重要なテーマなので、特に紙幅を割いてアーキテクチャと組織能力の観点から分析しました。中でも、日本企業の擦り合わせ型製品を「疑似オープン・アーキテクチャ」に換骨奪胎してしまう、中国地場産業全体が持つダイナミズムに着目し、疑似オープン製品が持つスピードとコストダウンの強み、弱点としての「技術的ロックイン」の問題を考えました。

中国とて強み弱みを併せ持つ普通の国であり、一方的な中国脅威論は懸念するにあたらない、というのがとりあえずの結論です。

例えば彼らが「疑似オープン化」の結果、組立メーカー間の壮絶な叩き合いで膠着状態になるのなら、日本企業は擦り合わせ部品でコンポーネントビジネスを仕掛けるか、高級擦り合わせ製品で上澄みを取る戦略でいくというように、彼の地の状況に応じた柔軟な中国ビジネスモデルが見つかるはずです。

そして最後に、せっかくの組織能力や「裏の競争力」を収益にまで結びつけるためには、日本企業に何が足りないかという問題を考えました。それは、国内販売力、ブランド構築力、戦略構想力など、ものづくり能力を補完する「その他の組織能力」の不足に帰着します。その中で私が特に注目したのは、「アーキテクチャの位置取り」の悪さでした。そこでこの問題について、少し突っ込んだ考察を加えました。

その一つの結論は、擦り合わせ大国日本は、実は「擦り合わせ過剰」であり、自分も顧客も擦り合わせという「中インテグラル・外インテグラル」の位置取りのビジネスが多すぎるのではないかということです。この位置取りは、組織能力を鍛える「道場」としては最高ですが、決して楽に儲かるところではありません。このセルにいるビジネスが日本には多すぎるため、全体として「現場は強いが会社は儲からない」という状態になるのではないか。これが私の仮説です。

そして、擦り合わせにどっぷり浸かるのではなく、むしろ「擦り合わせ世界」と「モジュラー世界」の境界線に位置取りした「中インテグラル・外モジュラー」「中モジュラー・外インテグラル」といったビジネスに日本でも高収益のチャンスがあることを、いくつかの企業の具体的な事例で説明しました。この本では、おおよそ以上のようなことをお話ししてきたわけです。

2 さらなる能力構築に向けて——まずは組織づくりを

まとめもできたので、ここで本書を終わりにしてもいいのですが、今まで使ってきた枠組みを用いて、企業や政策担当者の皆さんに、もう少し（実はかなりたくさん）申し上げたいことが残っていますので、今しばらくお付き合いください。

第一に、「能力構築に終わりなし」ということを申し上げたい。確かに、世界中の工場を見渡したとき、「統合型ものづくり」の組織能力を持った現場は、歴史その他の理由により日本に偏在する傾向がありました。しかし逆に、数百万ある日本企業の現場が、すべてそうした組織能力を持っているわけではないこともまた明らかです。日本の中でも大きな差がありました。

日本経済の中で、国際競争の場でしっかりと能力構築競争をやってきた「競争貫徹産業」は、多く見積もっても十数%です。戦後日本の産業競争力を引っ張ってきたのは、この十数%の部分でしょう。日本経済のその他数十%は、規制や談合に守られた「競争不全産業」で、雇用創出には貢献したが、国際的な産業競争力は持てなかった（あるいは持つ必要のなかった）分野です。

むろん、比較優位の原則から言っても、日本のすべての分野が卓越した国際競争力を持つ必要はないわけです。しかし少なくとも、「競争不全産業」が「競争貫徹産業」の足を引っ張り、いやけがさした後者が工場や本社を海外へと移してしまう、というような事態は将来的にも避けねばなりません。

その意味で、日本企業全体の組織能力のかさ上げは、かつてなく重要な課題となっているのです。「能力構築に終わりなし」という雰囲気は、トヨタのようなトップランナーであれば組織全体にしみ込んでいますが、その感覚を構造改革の対象となる「競争不全産業」の現場にも持ってもらう必要があるでしょう。

話がやや大袈裟になりますが、現在のいわゆる「構造改革」は、競争不全産業に対して「競争的な環境」を導入するというのが眼目だと理解しています。しかし環境だけが競争的になっても、「社外の競争圧力」を「社内の競争力」に結びつける動態能力を企業や現場が内部に持たない限り、残念な結果になりかねません。標準的な経済学が暗に想定する、「競争を導入すれば企業はすべて素晴らしく効率的になる」というようなことは、少なくとも「ものづくりの現場」では、自動的には起こらないのです。

構造改革がもたらす競争圧力を、自らの競争力にしっかりと結びつけるような組織的な仕掛けを、各企業のレベルで持つべきだと私は申し上げたいのです。何らかの形で能力構築競争の推進母体を、企業の中に恒久的な部署として持つこと。トヨタであれば有名な生産調査部。松下なら恐らく新設の生産プロセス革新センター。能力構築競争の達人企業は、たいてい組織能力や競争力の継続的向上と全社への浸透を任務とする部署を持っています。これがしっかりしていないと、能力構築の運動は「立ち消え」になってしまいます。

よくあるパターンが、戦後何回目かのトヨタ生産方式ブームが来る→社長が号令をかけてトヨタ方式の全社展開を指示する→しかし社内に強力な推進母体がないのでいつの間にか立ち消えになる→現場は「あれは一体何だったのか」としらける→次のトヨタブームが来る……という堂々巡りです。

そうならないためには、まず、能力構築競争の総本山となる組織を社内につくり、そこが地道に、他社とのベンチマーキング、ベストプラクティスの導入、自社内での改善の推進、その横展開、フォローアップ、等々を推進していく必要があります。トップのリーダーシップは不可欠ですが、ある程度以上の規模の組織であれば、能力構築競争を駆動させる組織的な仕掛けも必要なのです。

このことは、「競争不全産業」の企業のみならず、「競争貫徹産業」の企業についても実は言えることです。しっかり国際競争してきた企業であっても、能力構築競争を継続するための組織的な仕掛けが意外にできていないケースが見られます。かつてはちゃんとあったのに、いつの間にか消えてしまった会社もあります。日本企業がわずかに自信を取り戻しつつある今こそ、その勢いを立ち消えにさせないための、組織的な手立てを打っておく必要があるのです。

例えば、エレクトロニクス系の企業の中には、一時期半導体事業があまりに大きな成功をおさめたため、半導体カルチャーが会社を席巻した、というケースが見られます。

ところが、半導体産業は、すでに述べたように、いわば日本企業が豊かになってから台頭した産業なので、「貧乏暮らしの経験が統合型ものづくりの能力を生んだ」というストーリーからはちょっと外れています。むしろ、「統合型ものづくり」とは少し違って、設備投資競争と稼働率と一品大量生産を重視する、ややアメリカンな事業カルチャーと言えるかもしれません。

つまり、八〇年代におけるわが国半導体ビジネスの成功物語は、トヨタなどの勝ちパターンとは、実はかなり違ったものだという認識をはっきり持つべきかもしれません。むしろその間に、「統合型ものづくり」を忘れてしまったのではないか、とさえ思われます。

その結果、八〇年代に成功したトヨタはいまだに誰にも追いつかれませんが、半導体メーカーはあっという間に韓国の三星電子に追い抜かれました。組織能力の内容に違いがあったのです。

東北大学の大見忠弘先生が提唱しておられる、新しいフレキシブルな半導体生産システムは、日本の半導体ビジネスを、本来は十八番であったはずの「統合型ものづくり」に戻そうとの試みではないかと私は思っています。

ものづくりの世界では、本来可能な生産性の数分の一のレベルで漫然と操業している工場など珍しくありません。だからこそ、そうした企業の競争力のかさ上げを行うこと、しかもそれを、愚直に延々とやるための推進部署を会社組織の中に確立することが大事なのです。そういうところまでリストラしたら、会社は縮小均衡の連鎖に陥ってしまうのではないでしょうか。

3 日本のエクセレント・カンパニーに学べ

能力構築競争を長期で戦う組織ができたなら、次は誰から学ぶかということになります。基本を言うなら、国籍にかかわらず、組織能力の各種目ごとに「ベストプラクティス企業」を見つけてそこから学ぶのが第一歩でしょう。まずは「規定演技」で負けないことです。そのうえで「自由演技」で「オンリーワン」を目指すことです。

ただ、国籍にかかわらずとはいっても、同じ日本の企業であれば、言葉は通じるし、情報は多いし、条件は似ているし、話も聞けます。例えばここ数年、経済産業省の一部でも「日本のエクセレント・カンパニーに学ぼう」という研究会が断続的に行われてきており、私も参加しています。その成果の一部は、仕掛人である経済産業省の新原浩朗氏により『日本の優秀企業研究』（新原2006）という本になっています。

この本の題は、二十年ほど前に一世を風靡したピーターズとウォーターマンの『エクセレント・カンパニー』（ピーターズ・ウォーターマン1983）という本を連想させますが、実は時代背景はよく似ています。この二十年の間に、世界経済を取り巻く雰囲気は百八十度変わりました。『エクセレント・カンパニー』が出版された一九八三年といえば、アメリカは製造業に対する自信をなくして、「ジャパン・アズ・ナンバーワンなんだから日本に学べ」という議論が広まっていました。

それに対してあの本の暗黙のメッセージは、「確かに日本に学ぶことは大事かもしれないけれども、日本にだっていろいろな企業がある。本当にいい企業は一握りで、確かにそうした企業はエクセレントだ。でも、自分たちの足元、つまりアメリカをよく見れば、やはりエクセレント・カンパニーがあるではないか。日本に学べもいいけれど、まずはアメリカの足元にいるエクセレント・カンパニーから学ぶのが先じゃないか」というものだったのです。

ところが、それからほぼ二十年たった二〇〇〇年ごろの状況はというと、話が見事にひっくり返り、日本企業のほうが自信をなくし、ＩＴバブルの真っ最中ということもあり、「何でもアメリカに学べ」という雰囲気になっていました。

しかしそういうときこそ、われわれはピーターズとウォーターマンのメッセージを思い出す必要があります。確かに、アメリカであれ欧州であれ、あるいは韓国、台湾、中国であれ、海外のエクセレントな企業に学ぶことは常に大事です。しかし、足元の日本にもまだまだ学ぶべきエクセレント・カンパニーは多いのです。

「エクセレントな企業」というのは、基本的には、ストラテジー（戦略）とオペレーション（ものづくり）の両方が両輪としてうまく回っている企業です。理想を言うなら、本社の戦略も現場のものづくりも世界的に見て超一流の会社のことです。しかし、両方とも超一流というのは、さすがに、そうそうある話ではありません。エクセレントと言っても、どっちかに偏っているものです。

延々と能力構築競争をやってきた日本の自動車産業のエクセレント企業は、「ものづくりは超一流、本社戦略はまあまあ」というタイプが多いようです。逆にアメリカには、「本社戦略は超一流、ものづくりはまあまあ」というタイプが多いのでしょう。とすれば、「ものづくりはトヨタに学べ、戦略はGEに学べ」という、「いいとこ取り」のベンチマーキングでもいいかもしれません。

本社戦略が強い会社ということならば、学ぶ対象はトヨタ以外にもいろいろ出てきます。例えば前章で見た、アーキテクチャの位置取りのよい会社であるシマノ、マブチモーター、村田製作所、キーエンス、ロームなどもあります。

この顔ぶれを見て気がつくのは、売り上げ千億円か五千億円ぐらいのところに、日本の戦略系エクセレント・カンパニーが多いということです。世界市場が数千億円ぐらいになるメジャーな製品でトップシェアを取り、強くて儲かるビジネスを一つか二つ、あるいは三つぐらい持っている、というイメージの会社です。

たくさんの事業部を抱えた巨大な総合電機メーカーの中に、GEばりに本社戦略の強い企業があまり見当たらないのは残念です。当面、日本の戦略エクセレント企業は、すっきりした事業構成の、中規模あるいは「大の小」規模の会社が中心となるでしょう。比較的大きい多角化企業なのに戦略がエクセレントな企業となると、キヤノンあたりが最短距離にいるのでしょうが、総合電機メーカーの逆襲にも期待したいものです（その兆しは一部にあります）。

戦略が強い会社といえば、常に名前が挙がる日本企業のひとつに、電子材料、シリコン、塩化ビニールなどで有名な信越化学工業グループがあります。私が特にすごいと思うのは、戦略モードの使い分けという、日本企業が普通は苦手としていることがちゃんとできている、ということです。

日本企業らしいきめ細かい「統合型ものづくり」も、半導体シリコンなど電子材料でしっかりやっているのですが、その一方で塩化ビニールのような汎用樹脂でも力勝負をし、アメリカに二百万トン級の巨大な工場を持って規模で圧倒してしまう。この二つの戦略モードの切り替えというのは、日本の会社でできるところはほとんど見当たりません。恐らくトヨタもやっていない芸当かもしれません。

日本の身近なエクセレントなカンパニーは、まだまだあると思います。企業経営にはいろいろな種目がありますので、トヨタだけでなく、ほかの会社から学ぶところも大いにあるわけです。トヨタといえども、ほかの会社から学ぶところはあるわけですから、自分の会社の戦略的な方向性を考えたうえで、よい「先生」を見つけることです。

ちなみに、マイケル・ポーター氏と一橋大学の竹内弘高氏が中心になり、事業戦略に優れた日本の企業や事業部に「ポーター賞」を出しています。過去三年間の受賞者を見ると、製造業系でいえば、HOYA、キヤノン、マブチモーター、武田薬品（工業）、シマノと、なるほどという企業が並びます。ところが自動車メーカーと巨大電機メーカーが入っていません。これがある意味、象徴的ではないでしょうか。

4　トヨタの危機意識に学ぶ

次に、何を学ぶかです。学ぶ領域は、大きく言えば「ものづくり能力」と「戦略能力」です。また、たんに結果としての仕組みや戦略をまるごと学ぶだけでなく、それを改善する能力、さらに進化する能力にまでさかのぼって「深く学ぶ」ことです。ただし、工夫なしに導入するのではなく、自社と相手会社の製品や環境や歴史の違いを勘案し、それに合わせて修正するなど、距離感を持って「広く学ぶ」ことが大事でしょう。

このようにその会社のいいところを学ぶのは当然ですが、その先において考えるべきは、ベストプラクティス企業が今、どんなことで悩んでいるかを知ることではないでしょうか。フロントランナーは一番強い向かい風を受けて走っているわけですから、その会社が発見した問題は、あとから走ってくる会社にとっても、いずれは問題になる可能性が高いのです。そうした問題発見のプロセスを追体験すること自体が、勉強になるはずです。

例えば、フロントランナーであるトヨタの場合を考えてみましょう。トヨタがいかにすごい組織能力を持った会社であっても、厳しい競争下にある以上、今後の課題は山積しています。しかしこの会社は、社外の人間が指摘するよりずっと以前に気づいて、手を打ち始めます。この会社の最大の特徴は、あらゆる部門、あらゆる階層における、執拗とも言える問題発見の繰り返しと、危機意識の持続です。

さらに、問題そのものもさることながら、どうやってそれを見つけ、会社全体に横展開し、解決するまでフォローアップを繰り返し、あと戻りしないように歯止めをかけていくか、というところをこそ学ぶべきなのです。「深く学ぶ」というのはそういうことだと私は思います。

試みに、私が気がついたところで、最近のトヨタが問題だと思っているらしいと推測することを並べてみましょう。

全体の問題としては、自他共に世界一と認める突出した「裏の競争力」の割には、表に現れる利益はまだまだ世界一とは言いがたい、ということです。二〇〇四年三月期の純利益が一兆円を超えて話題になりましたが、この会社の大きさと強さから考えれば、「以前よりはバランスがよくなったが、まだまだこんなもんじゃない」というのが私の印象です。

売上高営業利益率ではここのところ日産のほうが上です。いろいろ理由はあるでしょうが、本社が二〇〇四年現在の利益水準では不満足だと考えているのは明らかです。自社株を買うなど、株主資本利益率を上げる財務的な工夫もしているようですが、率で見た利益が不十分である根本原因は会社のあちこちに存在します。それらを丹念に潰していく、というのがトヨタ流です。こうした「利益問題」に対する具体的な改善策としては、例えば次のようなものがあります。

まず第一に、コスト管理の見直しです。円レート、賃金、量産効果などの点で国内生産が不利な要素を抱えている以上、トータルの製品原価で中国や韓国も含む海外に負けない体質づくりは、今後も手を抜けません。

一般にトータルの原価とは、人や設備や材料に関して、「原単位」（例えば労働生産性や設備生産性や材料歩留まり）と「レート」（例えば賃金や設備単価、部品単価）をかけて足したものですが、トヨタはこれまで、どちらかというと「原単位改善主義」だったと私は思います。何よりもまず生産性向上を考える。その反面、「レート」には意外に寛容で、厳しいと言われながらも、トヨタと付き合う大手部品メーカーや車体メーカーの利益水準はトヨタとさほど違っていなかったし、賃金水準も業界最高レベルです。したがって「原単位」の改善が、トヨタ流コストダウンの主流だったわけです。この十年を見ても、設計の合理化や工場現場の生産性向上で一兆円以上の原価低減効果を出してきたのです。

しかし、今後も厳しい原価低減を続けていくとなれば、「レート」も重視せざるを得なくなります。例えば、非正規従業員も含めた一人当たり人件費、部品単価、設備単価などの「レート」を下げていくことも含めたトータルな原価管理を、開発段階から前倒しできめ細かく考える必要があります。ここ数年、トヨタは「レート」情報を開発段階から織り込む新しい「原価企画」システムを導入していますが、これなども、「トータル原価の低減」という大テーマと連動したものでしょう。

むろん、これまで構築してきた多能工システムや「長期能力主義」の部品調達システムのよさを残すことがその大前提です。

ここのところ、自動車メーカーと部品メーカーの利益率格差が開く傾向が見られますが、それでも統合型のサプライヤー・システムは問題ないのでしょうか。本工を期間工や派遣労働者に置き換えることは、人件費の低減につながりますが、それは統合型の多能工システムと両立するのでしょうか。まだまだ検討すべき問題は多いのです。

第二に、生産変動や少量生産に強い生産システムの再構築です。仮に、トヨタの国内生産が今後も年間三百万台程度で上下に変動すると予想するのなら、当然、もっと生産数量の変動に強い国内工場を目指す体質強化が必要でしょう。

一方、グローバルな生産拡大に伴い、年間数万台以下の小さな海外現地工場を次々と立ち上げる必要が出てくるのなら、少量生産でペイするスリムな生産システムの構築も不可欠です。設備のさらなるローコスト化・汎用化など、固定費の節約がカギを握ります。この点はさすがトヨタで、生産技術面では白水宏典副社長の指揮下、もうすでに着々と手を打っているようです。

第三に、トヨタ・ウェイ（進化能力）の海外拠点への浸透が必要です。仮にトヨタが世界シェア一〇%を超える成長を目指すのであれば、早晩、海外生産量が国内生産量を超える日が来ます。ところが現在、トヨタの「進化能力」は圧倒的に日本に集中しており、日本から練達の現場指導者を派遣し続けないと海外拠点の進化が止まってしまうという傾向が否めません。海外拠点に進化能力そのものを移転し、海外拠点が自力で進化できるようにならない限り、トヨタ国内の海外支援要員は払底してしまいそうです。トヨタといえども、現場で診断してすぐに手術ができる「名医」の数には限りがあるのです。

しかし、海外拠点への進化能力の移転は実際にはそう簡単ではなさそうです。仕組みとしてのトヨタ・システムは移転できても、その背後にある「思想」はなかなか伝わりません。要するに、「トヨタ・ウェイは簡単に他社に真似されないと喜んでいたら、実はうちの海外子会社でも真似できないということが分かってきたよ」という話です。

この点でもトヨタは、張富士夫社長を先頭に「トヨタ・ウェイ」を海外を含めて全社展開する一大運動を始めています。要するに、「進化能力のグローバル浸透」を進める動きが活発化しているのです。

そのためには、「トヨタ・ウェイ」が体にしみ込んだシニアの現場指導層に、言語や文化も含めた海外での指導力もつけてもらうことが必要です。あるいは、現役のみならず定年退職者にも、海外での現場指導で活躍してもらえるような、ものづくりインストラクターの養成の場をつくる必要もあるでしょう。トヨタは、そんなこともすでに始めているようです。

一般に、海外拠点の問題発見・問題解決をどうやって行うかは、多くの会社にとって大問題です。よくあるパターンは、海外でトラブルが起こる→日本から行って指導する→それなりに改善が進む→帰ってくる→進化が止まり問題が再発する→また行って指導する、この繰り返しです。

その間の日本人エンジニアらの旅費や滞在費は、日本では本社経費持ちの会社が多かったようですが、それを発生主義で現地のコストに計上したら、海外生産が実は割高になってしまうケースも少なくないでしょう。この問題は、「本社経費につける」ことで、いわば隠れていたのです。しかし、いつまでもそうはいかないでしょう。

第四に、国内販売の改善、特に不透明な値引き体質からの脱却という積年の課題が残っています。これは、市場リーダーであるトヨタが何とかしないと、日本全体で問題が解決しません。値引きそのものが悪いとは言いませんが、それが不透明な形で行われるため、値引きが恒常化している割にユーザーはあまり満足していないという調査結果が出ています。

それはディーラーを疲弊させ、ものづくり現場の士気にも悪影響を与えます。値引きを透明化するワンプラス制など、すでにいろいろ試されていますが、ひとつの切り札は、国内生産の大半を最終顧客の需要に対応した受注生産（いわゆるBTO）、それも顧客にストレスを与えない優れたBTOへと転換させることではないでしょうか（これには異論のある方もいらっしゃるようですが）。

現在、「ストレスフリーなBTO」を完璧にできる自動車メーカーは地球上にまだ存在しませんが、トヨタは再短距離にいる会社のひとつと考えられます。とはいえ、この問題を一番よく分かっているのは、実は先端的なディーラーではないかと感じます。要するにこれは、強いメーカーと強いディーラーの連携によってのみ可能な改革です。これについても、すでに一部ディーラーで動きが見られます。

第五に、ワクワクする車づくりがあります。品質面を見ると、トヨタはお客をイライラさせない製品をつくらせれば、あらゆる指標で文句なしに世界一ですが、お客をワクワクさせる車づくりではまだ今一歩だといわれています。特に、個性的なワクワクを車に要求する欧州市場では、トヨタ車は埋没しがちで、長いこと元気がありませんでした。最近は多少存在感が出てきたようですが、まだまだでしょう。

あとで詳しく説明しますが、一般にイライラ取りは組織能力、ワクワクは個人的天才の能力に依存する傾向があります。天才デザイナーの抜擢など、これまでにない思い切った対策も一部の車種で必要かもしれません。

しかしこの問題も、トヨタは当然気づいており、数年前に「ワクワク度」を測る品質指標を社内で整備しました。これまでの「顧客満足度」の指標は、実は「顧客不満足（イライラ）のなさ」を測っていたわけです。積極的な顧客満足（ワクワク）のつくり込みは別物という認識から出たのでしょうが、まず測定指標から、というのがいかにもトヨタらしいところです。

個別に見れば、明らかに「ワクワク」のほうを狙ったと思える「トんでるクルマ」系のモデルも発売されているようです。しかし、それらはリスクの少ない派生モデルが中心で、勝負をかける主力モデルでは、まだまだ「ワクワク度」が高いとは思えません。失礼ながらまだ、「俺たちだって遊ぶときは遊ぶぜ」と言っている優等生、という感じかもしれません。

追いかける側の日産やホンダが、主力モデルで「ワクワク路線」を仕掛けてきた場合、保守的なお客が多かった昔なら気にする必要はなかったでしょうが、今後は足をすくわれる可能性も出てくるでしょう。

第六に、アーキテクチャ変動への対応という、もっと長期の課題もあります。自動車が今のように擦り合わせ型でいってくれるうちはいいですが、将来的に自動車が今のパソコンのような「オープン型」の製品になってしまうようなことがもしあれば、現在のトヨタの強さがあまり生きなくなってしまいます。そうなると、九〇年代にあのＩＢＭが落ち込んだように、トヨタも没落する可能性がないとはいえません。そうした最悪のシナリオへの手当ては、今からきちっとしておく必要があるわけです。

恐らくそういうこともあって、燃料電池車やＩＴＳといった、自動車のアーキテクチャを激変させかねない先端技術への対応についても、トヨタでは先手を打とうとしています。さすがというか、気がつけばトヨタは、燃料電池技術でも先端に近いところに来ているようです。とはいえ、歴史的に見ると、アーキテクチャが激変して、強みが弱みに転じた場合の、トップ企業の対応というのは非常に困難です。やはりそこのところは、常日頃から最悪のシナリオを用意して、対応策を意識しておくことが必要です。

第七に、強さのその先には単に強いというだけでなく、顧客、株主、従業員、部品企業、地域社会、一般社会など、あらゆるステークホルダー（利害関係者）から評価される、バランスのとれた「尊敬される企業」への道が続いています。これは問題というより、究極の目標でしょう。単純な株主優先主義を乗り越えて深みのある企業を目指すことは容易ではありませんが、トヨタはすでに過去十年ほど、製品や工場の環境対策、生産工程の人間化など、明らかにこの方向へと動いているように見えます。

失礼ながらあまり儲かっていなかった九〇年代前半に、その方向に舵を切ったのは立派だと思います。強いだけでなく弱者にやさしく、外から分かりやすい企業、というトヨタ自身が示している将来像に、徐々にではありますが向かっているように見えます。「強い会社」が「いい会社」を目指すというのであれば、周囲の企業への説得力も違ってきます。トヨタがこの方向に進むとすれば、日本や世界の企業に与える影響は大きいでしょう。

課題はまだまだあるでしょうが、七つときりもいいのでここまでにします。フロントランナーであるトヨタが課題とする問題は、いずれ他の会社にとっても問題になる可能性があるわけです。問題そのものもさることながら、問題を発見し対策を打つプロセスそのものが、他社から見れば参考になるのではないでしょうか。これが「深く学ぶ」ということです。

5　期間工の多能工化は可能か

ここからは、トヨタに限らず「統合型ものづくり」を目指す多くの企業が直面しそうな課題を各論的に考えていくことにしましょう。まず、期間工や派遣従業員といった、いわゆる非正規従業員の増加は、統合型ものづくりシステムと両立するか、という問題があります。統合型ものづくりシステムには多能工が不可欠というのが私の考えですが、その一方では、国内の生産量が変動し、海外からのコスト競争圧力も強まる中で、非正規従業員や構内請負の活用を考える企業は増えています。自動車産業でも、工場にいる非正規従業員の比率は、数年前は一〇%ぐらいだったのが二〇%となっており、組立現場ではさらに増えています。問題は、それが現場の組織能力にどう影響するかです。一方で、正規従業員は減る傾向がある。他方で多能工は必要である。この二つは矛盾しないか、という疑問が湧きます。

これについては、すでにご紹介しましたが、法政大学の小池和男先生の最近の研究を見て、目からウロコが落ちる思いをしました（『もの造りの技能』小池・中馬・太田2001）。私なりに解釈するなら、これは、同じ「多能工」といっても、少なくとも二つのレベルがありそうだということです。第一は、「同じ生産ラインの多くの作業を標準時間内にこなすことができる人」という意味です。仮にこれを「多能工1」としましょう。トヨタ方式でもセル方式でも、こういう人は不可欠です。

しかし、標準作業が発達した今の組立ラインなら、ひとつの職場の仕事を覚えるのはすぐですから、この意味での「多能工1」を育てるのには恐らく半年もあれば充分でしょう。とすれば、短期採用の非正規工でも、充分に「多能工1」になれるのです。セル方式で有名なソニーの美濃加茂工場では、正規従業員二〇%、パート二〇%、生産委託（ブラジル系の人が多い）六〇%でも、立派にセル生産を行っていました。実力のあるパートさんが有能な多能工であるのは当然ですが、それに加えて外国人派遣作業者の多能工化も進んでいるのです。つまりここでは、非正規従業員と「多能工1」とは矛盾していないようです。

ところが、多能工にはもうひとつのレベルがあります。それは「同じ職場で多くの作業を経験しているため、その職場で起こる問題を瞬時に発見して対策を実施できる人」というレベルで、仮にこれを「多能工2」としましょう。小池先生が指摘する「異常対応ができる人」というのは、この「多能工2」です。自動車の組立職場には、こうした「多能工2」が必要です。さもないと、ライン・ストップの時間が劇的に上昇してしまいます。ラインを止めずにサイクルタイム内に問題発見と問題解決が行えないと、生産性に大きく影響します。小池先生の研究では、少なくとも作業グループに「多能工2」が半分以上いないとラインは回らないそうです。

ところが、「多能工1」とは違って、「多能工2」は育成に何年もかかります。自動車工場での現状は、単純化していえば「本工＝多能工2、期間工・派遣＝単能工」ですが、これだと、「非正規工の増加」と「統合型システム」の間で矛盾が生じかねないのです。

非正規従業員と統合型ものづくりシステムに関する、私の考えはこうです。まず、その職場が必要としているのが「多能工1」なのか「多能工2」なのかを見極める。ある種のセル生産なら「多能工1」で充分かもしれないが、自動車の組立ラインなら「多能工2」が必要でしょう。「多能工1」は、期間工や派遣従業員の短期教育で何とかなるでしょうから、そういう教育を充実させればいい。しかし、非正規工を「多能工2」として育てるとなると、話は厄介です。恐らく、新しい仕掛けが必要になります。

私は、自動車組立職場のようなところでは、本工は半分技術者的な超多能工になり、非正規従業員の人もそれなりに準多能工（多能工2という意味で）になる、という方向に持っていくべきではないかと思っています。そのためには、非正規従業員でも、ある作業での作業経験は多能工化のキャリアとしてカウントされ、次に戻ってきて働くときの評価に反映するような、業界統一の能力評価制度を確立すべきだと思っています。つまり、会社を超えて通用する「多能工証明票」のようなものを本人がパスポートのように持ち歩けるようにする、ということです。その方向への動きもすでにあります。

いずれにしても、数量変動とコストダウン圧力の続く国内の工場で「統合型ものづくりシステム」を機能させるには、期間工・派遣などの非正規従業員の多能工化を支援する制度が必要だと思います。

6　ITと「統合型ものづくり」のマッチング

次に、ものづくりを支援する情報技術（IT）と「統合型ものづくり」の関係についてです。

一般論で言うなら、CAD（コンピュータ支援設計）などの開発支援IT、MRP系の生産支援IT、それに購買支援ITなど、ものづくり現場を支援する情報技術のさらなる発達は、統合型ものづくりにも大いに役立っています。しかし、やはりそこには、自ずと「相性」というものがあります。

特に、近年の「ものづくり支援IT」は、オープンなネットワーク環境で動くパッケージソフトになっています。そうなると、「使い勝手は悪いが、取引先が皆使ってるのでうちも仕方なく使っている」という話（経済学者は「ネットワーク外部性」と言います）があちこちで聞かれるようになります。これはやはり問題だと思います。

例えば、自動車開発用のＣＡＤがそうです。かつて、日本の自動車メーカーの多くは、各社ごとに自前のＣＡＤを開発して使っていました。それはなかなか使い勝手のいいものだったと言います。ところが、九〇年代以降、新世代の三次元ＣＡＤの時代になると、欧米で開発された「業界標準ＣＡＤ」、例えばCATIA, Pro-Engineer, UG, IDEASなどのパッケージ型ソフトに置き換わるようになりました。「設備やツールは自前で」を基本路線とする日本の自動車企業の「統合型ものづくりシステム」の中にあって、これは例外的とも言えます。

確かに、開発ツールとしてどんどん複雑化し巨大化する自動車開発ＣＡＤの開発コストやメンテナンス・コストの大きさは、ユーザー企業では手に負えなくなってきています。さらに、日本メーカーのものづくりがグローバル化していく中で、海外の部品サプライヤーと設計情報を交換するには、やっぱり彼らがすでに使っている定番ソフトを使うのが無難です。したがって、それなりに合理的な判断とも言えます。最後まで自前路線だったトヨタのＣＡＤも、欧米のパッケージＣＡＤに切り替わりました。

別に欧米製のＣＡＤだから問題だというわけではありません。しかし、仮にも日本企業の「統合型ものづくり」と欧米ＣＡＤの相性が悪く、日本企業の組織能力の強みを活かせない、というような事態になってはいけません。

今のところ日本企業は、フロントローディングなど設計開発に関する組織能力が高いため、同じパッケージCAD（例えばCATIA）を使っても欧米企業よりずっと短いリードタイムで開発ができていますから、とくに問題はありません。しかしその一方で、新世代の欧米パッケージCADと日本企業の開発組織の間の「相性」はだんだん悪くなっている、という懸念を開発現場の近くから聞くことが少なからずあります。

つまり、少数精鋭の開発組織や技術者の多能的な能力形成、チームワーク重視の部門横断的な開発などを強みとする日本企業の開発組織に、欧米の分業重視を前提にした「業界標準CAD」がフィットしなくなってきている、という危惧の声が聞かれるのです。

一般に、エンジニア（設計仕様を考える人）とCADのオペレータ（コンピュータ画面でそれを具象化する人）の間で、はっきりと分業の線引きをするのが欧米流の開発組織の特徴ですが、欧米発のCADは、どうしてもそれに引っ張られて、分業を前提にした「オペレータが触れればいい」というCADになる傾向があります。一方、日本の開発組織の強みは、そうした分業をある程度抑えて、エンジニアもオペレータもCADを操り、分業というよりはチームワークで設計をしていくことです。ならば、そうしたチームワークと多能化を強みとする日本企業の統合型開発組織と、欧米生まれの分業志向のCADの間の整合性をどのように確保するかが、日本企業の「裏の競争力」を維持発展させるうえで、重要な課題となるかもしれません。

ここでも、いくつかの選択肢がありうるでしょう。第一に、「業界標準CAD」を提供する会社に注文を付け、これを徹底的にカスタマイズ（特注設計化）して、事実上自社の組織能力に完全に馴染ませてしまうこと。しかし、何といっても相手は業界標準ですから、めったなことでは言うことを聞いてくれません、お金と交渉力のある強い会社でなければできない力技です。

第二は、逆にカスタマイズは完全にあきらめ、自社の組織や開発プロセスを業界標準ＣＡＤに合わせる努力をすること。交渉力のない小さな会社はこれしかないかもしれませんが、望ましい解ではありません。

第三に、同じような「相性」問題を抱える日本などのユーザー企業が働きかける形で、何らかの「日の丸ＣＡＤ」を開発し、欧米の業界標準ＣＡＤに対抗すること。しかし、一旦確立した業界標準を崩すのは簡単ではありません。

第四に、欧米の「業界標準ＣＡＤ」は残しながら、それと各社組織の間の掛け橋となる「ユーザー・インターフェース層」のみを、「日本発の標準」として誰かが開発すること。これは魅力的な折衷案と言えますが、肝腎の自動車メーカーが「総論賛成各論反対」で動かない可能性もあります。

どれも一長一短ですが、「標準化するオープン型ＩＴ」と「統合型ものづくりの組織能力」の間のマッチング作業は、当分の間、日本企業にとって目の離せないテーマでしょう。また、これは開発現場の話に限りません。お仕着せの業界標準ＥＲＰは統合型の生産現場では使いにくいとか、擦り合わせ製品の部品購買にはありきたりのインターネット購買は合わない、といった議論もあちこちで聞かれます。それらに対する対策が、今後出てくることになるでしょう。

7　深いところからのブランド構築

先ほど、コスト側での新しい原価管理の取り組みについて話をしましたが、品質の側では、日本企業の「統合型ものづくり」はどんな課題を抱えているのでしょうか。最後はブランド構築の話に戻ることになりますが、ここではまずオーソドックスに、品質管理の話から入りましょう。日本企業得意の全社的品質管理で一番進んでいるといわれる、自動車の場合を考えてみます。

品質というのは、「設計品質」つまり設計情報そのものの魅力と、「製造品質」つまりものが設計情報通りにきっちりできている度合いとに分けて考えるのが普通ですが、このうち日本企業の強さが際立っていたのは「製造品質」のほうでした。そのレベルは依然として世界トップクラスです。アメリカの専門誌や調査会社が毎年調べている品質不良のデータでも明らかです。

しかし最近は米国企業なども健闘し、少なくとも数字の上では製造品質で一部の日本企業を上回るケースも出てきています。油断はできない状況です。それもあってか、例えば日産もホンダも、あらためて基礎的な製造品質の組織能力を再強化すべきだと言っています。ここでは、いかにしてトップクラスのパフォーマンスを守るかが課題です。まさに、「能力構築に終わりなし」です。

もちろん、あとを断たぬ日本企業による欠陥製品やリコールの不祥事はまったく論外であり、組織の能力や風土を根本からたたき直さねばならぬ事例と言う他はありません。

次に「設計品質」のほうはどうでしょう。設計品質を生み出す主役は、研究、開発、デザイン、マーケティング、製品企画など、ものづくりでも上流の部門です。なかでも、日本企業の製品開発能力や技術開発能力の高さがストレートに活きる、燃費や排出ガス対策のようなテクニカルな性能では、日本車はまずまず高いレベルにあるといえましょう。例えば、エンジンと電気モーターを精密に制御して併用するハイブリッド車では、トヨタを先頭に日本企業は欧米勢を少なくとも五年はリードしているといわれています。

しかし、トヨタの課題のところでも説明しましたが、そうしたテクニカルな設計力や開発力をユーザーの「ワクワク」感に結びつけるところが、どうもあまりうまくないようです。つまり、デザイン力やブランド力がまだ足りないということです。それが、ヨーロッパ市場での日本車の苦戦につながっていたのです。

確かに日本車の中でも、マツダ・ロードスターのように、突出した「ワクワク感」で世界的に認められた例外はいくつかありました。そして、そういったクルマの背後には、平井敏彦氏のようにとことん「ワクワク」にこだわる開発リーダーやデザイナーがいたのです。しかし、全体的に見ると、「イライラ取り」に比べると「ワクワク作り」は、決して日本企業の得意科目ではありませんでした。特にバブル崩壊後の日本車は、「不満はないが華もない」というような製品が多かったと言わざるを得ません。

当然のことですが、「ワクワクするしイライラしない」製品ができれば、どこの市場に行こうが鬼に金棒です。それが、日本の統合型ものづくりが目指す、次なる目標と言えるでしょう。そして、「組織の力」と「個人の才能」が嚙み合ったとき、初めてそれが可能になるのだと私は考えます。

その点で、トヨタを含め日本の自動車メーカーが参考にできるかもしれない会社のひとつが、ゲームソフトの任天堂ではないでしょうか。現在会社を率いる岩田聡社長の話では、この会社では、天才クリエーターとしてゲームソフト業界に君臨してきた宮本茂氏などの個人的才能による「ワクワク作り」と、任天堂開発軍団とも言うべき安定した開発チームによる「イライラ取り」が、非常にうまく融合していたという印象を持ちます。

自動車とゲームソフトは意外に開発組織のありようが似ているのですが、まさに、天才を活かす組織の度量と、組織を遊ばせる天才の力が合体したとき、「ワクワクするしイライラしない」製品が高打率で生み出されるのではないでしょうか。ちなみに、アメリカ製のゲームソフトは、天才の存在を感じさせるワクワク感はあるが、イライラ感も大きい製品が多いといわれています。その意味でも、任天堂はまぎれもなく日本の優秀な「統合型ものづくり」企業なのです。

こうした話は結局のところ、本書で何度も出てきた「日本企業のブランド力不足」という話につながります。これまで日本の優良ものづくり企業は、「いいものをつくる努力」は怠りがなかったが、それに比べると「顧客にいいものを分かってもらう仕掛け」が欠けていたために、せっかくの質のいい製品が顧客に理解されなかったのです。アピール力の不足と言わざるを得ないケースが、日本には多すぎたのです。

これに対して、ブランド力のある一部のヨーロッパ企業は、ときにはあざといほどにブランドの演出が上手い。そうしたブランド表現やアピールの巧みさは、そうした欧州企業に学ぶところが大きいでしょう。

しかし、それならヨーロッパ的なブランド戦略をそのまま真似すればいいのかというと、私は、それも少し違うのではないかと思います。ヨーロッパのブランド先進企業は、デザイン・センスやマーケティング面の演出力など、「表の競争力」で勝負する会社が多いのですが、その土俵で何世代も勝負してきたようなあちらの会社に、「裏の競争力」で勝負してきた日本企業が、そう簡単に追いつけるとは思えません。それこそ「経路依存性」です。

日本企業としては、そこにとどまらず、「統合型ものづくり」の組織能力を活かして、もう少し先にいくべきではないでしょうか。例えば、迅速な技術開発の能力を活かして、要素技術の段階からブランド性のベクトルをきっちり合わせた、いわば「骨の髄からブランド」というような製品をつくっていけば、それは日本企業ならではのブランド展開として理想的かもしれません。そうやって、日本企業が要素技術開発という価値連鎖の深いところからブランドを構築し、しかも市場に製品のよさを認めさせる仕掛けがうまくできれば、開発スピードや開発生産性に弱点のある欧州企業は、簡単には対抗できないかもしれないのです。

ソニー中村研究所の中村末広社長は、「ソニー本来のブランドづくりとは、源流で画期的な要素技術が開発された段階で、すでに誰かが生産から販売、消費に至るまでの顧客価値創造のシナリオを一貫して見通しているということだ」という趣旨のことを最近書いておられます(『ソニー中村研究所　経営は「1・10・100」』中村2004)。また、ソニーのヒット商品は骨太な要素技術とコンセプトで支えられているので、すぐに消える一過性のものではなく、すべて現在まで生き残っているともおっしゃっています。

要素技術という深いレベルからブランドを仕込んでいくことが本来のソニー流ブランド構築なのだとすれば、日本企業がこれから目指すべき「深いところからのブランド構築」は、実はソニーの過去の成功体験の中にあるのではないかと私は思っています。

8　先行開発――日本のデスバレー

さて、「深いところからのブランド構築」を狙うのであれば、そのカギを握るのは、研究と開発の橋渡しをする「先行開発」という機能ではないでしょうか。

私は、せっかくの「統合型ものづくりシステム」の組織能力を市場でもっと活かそうというのであれば、「先行開発」が潜在的に持つブランド構築機能にもっと注目すべきではないかと考えています。先行開発を充実させることによって、日本企業が得意とする「擦り合わせ型」製品でのブランド勝負を、もっと深いところから仕掛けられると思うからです。

そもそも、戦後日本のR&D（研究開発）に関しては、「生産は得意だが研究開発は活発でない」「プロセス・イノベーションは得意だがプロダクト・イノベーションは苦手だ」「基礎研究を軽視している」というような議論がよく見られました。しかし、様々な実証研究の結果、そうした単純な図式では、少なくとも八〇年代以降の日本企業の研究開発活動はうまく説明できないことが分かってきました。

まず「D」、つまり開発のほうですが、本書でも繰り返しているように、日本企業は擦り合わせ製品の開発は得意なのです。また、「R」つまり基礎的な研究開発や技術開発に関しても、国内総生産に占める研究開発費の比率、あるいはその中の基礎研究費の比率を見ると、日本はバブル崩壊後も世界トップクラスを維持しています。大学や軍事研究はいざ知らず、民間企業の基礎研究で、日本企業全体が欧米勢にずっと圧倒されていたとは言えないでしょう。

つまり、「日本は基礎研究を軽視してきたので、プロダクト・イノベーションが振るわず、だから業績も不振である」という説は、もう一回よく検証する必要があるのです。むしろ民間R&Dに関しては、本当の問題は「R（研究）もD（開発）もしっかりやっているのに、収益力の高い製品や事業が生まれないのはなぜか」ということだったのではないでしょうか。

一例として、「技術の○○」といわれてきたある有名大企業A社のお話をしましょう。この会社は、Rを行う基礎研究所に何百人、Dをやる開発センターに何千人もの要員を擁する、文字通り堂々たる大企業であり、「世界初技術の実用化」の実績を見ても、まさに「技術の○○」と称するにふさわしい会社でした。ところが、製品の売れ行きは芳しくなく、シェアは低落、会社は赤字と、市場では散々な業績でした。

この会社の基礎研究所の話を聞くと、要するにRとDの間がぷつりと切れてしまっていた、という反省が出てきます。やや漫画的に言うと、基礎研究所は「世界初の要素技術をつくってやったから、ありがたく持っていけ」と、いわば「払い下げ」的な気分で、一方的に新しい基礎技術を開発センターに渡します。一方、もらった開発センターの人も、有り難くもらったのはいいが、それがどういう製品コンセプト、どういうブランド価値、どういう顧客満足をもたらすのか、ということについて明瞭なイメージを持てません。

基礎研究所の人は、「市場のことは開発の仕事」と言うばかり。仕方ないので、開発側では、とりあえずたまたま次に出る新製品にこの技術を乗せておくか、ということになり、この画期的新技術はある製品に搭載されて発売されます。ところが消費者は、「なんでこの製品にこの技術が乗っているのか。製品と技術の狙ってる方向がバラバラじゃないか」ということに何となく気づく。消費者は混乱し、製品は売れず、せっかくの画期的技術は無駄打ちに終わる。

どうでしょうか。この話を聞いて、「それはうちのことか」とおっしゃる企業が複数出てくるはずです。実際、この話をすると、そういう反応が見られます。この会社は、RもDも世界有数です。ところが、Rから出てくる要素技術がお客さんに対して持つベクトルと、Dが狙う新製品が持っているベクトルがバラバラな状態なので、市場では成功しないのです。

つまり問題は、「なぜ、基礎研究や基盤技術開発にも力を入れ、製品イノベーションも活発であり、製品開発のスピードや効率も世界トップクラスなのに、それが企業にシェアや収益をもたらさないのか」ということなのです。

これは要するに「日本のデスバレー（死の谷）」の話だ、と私は考えます。一般に「デスバレー現象」とは、「せっかく画期的技術があるのに、研究開発活動のある部分に断絶（死の谷）があるために、それが画期的製品につながっていない」という、かつて米国で盛んにされた議論のことを指します。それでは、日本企業にとっての「デスバレー」はどこにあるのでしょうか。

あくまで仮説の段階ですが、私は、まさにRとDを結びつける機能である「先行開発」がひとつのボトルネック（隘路）ではないかと疑っています。つまり、多くのものづくり企業において、先行開発という「糊」がきいていないため、RとDがうまく結びつかず、新技術が高収益製品に結びついていなかった、というのが私なりの「日本のデスバレー＝先行開発」説です。

一般に「先行開発」といえば、製品開発に「先行」してその製品に必要な要素技術を開発することを指します。つまり、あとからやってくる、ある特定の新製品の開発日程や製品コンセプトを念頭に置きながら、それに先行して、あるいは同時並行的に、新しい要素技術を具体化することです。先行開発は、RとDの間に挟まれた地味な部門なので、トップが関与する形での全社的な再認識が必要でしょう。実際に先ほど説明したA社は、今では見違えるほど元気な会社になっていますが、そこではトップ自らが先行開発の重要性を社内で説いて回っています。

先行開発部門に要求される役割はやや複雑ですから、その使命は明確に示される必要があります。特に「深いところからのブランド構築」を意識するのであれば、先行開発部隊は次のような機能を持つべきでしょう。

第一に、技術のインテグレーター（まとめ役）に徹することです。すなわち、RとDの双方に目配りし、研究所に新製品群の意図を浸透させ、開発部門に新技術の意図を伝え、双方をまさに擦り合わせるのです。製品開発部門は、「お客のベクトル」と「製品のベクトル」を一致させる「ベクトル合わせ」をするところですが、先行開発部門は、その「お客のベクトル」と「製品のベクトル」に「要素技術のベクトル」を一致させる「上流でのベクトル合わせ」を行い、その整合性を保証する部署なのです。

しかし、先行開発部隊が、RともDとも異なる独自の行動をとりはじめれば、たんに屋上屋を架して二段階R&Dを三段階R&Dにしただけのことになってしまい、かえって風通しが悪くなってしまいます。まさに、先行開発部隊が、地道なまとめ役に徹してくれるかどうかで、RとDの関係は、遠くも近くもなるわけです。実際、あるエレクトロニクス系大メーカーでは、製品のタイプによって、先行開発を飛ばした二段階R&Dと、先行開発を介した三段階R&Dを使い分ける体制をとりつつあります。

第二に、先行開発部隊は、「ブランドへの貢献」をしっかり意識して活動する必要があります。新技術の製品への貢献というと、どうしてもテクニカルな性能アップだけに目がいきがちですが、むしろ新製品が顧客にとっての「物語」をつむぎ出す力、すなわちブランド力を支援するような技術をきっちりと評価し奨励することが、先行開発部門のひとつの重要な役割なのです。

したがって先行開発部門は、深い技術的知識のみならず深い市場知識、とりわけ製品が物語を生みブランド力を発揮するプロセスに関する、深い洞察力を持つ必要があります。地味ではありますが大変な仕事です。先行開発部隊がそうした「市場翻訳能力」を持ってくれれば、技術と製品のブランド面での擦り合わせは大いに進むでしょう。ここが「深いところからのブランド構築」のための、上流の中核拠点になれるのです。

第三に、部品や素材のサプライヤーの技術力を活用したいのであれば、先行開発部門をサプライヤーの技術アイデアを吸い上げる窓口にすることを考えるべきです。

例えば、先ほどのA社の場合、サプライヤーがせっかく新技術を開発したので採用してもらおうと考え、A社の製品開発部門に持ち込むと、「うちの新製品開発は今は非常に速いので、今持ってきてももう遅い」と言われる。それではと研究所に持ち込むと、「そういう新技術はわが研究所で考えるから、君らはやらなくていい」と言われる。結局、どこに持っていっていいか分からない。これでは、せっかくのサプライヤーの技術力が活きません。

技術的なパートナーとして重用しようというサプライヤーに対しては、「先行開発部門が新技術提案の窓口ですよ」というように、はっきりと看板を出しておくことです。言い換えれば先行開発部門は、社内の研究所だけでなく、社外の技術に対してもオープンなスタンスをとることが必須です。先行開発部門に期待される知識や能力や責任のレベルは、実は相当に高いのです。

このように、先行開発部門の拡充は、多くの日本企業にとっての課題です。「高い技術力はあるのに高収益事業につながらない」という本書で指摘してきた問題の背後に、先行開発部門の不在、あるいは力不足という問題があるのではないかと私は考えます。

むろん、日本企業全体が常に先行開発を苦手としているわけではありません。例えば、友人であるハーバード大学のマルコ・イアンシティ教授は、「NECはじめ日本企業は、欧米企業に比べ半導体実装技術のスーパーコンピュータへの取り込みがうまかったが、その秘訣はRとDの期間重複と擦り合わせ、つまりテクノロジー・インテグレーションだった」と指摘しています。

トヨタのハイブリッド車プリウスの開発においても、ハイブリッド機構の先行開発と車両開発がほぼ同時並行で進められ、約三年という驚異的なスピードで商品化を達成しています。日本ブランドの製薬企業として気を吐く武田薬品も、R（探索段階）とD（前臨床・臨床段階）のつなぎが上手な企業として知られています。ホンダも、RとDをつなぐ「DR」活動をきわめて重視する会社として鳴らしています。また、先ほど紹介した、好調時のソニーのブランド構築も、研究部門が同時に先行開発機能を発揮しているケースと解釈することもできるでしょう。

先行技術開発の仕事は、どちらかといえば地味ですから、下からの改革だけでは「先行開発重視」のポリシーの全社への徹底は難しいかもしれません。特に短期的な株価対応に企業トップの目が集中しがちな昨今、先行技術開発はむしろ軽視される恐れさえあります。それだけに、企業トップあるいは研究開発トップが、明瞭なリーダーシップを持って先行技術開発部門の強化とミッションの明確化を唱道することが、多くの企業にとって大事なのではないでしょうか。

9 「アーキテクチャの比較優位」再論

さて、ここまでは、いかにして「統合型ものづくり能力」に磨きをかけ、それを最大限に活用して「擦り合わせアーキテクチャ」で勝負するか、という話を展開してきました。

こうした私の「擦り合わせアーキテクチャの比較優位論」に対しては、「世の中はモジュラー製品の方向に向かっているのだから、擦り合わせだけでは日本はもたないよ」という反論もあるでしょう。それに対し、私は次のように考えています。

まず、「世の中の製品は、最後はすべてモジュラー化に向かうのだから、擦り合わせに特化しても無駄じゃないか」という議論に対しては、「それはデジタル情報革命に引っ張られすぎた技術決定論ではないですか」と反論します。確かに九〇年代の終わりごろ、世の中はすべてデジタル、バーチャル、オープン、モジュラーになるのでは、という雰囲気に支配されたこともありました。しかし、実際には、MITのC・ファイン、ハーバード大学のH・チェスブロー、一橋大学の楠木建といった人たちもおっしゃるように、長い目で見れば、多くの製品はインテグラルとモジュラーの間を行き来しているのであって、モジュラーに行きっぱなしで帰ってこない製品ばかりではないのです。

私の見たところでも、顧客のニーズが洗練化し先鋭化するときには、往々にして擦り合わせ製品が選択されやすいものです。製品だけでなく、お客の「鑑識眼」も進化するのです。「最後は顧客がアーキテクチャを決める」という大原則をわれわれは忘れてはいけないでしょう。また、大きなイノベーションがある部品に起こるときは、周辺の部品も適応変化せざるを得ないので、結果として製品は擦り合わせ型に戻りやすいと言えます。

そもそも、競争優位という観点から言うなら、私が主張するのは、まさにオーソドックスな「比較優位論」です。日本に偏在すると考えられる「統合型の組織能力」を想定した場合、日本企業は海外企業に対して、擦り合わせ製品で「より大きな優位性」を持てる可能性が大きいのではないか、ということです。

仮に日本企業が、ある外国の企業に対し、擦り合わせ型アーキテクチャへの対応能力でもモジュラー型への対応能力でも優っている、というケースであっても、擦り合わせ対応のほうでより大きなアドバンテージがあるなら、日本企業は結局モジュラー製品を輸入し、擦り合わせ製品を輸出することになるでしょう。これが、オーソドックスな「比較優位論」の、アーキテクチャ戦略への応用なのです。

この点に関して、「藤本は、日本は擦り合わせ技術だけ磨いていればいいのであって、慣れないモジュラー化の努力なんかやめてしまえ、と言っているのではないか」とのご意見をいただくことがありますが、決してそうではありません。本書をもう一度振り返っていただければ分かりますが、私は、「組織能力を蓄積する段階」と「組織能力を活かす製品を選択する段階」とを分けて考えています。実際には同時並行ですが、理屈をはっきりさせるためにあえて分けているのです。

そして、第一段階の「能力構築」に関しては、個々の会社が置かれた状況に従って、市場や技術や戦略がそれを要求する限り、擦り合わせ対応能力でも、モジュラー対応能力でも、あらゆる方向への能力構築の道を模索すべきだ、と申し上げています。

私は、決して日本企業のモジュラー化努力を否定しているわけではないのです。むしろ、顧客と技術が許す限り、設計のモジュラー化はどんどんやるべきと考えます。擦り合わせ型といわれる自動車メーカーでも、部品モジュラー化の努力はやっていますが、私もそれは大事だと考えています。

一方、第二段階の「アーキテクチャ選択」に関しては、私は「歴史の重さ」（経路依存性）を重視する立場です。「戦後、統合型ものづくりの組織能力をすでに鍛えてきた会社は、その歴史を大事にして、とりあえずは相対的に擦り合わせ寄りの製品で勝負しましょう。そのためには統合力の鍛錬も続けましょう」と言っているのです。

しかし、そうした会社が、第一段階でモジュラー化の努力をすることを、何ら否定しません。また、たまたま歴史的にモジュラー製品への対応力、例えば事前の構想力や評価能力のほうをたくさん身につけてしまった日本企業があるのなら、その会社は迷わずオープン・モジュラー・ビジネスで勝負すべきでしょう。

モジュラー化に関して私がお話ししたいのは、以下のようなことです。

あらゆる企業は、市場や技術が許す限り、製品やプロセスのモジュラー化にどんどん挑戦し、そのメリットを享受すべきです。ただし、日本企業に「統合型ものづくり」の組織能力が偏在しているのであれば、そうした日本企業は、簡単にモジュラー化できる製品は避け、苦労しないとモジュラー化のメリットが得られないような製品を選ぶべきです。なぜなら、簡単にモジュラー化できる製品は、アメリカでも中国でも韓国でもすぐにできるからです。「簡単にモジュラー化のメリットが出ない製品」というのは、要するに「擦り合わせ製品」のことなのです。

その製品が絶対スケールでモジュラー化の方向に動いているかどうかが問題なのではなく、あくまでもその製品の他の製品に対する相対的な「インテグラル度」が問題なのです。それが、「アーキテクチャの比較優位」という考え方です。

これが、私の考える「アーキテクチャの比較優位論」です。

10　プロデューサーいでよ

すでにお話ししましたが、私は、日本中すべての企業が擦り合わせに集中すべきだといっているのではありません。やや逆説的に聞こえるかもしれませんが、「擦り合わせ過剰」という日本の全体状況の中で、今必要とされているのは、むしろ「儲かるモジュラー・ビジネス」を創造する能力を持った人や組織なのではないでしょうか。そこでイメージされるのは、擦り合わせベッタリの業界を上手に切り分けて、もっと機動性のあるビジネス・モジュールを生み出し、必要に応じてそれらをつなぎ直し、組み換え、儲かるビジネスモデルを創造する、映画で言えばプロデューサー的な機能を持った「モジュラー屋」です。そうした「モジュラー屋」が活躍してこそ、その仕掛けに参加する「擦り合わせ屋」も浮かばれる、つまりもっと儲かるのです。

それでは、日本のそうした「モジュラー屋」は、実際にはどこにいるのでしょうか。前章でも指摘したように、事業会社そのものがそうしたモジュラー屋的な機能を発揮することもありますが、日本全体を見たとき、ビジネスをつなぐことを専門にした「プロデューサー的な専門企業」も必要なところです。

そうしたプロデューサーに求められるのは、モジュラー・ビジネス対応能力、すなわち事前の構想力、目利きとしての評価能力、そして、業界の壁を越えた大きなネットワークの形成力でしょう。シリコンバレーで活躍するベンチャーキャピタルの中には、そうした能力を持った会社があると言われます。また、「つないでなんぼ」というモジュラー・ビジネスの性格から言えば、金融、小売り、商社、情報通信、建設、物流などのサービス業系が候補になります。

しかし、残念ながら今の日本では、優秀なプロデューサー的企業はきわめて希少な存在です。狭い業界に閉じこもってやってきた企業はネットワーク力に欠けます。「長期関係主義」のぬるま湯に浸かってきた会社、あるいは「まる投げ」的なビジネスでやってきた会社は、評価能力に問題があります。擦り合わせベッタリの会社は、構想力に難があります。まさに「プロデューサーいでよ」と言いたいところです。

そうした中で、当面日本でプロデューサー機能を期待できそうなのは、商社系、例えば総合商社や産地問屋などの一部ではないでしょうか。もともと、日本では珍しく、切ったりつないだりのモジュラー・ビジネスを昔から展開してきたのは、商社です。その中で、特に構想力・評価能力・ネットワーク力などに長けたところが、全国あるいは地域レベルで、多様な擦り合わせ屋を引っ張り込んで、大きなモジュラー・ビジネスモデルを仕掛ける局面がどんどん出てくると、日本の「擦り合わせ過剰」感も多少は解消してくるかもしれません。

また、本来は銀行など、金融機関にもこの役割が期待されているはずなのですが、残念ながら担保主義に走って評価能力を低下させたため、プロデューサーとしてはあまり機能できていなかったという印象を持ちます。しかし最近、金融業本来の評価能力を高める方向に動きはじめたところが、地方銀行、信金、政府系、証券、ベンチャーキャピタル、等々の中にも出てきているようです。むろん、他の業界に対しても「プロデューサーいでよ」と言いたいところです。

このように、やや逆説的ですが、「擦り合わせ日本をプロデュースするモジュラー屋」が次々と登場することに、私は期待しているのです。

11　フロントランナー方式の産業政策

この本では、もっぱら企業の戦略について論を展開してきたので、産業政策には触れてきませんでした。そもそも私のような現場系の経営学者が、産業政策を論じること自体、期待されていないのかもしれません。しかし、本書で展開した組織能力ベースの戦略論には、それに対応する産業政策があってしかるべきです。そこで、あえて領空侵犯をして、産業政策の話を少しだけしたいと思います。

戦後日本の強い企業は、愚直に「能力構築競争」をやってきましたが、それに対応する産業政策は、理屈から言えば能力構築競争を促進するタイプの政策ということになります。つまり、産業政策を担当する当局は、能力構築競争の先頭に立つフロントランナー企業をもっと走らせる政策、つまり「フロントランナー方式」の産業政策にもっとシフトすべきだ、というのが私の考えるところです。一番遅い企業の後押しをする「護送船団方式」がもはや機能しないということには、恐らく異論はないと思います。それに代わる産業政策があるとすれば、それは各分野で、最も強くて進化の速い「フロントランナー」をもっと走らせる方式でしょう。

もう少し具体的に言うなら、まず政策当局は、競争力の強み・弱みがもっと截然と分かれるように、既存の産業分類を見直す必要があります。本書ではアーキテクチャ発想の導入をお勧めしましたが、とにかく、攻守の別がはっきりする括りであればそれでいいでしょう。

次に、新しい戦略的な産業分類の中で、攻めの政策をとるべき分野を特定化し、そこで最も優れた戦略と組織能力を持つ一群の「フロントランナー」を見つけます。そして、官として彼ら民間フロントランナーを徹底的に研究し、学び、その戦略と能力を深く理解するのです。しかる後に、フロントランナーがもっと走れるような環境を整備することを眼目とした産業政策を立てます。

最も効果的なのは、フロントランナー企業自身に「もっと走りたいとしたら何が邪魔ですか」と尋ねてみることでしょう。先頭は最も強い向かい風を受けているのですから、いろいろと注文が出てくるはずです。その中で、実行可能なものから着手する。中には、規制緩和のような話だけでなく、強者連合のコンソーシアムや産官連携の業界標準獲得プロジェクトといった攻めの政策も含まれるでしょう。これにより、フロントランナーはさらにスピードアップします。

その一方で、能力構築を加速化していくフロントランナーに挑む第二列の同業他社が、前者に対して「能力構築競争」を仕掛け、先頭集団についていき、健全な形で企業間の組織能力の切磋琢磨が進むよう、何らかのダイナミックな競争環境の整備も必要となります。他方、先頭集団から遅れていく企業は、場合によっては「社会政策」として救済するということもありえるでしょうが、それは、フロントランナーを走らせる「産業政策」とは明確に切り離して論じるべきです。

次に競争政策との関連ですが、新しい「フロントランナー方式」の産業政策においては、伝統的な価格競争の促進政策のみならず、「能力構築競争の促進政策」がきわめて重要と私は考えます。したがって、「価格と違い、組織能力では談合ができない」という能力構築競争の特性を考えるならば、伝統的な競争政策が重視してきた「資本的に独立な競争企業の数」（集中度）だけでなく、「能力構築競争に参加して走っている企業の数」が、政策の有効性を測るひとつの基準となります。また企業を数える際も、資本的に独立かということより、むしろ能力構築の主体として一社と勘定できるか、という観点からカウントすべきと考えます。

つまり、「今生き残っている独立企業は何社か」というような静態的な基準ではなく、むしろ、「今トップスピードで走っている能力構築主体は何社か」というような動態的な基準を重視するのです。

こうした、「護送船団方式」に代わる新しい「フロントランナー方式」の産業政策は、実際にはこれまでも散発的には行われてきました。少し前に経済産業省にできた機能性化学品室の取り組みなどは、その好例でしょう。今後こうした「攻めの産業政策」が、ますます増えることを期待しています。

12　文理融合のものづくり教育

最後に、仮に本書で書いてきたような方向に日本の産業社会が動いていくのだとすれば、われわれ大学人、あるいは企業人は、どんな人材を育成すべきなのか、という点について簡単にお話ししておきたいと思います。

社内教育　「強い工場・強い本社」を持つエクセレントな企業として、戦略とオペレーションの両輪を回していくためには、それを支える人材の育成が欠かせません。私の見るところ、順調にいっている会社には、戦略とオペレーションの両面で高い見識を持ったトップや経営幹部が多くいるように見えます。逆に、うまくいっていない企業を見ると、トップレベルでも中間レベルでも、戦略の大局観と現場の詳細知識の両方を兼ね備えた人材が不足し、そのために本社と現場のコミュニケーションが不足したり、あるいは知識共有が不足しているような気がします。

こうした事態にならないためには、日頃から会社のあらゆる層で、つまり導入教育から管理者・幹部教育に至る全階層で、「戦略を理解する技術屋」と「技術者と有意義な対話のできる事務職屋」を、同時並行的に育てる必要があります。ある意味で、それは、ものづくり戦略に関する文理融合教育と見ることができます。

大学教育　そうした「文理融合のものづくり教育」は、大学教育のレベルでも必要になってきていると私は考えます。戦後日本における生産管理・品質管理・技術管理などの教育は、主に工学部系で行われてきました。工学部系では、生産管理や品質管理の立派な教科書がいくつも出ました。ただ、工学部ということもあり、数理的に厳密な議論は展開されるのですが、大局の経済や経営戦略などとの結びつきは、必ずしも十分ではありませんでした。

一方、経済学部や経営学部では、生産管理や技術管理の教育は、工学系に比べてあまり活発ではありませんでした。それもあってか、東京大学経済学部の卒業生で製造業に行く人は、バブルのころは一〇％もいませんでした。大半は金融や商社や官庁などだったのです。近年は、日本銀行の採用が一時減ったこともあり、製造業へ行く人は十数％程度にはなっていますが、日本経済全体に占める製造業の割合から言えば、少なくとも二〇％ぐらいは行ってほしいものです。

私が学部で行っている技術管理・生産管理の授業も、はじめは三十人ぐらいだったのが、近年は百数十人規模にまで増え、また学部でも大学院でも、理系の学生の受講が少しずつ増えています。理系のものづくりマネジメント系の授業でも文系の学生を受け入れていただくなど、この意味での「文理融合型ものづくり教育」がさらに進めばいいと思っています。

シニア教育　さて、こうした文理融合的なものづくり教育は、年齢的にずっと上のほう、つまり定年前後のシニア層にも適用されるのではないかと私は考えています。特に、今という時代に、それが特に必要だと強く感じます。なぜなら、日本の優良ものづくり企業が「統合型ものづくり」の組織能力を構築しはじめた一九六〇年代から七〇年代に、若手として現場で活躍していた方々が、そろそろ定年退職期を迎えはじめているからです。この年代には、引き続きものづくり現場の、特に教育面で貢献する意欲がある人が多いと感じます。私の周囲にもそういう人々が大勢います。

この世代の人たちは、会社がまだ比較的小さかったころに現場に入っているので、その後の世代の人たちより、現場経験の幅が広いのが特徴です。そういう経験は、例えば海外工場の立ち上げなどには非常に役立つようです。数年前、ホンダの中国の四輪・二輪・部品の生産拠点を回ったときも、その感を強くしました。どの拠点にも、年は六十歳前後で、いわゆる面構えからして違う、野武士風の知恵と度胸を持ったベテラン工場マンがいました。こういう人たちが変化の激しい海外の拠点を支えているのだな、という感慨を私は持ったのです。

一方、人材需要のほうを見ると、今は日本中の産業でものづくり組織能力のかさ上げが焦眉の急です。つまり、産業を超えたものづくり知識の移転が今こそ必要なのであり、その潜在需要は想像もつかないほどです。それは、頂点に君臨するトヨタ系企業にトヨタ方式の伝授を求める、自動車産業以外からの需要の大きさを見てもうかがい知れます。トヨタ方式が自動車産業を超えた日本再生のカギのひとつと認識されつつある現在、エレクトロニクス・メーカーから、スーパーマーケット、郵便局、病院に至るまで、「受講者」は、まさにめじろ押しです。

しかし、こうした産業を超えた知識移転に対する膨大な潜在需要に応えるには、トヨタ社内の「ものづくり教育のプロ」の数は圧倒的に不足しています。トヨタグループ内でのプロ養成の量的充実にも、自ずと限度があります。むしろ、トヨタ自身がこれから海外生産拠点を急拡大させていく中で、社外のニーズに対して割ける「プロ」の数は、限られたものになる可能性があります。

この需給ギャップを埋める潜在的な人材として期待されるのが、先に述べた、自動車以外の産業も含めた全国のものづくりベテラン人材なのです。そうした産業間知識移転において「インストラクター」として活躍できる潜在的な人材は、今のシニア世代にはかなり大勢いますし、定年後もそうした現場の教育活動を続ける意思のある人もたくさんいます。それは、単身、韓国や中国の現場に行ってものづくりを教えている方々が実に多くいらっしゃることからも容易に想像できます。個々人のレベルでいえば、生き甲斐と使命感をもって国境を越え、ものづくり教育に出かけるのは喜ばしく立派なことだと思います。

しかしながら、産業レベルでこの話を考えてみると、実は大きな問題があることにすぐ気がつかれるでしょう。つまり一方で、国内に産業間知識移転の膨大な潜在需要が見込まれ、他方で、その人材として知識・経験・意欲共に申し分のない人材が、今のシニア世代には豊富にいるにもかかわらず、なんらかの需給のミスマッチが生じており、かなりの人材が定年後は完全退職、一部の人達は海外での教育で活躍、というのが現状です。別に、海外への知識流出をとやかく言うつもりはありませんが、日本国内でミスマッチが生じていること自体は間違いないでしょう。

では、何がミスマッチの原因なのか。潜在的なシニア人材の、インストラクターとしての顕在化を妨げていたのは、おおかた以下のようなことかと想像しています。

第一に、ものづくりのベテランの方々はたいてい、自社の現場には知悉しているものの、製品の異なる他社の現場での教育の経験がないため、産業間知識移転のためのインストラクターになる自信が今ひとつなく、そのために躊躇しているケースがあるようです。

第二に、産業横断的なものづくり経営教育のための体系的な教科書が不充分であり、シニア自身も、インストラクター研修の受講経験がないため、インストラクターとしての自分の総合力に今ひとつ自信が持てないという可能性が考えられます。

現場改善を手術に例えるならば、教科書なしであらゆる手術を執行できる名人クラスは、トヨタ自動車生産調査部などには何人もいらっしゃいますが、その数は、現状の人材ニーズに比べれば、圧倒的に少ないといわざるを得ません。逆に言えば、教科書とインストラクター教育さえあれば活性化できる、ものづくり指導者の潜在予備軍は、かなりの数に上るのではないかと私は見ます。この点は実態の正確な把握が必要ですが。

第三に、仮にインストラクターとしての力を身につけたとしても、自分の能力をどう「営業」して顧客ニーズと結びつけたらよいか分からないというケースも見られます。つまり、インストラクターとしての能力に、知識移転ビジネスとしての付加価値をつけ、顧客とのマッチングを行う「場」が不足しているのです。

こうした現状認識を踏まえて、私が所属する東京大学の大学院経済学研究科では、「21世紀センター・オブ・エクセレンス」（COE）プログラムの助成を受けて、二〇〇三年に「ものづくり経営研究センター」をつくりました。そこでは、日本の有力ものづくり企業十数社による「ものづくり経営研究コンソーシアム」および個人参加のシニア人材の協力を得て、ものづくり知識の一般体系化、つまりある種の「ものづくり教本」づくりを始めています。そうした形式知の体系は、いずれ製造現場の中核人材を育てる「インストラクター」育成にも活かせるかもしれないと考えています。

13 「擦り合わせ大国日本」の道

本書では、主に日本にいる読者を想定し、日本企業、正確に言えば「日本にものづくり現場を持つ企業」を主な研究対象として、私なりの「現場発の戦略論」を考えてみました。具体的には、ものづくりの組織能力を構築するということ、相性のいいアーキテクチャを選ぶということ、組織能力を裏の競争力、表の競争力、さらには収益に結びつけるということ、現場発の位置取り戦略を考えるということ、等々を考えてきました。

それらの多くは、今後検証を要する仮説や枠組みに過ぎません。とはいえ、こうしたアイデアの多くは、私が過去に訪問した内外で推定数百カ所のものづくり現場と、会って話を聞いた推定数千人のものづくり関係者の話が、私の頭の中で立体的な像を結び、一塊のアイデア群として析出されたものと考えてください。つまり、それなりに年季の入った、ある意味で私にとっては古いアイデアを吐き出した結果がこれです。

しかし、世の中には、日本だけでも推定数百万カ所の「現場」があるわけですから、偉そうに「たくさん見た」などとは言えません。その意味で、ものづくり現場の話を産業経済や経営戦略の大局の話に結びつけるための、ひとつの考え方の例という程度の話と考えていただければ幸いです。

とはいえ、この本の分析枠組みは、日本を超えた海外の事例にも応用は可能です。ある組織能力がある国に偏在するという傾向がなくならない限り、それぞれの国や地域には、得意な設計思想というものが自ずと出てくるはずです。したがって、国境を越えうる存在である企業は、それぞれの海外拠点で、一方においては本国のものづくり現場が持つ組織能力を移転して現地の能力構築を助けると同時に、他方では、そうして出来上がった現地拠点がなおかつ持っている、地元独特の組織能力の特徴を見極め、それにマッチしたアーキテクチャ製品を展開していけばいいのです。

とりわけ、二十一世紀初頭の東アジアは、日本、韓国、台湾、中国、ASEAN諸国と、それぞれ持ち味の違う組織能力を発揮する、世界的に見てもレベルの高い地域になっています。したがって、この地域を含む海外工場の得意技と日本工場の得意技を組み合わせ、グローバル工場ネットワーク全体の総合力で勝負することが、現在の日本企業が目指すべき、ひとつの方向性であろうと思います。そのネットワークの中で、日本の国内工場も、自ずとその得意技を活かした独自の役割を担っていくことになるでしょう。

そのように世界規模で相対化して見た場合、日本という生産拠点が持つ際立った特徴というのは、やはり環太平洋地域において米中などの「モジュラー大国」に囲まれた「擦り合わせ大国」ということだろうと私は考えます。しかも、日本の擦り合わせ製造業は、実に分厚い層を形成していています。

例えば、半導体がだめなら半導体製造装置、それもだめなら半導体材料、というように、下流が撃破されても上流がしぶとく生き残り、どの加工段階からでも擦り合わせ型製品の輸出を仕掛けられる、という産業構造の「層の厚さ」が身上です。したがって、既成の産業分類に囚われずに、「日本は、あらゆる加工段階から、とりあえずは擦り合わせ型製品で勝負するのだ」というしぶとい発想を持つ必要があります。それが、二十一世紀初頭という現時点における、日本の「ものづくり国家戦略」だと、私は考えるのです。

ただし、「統合型ものづくり」という日本企業の中核能力を市場で活かすためには、何度も指摘したとおり、「補完的な組織能力」が必要です。例えば、本社の戦略構想力、ブランド構築力、販売力、そして、擦り合わせビジネスを補完する「プロデューサー」的なモジュラー企業の能力。これらが揃って初めて、「儲かる擦り合わせビジネス」が成立するわけです。

その点では、何度も言いますが、今の日本は恐らく「擦り合わせ過剰」です。あくまでも擦り合わせ型製品を基調としながらも、それを補完するモジュラー・ビジネスが適度に混在し、その境界領域に利益機会が発生する、というようなアーキテクチャの全体構造が、二十一世紀の日本経済のとりあえずの到達目標ではないでしょうか。

日本の優良ものづくり企業は、戦後の半世紀、現場のものづくり、特に「擦り合わせ製品」と相性のよい「統合型ものづくり」の組織能力に関して、営々と現場を鍛錬してきました。こうした過去がすでにある以上、その強みを次へのスタートポイントにするのが、歴史に逆らわない自然な戦略だと私は思います。再三強調してきたように、古今東西、戦略論の基本は「まず自らの強みを見極め、それを活かし、さらには弱みを補うこと」にあるからです。

かくして、これまで現場はひたすら体を鍛えてきたわけですが、それを活かす本社の戦略構想力は、お世辞にも強くない会社が多かった。かつての日本企業は、現場のものづくり能力に頼るだけでも充分な利益を稼ぐことができたため、失礼ながら本社があまり知恵を絞る必要がなかったのでしょう。しかし今後は本社戦略の面でももう少し頭を使い、せっかくのものづくり能力をきっちりと財務的な成果につなげるべきだ、ということを、本書で主張してきました。

それは断じて、「これ以上体を鍛えてもどうせ無駄だから鍛錬はやめよう」という話ではありません。ものづくりの能力構築に終わりはありません。日本企業が「体」を鍛えるのをやめてしまったら、長年にわたって戦略構想という「頭」を鍛えてきた米国などの最強企業には太刀打ちできないでしょう。あくまでも「体育会系」を原点とし、現場からの視点を見失わずに、体を鍛え抜いたうえで頭も使い、最終的に「強い現場と強い本社の両立」を目指すことこそが、二十一世紀のわが国企業に課された一般的な課題でしょう。

いうまでもなく、どんなに業績のいい会社でも問題は山積しています。しかしそれを乗り越えて、その先の目標へと向かうダイナミックな組織能力を、多くの企業は持っているはずです。それは、私なりの現場観察と論理展開に基づく、ひとつの信念です。

本書冒頭の問題意識に戻りましょう。ものづくりに関する日本の論調は、八〇年代以来、ほぼ一貫して、上へ下への過剰反応の繰り返しでした。それは、骨組みのしっかりした「現場発の戦略論」が欠如していたゆえの右往左往だと私は考えます。その点では、一九九〇年の自信過剰も、二〇〇〇年の自信喪失も、根は一緒でした。そして企業収益の復活著しい二〇〇四年、またぞろ、競争力と収益力を混同した「日本製造業突然復活論」が出はじめているようです。

しかし、ものづくり経営の基本論理と歴史認識を欠いた雰囲気的な楽観論では、ただ一九九〇年当時の自信過剰に逆戻りするだけです。逆に、単にそれを条件反射的に叩くだけの再版悲観論も不毛です。

今必要なのは、十年や二十年はぶれない、筋の通ったものづくり戦略論なのです。少なくとも私にとってそれは、「能力構築競争」と「設計情報の論理」をベースにする、「組織能力とアーキテクチャの戦略論」だったのです。皆さんにとって、ちょっとやそっとではぶれない、地に足のついた戦略論とは、どんなものだとお考えでしょうか。

【第8章解題】

この本の最終章、第8章は、全体を振り返ったうえで、未来へ向けた提言を行っている。日経文庫版の出る二〇二四年は、その二十年後なので、その後、これらの提言はどうなったのか、そもそも的を射ていたのか、その後、事態は改善したのか、相変わらずの問題なのか、ざっと見直してみよう。

第一に、「企業は能力構築のための組織的な仕掛けをつくらなければいけない」と述べているが、これは現在も将来も変わらぬ組織原理だろう。生産性を継続的に向上させるためには、企業は能力構築能力という動態的組織能力（dynamic capability）を蓄積し、企業全体に改善マインドを注入し続ける必要がある。

工場においては、それは以下のような重層的な改善志向の組織能力を必要とするだろう。①継続的問題解決を行う意志と能力を持った作業チーム、②現場サイエンティストとして因果仮説の発見と検証でチームを引っ張る現場リーダー層、③現場のチーム・リーダーを、中央の生産技術部門や開発部門につなげる工場駐在の技術者（工場技術員など）、④現場の困り事に迅速に対応し、その競争力向上を支援する意志と能力を持った技術部門のマネージャー、⑤そうした現場改善志向のマネージャーに自由闊達にやらせてくれる役員クラスのシニアマネージャーあるいは社長。

この処方箋に基本的に変更はないと思われる。しかしその後わかったことは、このように、企業全体に改善マインドを注入するのは、実際には容易なことではない、ということである。日本全体で見れば、二〇〇四年も、①厳しいグローバル競争にさらされてきた国際競争産業、②国内競争産業とともに、③競争不全産業も存在し続けたことは明らかだろう。

また、地域の中小中堅企業の中にも、生産性向上と需要創造努力を続けてきた「積極的企業」と、改善や生産革新による生産性向上に後ろ向きであった「消極的企業」が混在していた。一九九〇年代から二〇一〇年代の「ポスト冷戦期」においては、中国など新興国との厳しいグローバルコスト競争があまりなかった国内競争産業や競争不全産業においては、生産性も賃金も売り上げも据え置き、という超消極的戦略も、計算上は成立したのである。

しかし、二〇二〇年代前半、日本国内で三十年ぶりに賃上げ基調が定着し、その他のコストインフレ要因も高まり、しかも労働力不足が深刻化する中で、価格転嫁も生産性向上もできない消極的企業はもはや維持困難で、長期的には退場するしかないだろう。三十年ぶりに時代の潮目が変わりつつあるのだ。

しかし同時に、私は、製造業・非製造業を問わず、改善マインドを注入し、消極的企業から積極的企業に転換し、生産性向上・賃金上昇・価格防衛の組み合わせによって、付加価値生産性を高めつつ今後も生き残っていくことは、多くの日本企業にとって可能だと、慎重な楽観論を持っている。

実際、われわれはちょうどこの本が出た後、東京大学「ものづくりインストラクター養成スクール」を立ち上げ、約二十年間、実際の工場現場で二百人近い受講生（企業のものづくり担当者）による現場改善実習を行ってきたが、この実証実験により、現場観察三日、改善案策定一カ月、改善実施半年ぐらいの短期勝負でも、かなりレベルの高い特定の職場でも二〇％程度の生産性向上は可能であることを確認してきた。ものづくり改善の計算上も、このぐらいの生産性向上は、多くの現場で短期勝負でも可能である。

以上を踏まえて、私は二〇二〇年代の現段階で、もう一度同じことを言いたい。積極的企業は言うまでもないが、多くの消極的企業にとっても、改善マインドの注入とものづくり能力構築によって、生産性の継続的向上は今からでも可能である。

すなわち、「物的労働生産性＝設計情報転写（発信）速度×設計情報転写（発信）密度」という、ものづくり経営学の基本式において、多くは技術で決まる右辺第一項の「速度」を一定としたとしても（生産技術所与の仮定）、右辺第二項の「密度」の数字は多くの工場で一〇％以下と非常に低いので、ムダ取りの流れ改善・作業改善によって、物的労働生産性の大幅向上は可能である、ということが、まさに計算上、明らかである。要するに、「密度」（正味作業時間比率ともいう）が五％から一〇％になる「流れ改善」ができれば、大きな自動化投資なしでも、物的労働生産性は二倍になる。

他方、二〇二〇年代半ば以後、海外からの強烈な「賃金据え置きプレッシャー」が続いたポスト冷戦期が終わり、ある程度の賃金上昇と価格上昇が定着し、しかも労働力不足が長期的に存在すると仮定するならば、これまで通用した「消極的企業」の消極策は、経済計算上、通用しなくなる。

かくして、二〇〇四年にこの本で提案した、「企業への改善マインド注入」と「能力構築の体制づくり」は、二十年後の今、長期存続を望む競争企業の多くにとって喫緊の課題となる。その意味で、二十年前のこの提言は、多くの積極的企業がこれまで行ってきたことと一致するが、今後は、これまでそれと無縁であった消極的企業を含めて、さらに多くの企業が考えなければいけないテーマになったと言えよう。

第二に、この本で私は、身近にある「日本のエクセレントカンパニーに学べ」と提言している。これも、事業レベル・産業レベルの経営に関する限り、二〇〇四年も二〇二四年も変わらない基本ロジックだと考えられる。

実際に、日本ではこの本が出た後も、①考え抜いたアーキテクチャ戦略（設計改善）と、②

継続的な能力構築による付加価値の流れ改善と大幅な生産性向上、この二つを実行することで、高い成長率と二〇％以上の利益率を実現してきた、日本のエクセレントカンパニーの数は、徐々にではあるが増えていったのである。

一方、こうした一部の日本企業の地道な業績改善の影が霞むような勢いで、ちょうどこの本が出た二〇〇四年頃から、いわゆるGAFAをはじめとするアメリカ消費財系プラットフォーマーが猛烈な勢いで成長していることがわかってきた。

その新戦略は、オープン・アーキテクチャの製品群（プラットフォーム）に対して、業界標準インターフェースを周到にマネージすることにより、累積的ネットワーク効果を引き起こし、巨大なビジネスエコシステムを短期間に構築するという、多くの日本企業が思いもつかぬ壮大な仕掛けであった。そもそもオープン・アーキテクチャを苦手とし、クローズドなプロダクト競争を勝ち筋としてきた日本企業は完全に出遅れた。

このため、二〇一〇年代、特にその後半になると、「アメリカの成長産業に学べ」という気分が高まり、アメリカ発の様々な流行現象に対して、日本側でも、「成長産業に学び、とにかく成長産業にリソースを集中させよう」といった戦略や政策が勢いを増したのである。

二〇一〇年代に日本に広まったこの考え方は、半分正しく、半分誤っていた。確かに、二十一世紀における圧倒的な成長産業は、デジタル革新を伴うオープン型の情報産業であり、その新しい競争ロジックを、本場のアメリカから学ぶこと、あるいは欧州の標準化戦略に対応することは、企業にとって重要な流れであった。

しかし、「成長産業に移行しろ」というこの大合唱において決定的に欠けていたのは、経済学二百年の原則、すなわち比較優位原則である。

インターネットを通じて、アメリカから圧倒的な量で発信されるプラットフォーム型の超成長産業のストーリーは、確かに魅力的であり、「ハードウェア産業は古い、日本企業はソフトウェアにシフトすべきだ」という掛け声、あるいは「モノからコトへ」というキャッチコピーは、言葉遊びとしては魅力があった。

しかし、それらは結局、一部のアメリカ企業の圧倒的なサクセスストーリーであり、当然ながら、それは、分業の国・アメリカが「設計の比較優位」を持つソフトウェア・情報サービス産業におけるサクセスストーリーであった。残念ながらソフトウェア産業で比較劣位にある日本企業が、単純にアメリカの成長企業の真似をして、アメリカの成長産業にリソースを集中させるということは、下手をすれば、比較劣位産業にリソースを移動させるということであり、「勝てる産業で勝負する」という産業政策の原則を踏み外している。

要するに、他国の成長産業を真似することは、時代に乗り遅れないというプラス面と、それだけでは勝てないというマイナス面があったのである。近年における、日本のいわゆる「成長戦略」が概ね不発に終わったのは、まずは得意なところで勝つという経済学二百年の比較優位原則を忘れていたのが一因であると思われる。勝ち筋が見えない成長産業に企業がリソースを集中させるのは、当然ながら危ない。

しかし、よく見れば、得意なところで勝負し、インテグラルな製品を良い流れでつくり、これをアメリカのプラットフォーマーなどに、自社標準で売り切ることで、高利益・高成長率を維持した日本企業は、身近に存在していた。

二〇〇四年に出たこの本には、残念ながら、こうしたプラットフォーマーの戦略については、ほとんど何も書いていない。この本の時代的な限界であり、私の力不足でもある。

しかしながら、逆に、海外の消費財系プラットフォーム戦略に学べば勝てると考えるべきではない。日本が概して苦手なオープン・アーキテクチャ型で、しかも巨大な人口動員力を前提とする一部アメリカ企業が席巻した既存のプラットフォーム戦略から、我々は、大いに学ぶべきだが、それを単純に模倣すべきではない。これが「設計の比較優位説」の発想である。

例えば「勝てる高成長産業」が簡単に見つからない時代においては、「勝てない高成長産業」よりは「勝てる低成長産業」でのシェアアップで勝負するほうが現実的ではなかろうか。

第三に、原著では「ＩＴと統合型ものづくりの融合」という話をしたが、これは、二〇二〇年代の課題としても、重要性を増していると思われる。日本では二〇一〇年代、デジタル技術革新のなかで、二〇一〇年代半ばには、三次元プリンターやインダストリー4・0、二〇一〇年代後半にはIoT（Internet of thing）、二〇二〇年代前半にはDX（Digital Transformation）が一種の流行現象となり、企業の意思決定や政府の補助金もこの言葉の周りで動くようになり、産業や企業のデジタル革新もそれなりに進んできた。

しかしながら、こうした流行現象的な企業のデジタルものづくり革新の試みは、少なくとも流行の前半においては、失敗の山を産んだ。多くの失敗は、付加価値の良い流れづくり、そのための人づくりというものづくり産業の基本を看過し、あたかもDXは、そういった現場の能力構築とは関係なく実行可能だという錯覚に陥ったことである。

例えば二〇一〇年代後半のIoTブームから二〇二〇年代前半のDXブームにおいて、多くの企業は当初、DXのためのDX、流行に遅れないためのDX、とにかくDX、といった目的と手段の混同に陥り、例えば外部のデータサイエンスの支援で、現場の因果仮説を軽視したビッグデータによる改革提案を一方的に現場に提案したりした。

しかし、これに対して、改善マインドの入った積極的企業の現場の多くは、猛烈に反発した。現場サイエンティストとして改善に取り組むこうした先進的な現場においては、因果仮説を伴わないビッグデータ仮説は、要するに腑に落ちない仮説であり、サイエンス発想の優良現場にとっては受け入れ可能ではなかった。

一方、改善マインドが足りない消極的な現場では、そもそも何も起こらない。

要するに、改善マインドの注入、ものづくりの流れ改善が先であり、そのうえで、現場を理解するデータサイエンティストと、データ教育を受けた現場サイエンティストが相互信頼をもって協力し、改善サイクルをいわば二倍速・三倍速で回すことによってのみ、製造DXによる生産性向上と能力構築は成功する、という基本ロジックに、多くの企業が気がつき始めたのである。

実際、二〇一〇年代後半以来、私が観察した多くのものづくりIT先進企業は、はじめに一方的なDX押し付けで失敗し、その反省からものづくり改善とデジタル革新の融合を試みて後に成功している。このパターンは、実際にいくつもの先進的製造企業で観察されており、一つの定石と言ってよいかもしれない。

要するに、二十一世紀のデジタル化の時代においても、付加価値の良い流れをつくるという、トヨタ方式にも通じる産業経営の大原則は、いささかも変わりがない。この原則を踏み外したケースは、大抵失敗しており、それは、二〇二〇年代の現在も同様である。

このほか、第8章では、いくつかの提言をしているが、それらは、現在でも重要な提言であると考える。ベースにある「産業進化のCAPアプローチ」は基本的に変わっていないので、そこから出てくる提言もあまり変わらないのである。むしろ、二十年前に提示した提言の多くが、ポスト冷戦期が終わった二〇二〇年代に重要になっているようである。

例えば、非正規従業員の多能工化を論じたが、実際のところ、多くの製造企業が採用する派遣社員や期間従業員は、基本的には多くの標準作業をこなし助け合いができる「多能工」であった。正社員の現場作業者は、複数の標準作業に加えて、異常対応、作業改善、助け合い、簡単な保全、品質確認、面倒見、現場教育なども一部できる「スーパー多能工」であることが多かった。

また、二〇二〇年代前半、表面上の言葉としては画一的な「ジョブ型雇用論」が流行っているが、実態としては、ハードウェア系・人間関係系の職場では多能工のチームワークを前提とした「職能給」寄り、情報技術の新陳代謝の激しいソフトウェア系では「職務給」寄りの賃金体系が選択され、選択の多様性が担保されている。

実際、日本の多くのハードウエア系現場において、「多能工のチームワーク」を支える職能給の重要性は変わっていない。むしろ、明確な職務記述書をベースとしつつも、「職務給＝ジョブ型1」「職能給＝ジョブ型2」と規定し、製品特性や職種特性に応じて、会社全体の競争力の発揮につながる「ジョブ型1とジョブ型2の多様なミックス」を合理的に設計していくことが、多くの企業の人的資源管理（ＨＲＭ）部門の仕事であり、実際に、有力な日本企業がやっていることも、こうした多様性を持ったジョブ型の模索であるようだ。

日本企業がブランドづくりによる有利な価格形成を苦手とする傾向は相変わらずだが、価格で負けないビジネスモデルで高利益を出す頼もしい日本企業も増えている。

今の日本企業にとって、重要なのは、まずもって付加価値生産性の向上であり、付加価値生産性は、①価格、②付加価値率、③物的生産性の積である。言い換えれば、①ブランド力やビジネスモデルを含む「商売改善」、②VEやアーキテクチャ戦略を含む「設計改善」、そして現場の「ものづくり改善」、付加価値向上の戦略は、この三つの合わせ技である。①の商売改善において、社長のリーダーシップが決定的に重要であることは言うまでもない。

その他、この章では、基礎研究と製品開発を結びつける先行開発の重要性についても述べた。ここで重要なのは、要素技術をある部位や階層ではモジュール分割し、ある部分は最適設計のインテグラル型で性能勝負する。こうした設計の知恵を持つアーキテクトは、この二十年間で増えてきたように思う。日本の優良製造企業は、技術力は相変わらず強いが、設計の工夫で損をしている、という状況は、二十年前も今も存在する。しかし、設計力が優れる日本企業もまた、着実に増えてきていると私は見る。この方向性は悪くない。将来が期待される。

日本企業の開発リーダーは、コンセプトでインテグラル型製品を引っ張るディレクターは比較的多いが、モジュラー型のビジネスモデルを最後にまとめるプロデューサーがまだ少ない。この弱点はまだ継続しているが、大規模開発をまとめるプロデューサータイプが徐々に増えてきている感じはある。これも良い方向ではないか。

産業政策は、少なくとも経産省系については、護送船団方式から離れ、フロントランナーをもっと走らせる方式が主流となってきたと感じられる。ただ、その日本のフロントランナーが、グローバル競争でも先頭集団にいられるかどうか。

繰り返すが、アメリカの成長産業は、アメリカが比較優位を持つ成長産業であり、それがそのまま、日本企業が比較優位を持つ産業になるとは限らない。常に必要なのは、「それは勝てる産業か。勝ち筋は見えているのか」という問いであり、これなしに、単に海外の「成長産業」を追いかけるのは、産業政策としては、半分正しいが半分間違っていると見るべきだろう。

要するに、必要なのは冷徹な競争戦略であり、官民、両方において、正論でも策略でも負けない、あるいは、ストラテジーでもオペレーションでも負けない「軍師」的な人材が次々と出てくることを期待したい。繰り返すが、三十年続いた「ポスト冷戦期」から次の時代に入りつつある現在、日本企業や日本産業に必要なのは、机上の戦略家であるよりはむしろ、諸葛孔明(会ったことはないが)を一典型とする「軍師」タイプの人材である。

文理融合型のものづくり教育は、本書の原著の出版と前後して、私が属した東京大学で「ものづくり経営研究センター」として出発し、二十年間、文理融合の研究・教育・産学連携活動を行い、今も続いている。特にここで実習を実験的に行ってきた、改善人材の師範学校である

「ものづくりインストラクター養成スクール」は二百人近い修了生（インストラクター）を輩出し、また、十数社で始めた「ものづくり経営コンソーシアム」は、現在約三十社で毎月、ものづくり知識共有活動を活発に展開している。

文理融合のものづくり教育は、社会人教育や産学連携活動では、その後、その有効性を実証してきたと言える。ただ、大学教育に関しては、文科系・理科系の連携による活動は道半ばであり、二十年かけたがあまり成功はしていない。文科系・理科系の連携によるものづくり領域の大学教育は、今後の課題としたい。

以上をまとめよう。『日本のものづくり哲学』の原著は、一九九〇年代から二〇一〇年代まで続いた約三十年間の「ポスト冷戦期」のまさに折り返し点で出版された本である。この本では、組織能力構築とアーキテクチャ戦略のバランスで「設計の比較優位」を考える産業進化分析の「CAPアプローチ」を用いて、この時代の日本産業の問題点と方向性について、当時の考えを述べた。その後、日本産業は「ポスト冷戦期の後半戦を戦い、多くの企業がその出口近辺に到達し、次の時代の入り口にある」との時代認識を私は持つ。

この後半戦においては、リーマンショックがあり、東日本大震災があり、超円高期があり、新型コロナ感染拡大があった。

またより長期的には、アメリカのメガプラットフォーマーが主導するデジタル技術革新が続き(デジタル：D)、地球温暖化問題に対する世界的な取り組み(サステナビリティ：S)があり、さらに、米中摩擦を中心とするグローバルな緊張状態の再燃(グローバル：G)が、同時並行的に進んでおり、われわれは、変化し続けるこの「大きなSDG」の連立方程式を繰り返し解き続けるしかない厳しい状況にある。

この問題を完璧に解けるプレイヤーは、おそらく存在しないだろう。しかし、他よりも少しでも良い全体解を、諦めずに、探索し続ける企業・産業・現場・政策決定者が、より有利なポジションに到達する可能性は高い。日本は人口的にも経済規模的にも、覇権を争う国ではないが、好感度の高い中規模国として一目置かれる存在であり続けることは可能である。

次の時代がどのように展開するかは、今の段階ではわからないが、日本企業の強みの一つが、広い意味での「ものづくり能力」であり、その背後にある、ぶれない「ものづくり哲学」であることは、おそらく二十一世紀前半においては変わらないトレンドであろう。

略：イノベーションを持続させるビジネス・エコシステム』（杉本幸太郎訳）翔泳社

K. B. Clark & T. Fujimoto(1991) *Product Development Parformance : Strategy, Organization, and Management in the World Auto Industry*, Harvard Business School Press.

Fujimoto, Takahiro(2007) Architecture-Based Comparative Advantage - A Design Information View of Manufacturing, *Evolutionary and Institutional Economics Review*, Japan Association for Evolutionary Economics, 14(1).

Fujimoto, Takahiro(2023) *Production Economy and Industry Studies*, EIER, Springer.

Fujimoto, Takahiro, Ikuine, Fumihiko, ed.(2018) *Indusutrial Competitiveness and Desigin Evolution*, Springer.

K. T. Ulrich(1995) The role of product architecture in the manufacturing firm, *Research Policy*, 24, 419-440

ト・カンパニー：超優良企業の条件』（大前研一訳）講談社
藤本隆宏（1997）『生産システムの進化論：トヨタ自動車にみる組織能力と創発プロセス』有斐閣
藤本隆宏（2001）『マネジメント・テキスト 生産マネジメント入門Ⅰ・Ⅱ』日本経済新聞社
藤本隆宏（2003）『能力構築競争：日本自動車産業はなぜ強いのか』中央公論新社
藤本隆宏（2012）『ものづくりからの復活：円高・震災に現場は負けない』日本経済新聞出版社
藤本隆宏（2017）『現場から見上げる企業戦略論：デジタル時代にも日本に勝機はある』KADOKAWA
藤本隆宏、新宅純二郎編著（2005）『中国製造業のアーキテクチャ分析』東洋経済新報社
藤本隆宏、東京大学21世紀COEものづくり経営研究センター編（2007）『ものづくり経営学：製造業を超える生産思想』光文社
藤本隆宏編著（2024）『工場史：「ポスト冷戦期」の日本製造業』有斐閣
藤本隆宏、武石彰、青島矢一編（2001）『ビジネス・アーキテクチャ：製品・組織・プロセスの戦略的設計』有斐閣
藤本隆宏、キム・B.クラーク（2009）『増補版　製品開発力：自動車産業の「組織能力」と「競争力」の研究』（田村明比古訳）ダイヤモンド社
藤本隆宏、桑嶋健一編（2009）『日本型プロセス産業：ものづくり経営学による競争力分析（東京大学ものづくり経営研究シリーズ）』有斐閣
カーリス・Y. ボールドウィン、キム・B. クラーク（2004）『デザイン・ルール：モジュール化パワー』（安藤晴彦訳）東洋経済新報社
J. モノー（1972）『偶然と必然：現代生物学の思想的問いかけ』（渡辺格、村上光彦訳）みすず書房
マルコ・イアンシティ、ロイ・レビーン（2007）『キーストーン戦

【参考文献】

青木昌彦（1995）『経済システムの進化と多元性：比較制度分析序説』東洋経済新報社

小川紘一（2014）『オープン&クローズ戦略：日本企業再興の条件』翔泳社

アナベル・ガワー、マイケル・A.クスマノ（2005）『プラットフォームリーダーシップ：イノベーションを導く新しい経営戦略』（小林敏男訳）有斐閣

ジェームズ・P.ウォマック、ダニエル・ルース、ダニエル・T.ジョーンズ（1990）『リーン生産方式が、世界の自動車産業をこう変える。：最強の日本車メーカーを欧米が追い越す日』（沢田博訳）経済界

経済産業省、厚生労働省、文部科学省編『ものづくり白書』（各年版）

小池和男、中馬宏之、太田聰一（2001）『もの造りの技能：自動車産業の職場で』東洋経済新報社

カルロス・ゴーン、フィリップ・リエス（2003）『カルロス・ゴーン経営を語る』（高野優訳）日本経済新聞社

國領二郎（1999）『オープン・アーキテクチャ戦略：ネットワーク時代の協働モデル』ダイヤモンド社

下川浩一、藤本隆宏編著（2001）『トヨタシステムの原点：キーパーソンが語る起源と進化』文眞堂

土屋勉男、大鹿隆（2002）『最新・日本自動車産業の実力：なぜ自動車だけが強いのか』ダイヤモンド社

中岡哲郎（1971）『工場の哲学：組織と人間』平凡社

中村末広（2004）『ソニー中村研究所　経営は「1・10・100」』日本経済新聞社

新原浩朗（2006）『日本の優秀企業研究：企業経営の原点－6つの条件』日本経済新聞社

西村清彦、峰滝和典（2004）『情報技術革新と日本経済：「ニュー・エコノミー」の幻を超えて』有斐閣

T・J.ピーターズ、R・H.ウォーターマン（1983）『エクセレン

本書は、２００４年６月に日本経済新聞社から刊行した『日本のもの造り哲学』を加筆・改題のうえ日経文庫化したものです。

著者略歴

藤本 隆宏（ふじもと たかひろ）

早稲田大学大学院教授、東京大学名誉教授

1979年東京大学経済学部卒。三菱総合研究所、ハーバード大学博士課程を経て、1990～2021年東京大学経済学部助教授・教授・ものづくり経営研究センター長、2021年から現職。専門は技術・生産管理、進化経済学。日経・経済図書文化賞、組織学会高宮賞、新郷賞、日本学士院賞・恩賜賞、日本建築学会著作賞等。主な著書に『製品開発力』（共著）、『生産システムの進化論』、『マネジメント・テキスト　生産マネジメント入門（Ⅰ・Ⅱ）』、『能力構築競争』、『ものづくりからの復活』、『現場主義の競争戦略』、『現場から見上げる企業戦略論』、『工場史』（編）。

日経文庫

日本のものづくり哲学（増補版）

2024年12月16日　1版1刷

著　者　藤本隆宏

発行者　中川ヒロミ

発　行　株式会社日経BP
日本経済新聞出版

発　売　株式会社日経BPマーケティング
〒105-8308　東京都港区虎ノ門4-3-12

装幀　next door design
組版　マーリンクレイン
印刷・製本　シナノ印刷

 ISBN978-4-296-12162-5
Printed in Japan